VIVRE LE QUÉBEC

VIVRE LE QUÉBEC

VIVRE LE QUÉBEC
par Julien Valat.
Un livre de la collection *Vivre le monde*.

Directeur de publication : Anthony Dufour.
Éditrice : Marie Duchaussoy.
Maquette et mise en page : Chase media & co., Cambodge.

Imprimé en France par Dupliprint.
Diffusion et distribution : Les Belles Lettres DD.

Crédit photo de couverture : © Greta Gonye - Fotolia.com

Hikari Éditions
4, avenue Foch, 59000 Lille (France).
www.hikari-editions.com
ISBN 978-2-36774-027-0

Aucun guide n'est parfait, des erreurs se sont peut-être glissées dans celui-ci malgré tout le soin apporté à la rédaction comme à l'édition. Les informations peuvent également avoir été modifiées entre l'écriture de ce guide et le moment où le lecteur le prend en main. Merci de nous suggérer toute correction utile, que nous pourrions intégrer dans la prochaine édition.

VIVRE LE MONDE

Vivre le Québec de la collection *Vivre le monde* est un guide pratique qui veut donner toutes les informations nécessaires à ceux qui habitent ou souhaitent habiter la Belle Province.

Il a été rédigé par un résident français qui vit au Québec depuis plusieurs années. Il a voulu faire partager son expérience du quotidien : louer un appartement, s'inscrire à l'université, devenir résident permanent, aller à l'hôpital, scolariser ses enfants, sortir, faire du sport, payer ses factures... Tout simplement vivre au Québec.

Vous trouverez donc dans ces pages des informations pratiques, des contacts, des conseils bien entendu, mais sans jamais oublier nos clés de la société québécoise. Car pour nous, une information doit toujours être comprise dans son contexte, dans sa culture, dans son univers.

Ce guide vous offre également le seul regard indépendant sur la vie au Québec. Pour la prochaine édition de ce guide, n'hésitez pas à nous faire part (editions@hikari-groupe.com) de votre expérience, de vos idées, de vos trouvailles... Nous espérons que ce guide sera un compagnon efficace et agréable de votre projet québécois.

SOMMAIRE

INTRODUCTION

Tout le monde connaît le Québec. Nos cousins francophones d'Amérique, si loin si proches, objets de fascination, de curiosité, de plaisanteries parfois. Si vous avez commencé à lire ces lignes, vous avez probablement envie d'aller plus loin, de comprendre la Belle Province pour y envisager votre projet. Commençons donc par nous attaquer à quelques clichés…

Le Québec est un pays : FAUX
Le Québec est une province du Canada. C'est certainement une évidence pour vous, mais beaucoup ne le savent pas.

Le Québec n'a pas d'histoire : FAUX
Certes, l'histoire du Québec n'est pas aussi ancienne que celle du Vieux Continent. Mais ces quelques siècles d'histoire sont denses et il est important d'en connaître les principales étapes pour comprendre le Québec d'aujourd'hui.

La sécurité du travail n'existe pas et il n'y a pas de salaire minimum : FAUX
Oui, la sécurité du travail n'est pas la même que lorsqu'on signe un CDI en France. Mais les différences sont si importantes entre le milieu de travail québécois et français, qu'il est erroné de présenter les choses de cette manière. Concernant le salaire minimum, il en existe un et il est à peu près équivalent à celui fixé en France.

Il n'y a pas de système de santé gratuit : FAUX
Il existe et il a ses qualités et ses défauts.

L'hiver dure dix mois : FAUX
Et c'est encore plus inexact si, comme la grande majorité des Français et francophones installés au Québec, vous vivez à Montréal, Québec ou dans ces autres villes du sud de la province.

La nature, à perte de vue : VRAI
On le constate dès qu'on fait quelques minutes de route en dehors des grandes villes…

Il y a des caribous : VRAI & FAUX
Oui, il y en a dans le nord, dans la nature, comme il y a des rennes en Europe. C'est d'ailleurs un symbole national. Mais la majorité des Québécois n'a jamais vu un caribou de sa vie, alors que des écureuils, on peut en voir partout, même en ville !

Il y a du sirop d'érable : VRAI
C'est une des nombreuses fiertés du Québec. Osez en abuser !

C'est le règne de la malbouffe : FAUX
Personne ne vous oblige à manger tous les jours du fast-food. Il y a bien d'autres choix !

Tout le monde porte une chemise de bûcheron à carreaux : VRAI & FAUX
Non, tout le monde n'en porte pas. Mais oui, elle a cette dimension traditionnelle et vintage qui, aujourd'hui, est plutôt incontournable dans la mode.

Les Québécois sont chaleureux et accueillants : VRAI
On pourrait rajouter polis, ouverts et respectueux et qu'il y a toujours des exceptions, comme partout ailleurs.

Les Québécois sont hypocrites : FAUX
C'est un cliché étrangement très présent chez les Français, peut-être dû à la politesse des Québécois, le respect dont ils font généralement preuve et leur envie d'éviter le conflit.

Le tutoiement est automatique : VRAI
Oui, très souvent. Mais beaucoup moins lorsque l'on s'adresse à des personnes âgées ou dans des conditions professionnelles.

L'accent et les expressions sont difficiles à comprendre : VRAI & FAUX
Oui, il faut apprendre les expressions et s'habituer au parler québécois. Mais ce n'est pas plus compliqué que de comprendre l'accent et les expressions de Lille, de Saint-Étienne ou de Marseille par exemple.

Page après page, je vais m'efforcer de vous présenter le Québec tel qu'il est, avec ses qualités et ses défauts. Pas de cliché, pas d'a priori. Et pour vous mettre dans l'ambiance, je vais continuer de vous interpeller directement, comme si nous discutions ensemble autour d'une pinte de bière dans une brasserie montréalaise. Parfois, il est possible que vous trouviez des expressions et des façons de s'exprimer un peu plus québécoises que françaises. Ainsi, vous pourrez commencer à vous habituer au parler québécois, si riche et particulier, et peut-être au détour d'un chapitre, vous entendrez même cet accent chantant qui pourrait devenir votre quotidien.

Dans ce livre, lorsqu'il est fait mention du dollar, il s'agit bien du dollar canadien. Dans le cas contraire, il est précisé « dollar américain ».

CHAPITRE I

HISTOIRE DU QUÉBEC

Peut-être pensez-vous que le Québec n'a pas d'histoire et que celle-ci remonte à cinq siècles à peine. Et pourtant, même si l'histoire québécoise est assurément plus courte que l'histoire européenne, il ne faut pas la sous estimer. Afin de mieux comprendre le Québec d'aujourd'hui, il est primordial de connaître les grandes étapes de son histoire. Il faut comprendre que toutes les questions que se pose la société québécoise moderne, toutes ces interrogations politiques qui animent les débats, découlent naturellement des bases fondatrices de la province et du pays. Alors, si vous ne souhaitez pas plonger tête la première dans des ouvrages entiers traitant d'histoire québécoise, profitez de ce rapide aperçu.

LA COLONISATION

Tout commence bien avant le XVe siècle et la décision des Européens d'explorer une nouvelle route des Indes. À cette époque, le territoire québécois était déjà occupé par trois grands peuples autochtones : les Inuits au nord, ainsi que les Algonquiens et les Iroquoiens. Ces deux derniers peuples étaient eux-mêmes séparés en dix nations amérindiennes organisées, entre autres, sur les plans politiques et culturels.

Ce n'est qu'en 1534 et 1535, plusieurs années après les premières expéditions maritimes envoyées par les Européens vers le Nouveau Monde (l'Amérique), que le Royaume de France décide de coloniser ce qu'on appelle alors la Nouvelle France. Ces expéditions, menées par l'explorateur Jacques Cartier, auront pour conséquence l'installation des premières habitations françaises et la création du Canada, sur les terres qui constituent le Québec actuel.
Pendant plus de deux siècles, la colonisation s'est ensuite développée sur les bases du commerce de fourrures et de l'évangélisation. Organisation politique et militaire, création d'hôpitaux et d'écoles : une nouvelle société se construisait, au fur et à mesure de l'arrivée des colons.

Vers la fin du XVIIe siècle, la venue des Filles du Roy (700 jeunes femmes célibataires envoyées par le roi Louis XIV) va grandement participer à l'expansion de la population et emmener la colonie française à son apogée. Mais depuis plusieurs années, la colonisation britannique se développait beaucoup sur le reste du continent. Ainsi, le Royaume de Grande-Bretagne remporta des batailles décisives en plus de gagner du terrain sur les colonies françaises. La guerre de Conquête était lancée, et son issue sera fatale pour les troupes françaises.

Avec la signature des articles de capitulation de Montréal, l'année 1760 marquera la fin de l'emprise française sur le Canada. Et après trois années de régime militaire britannique, le roi Louis XV signera finalement le traité de Paris, abandonnant le Canada et laissant à son propre sort une population de 60 000 Canadiens-français. Le premier Empire britannique annexait désormais la vallée du Saint-Laurent, déjà officieusement appelée la « Province de Québec ».

LA CONSTRUCTION DU QUÉBEC MODERNE

Le XIXe siècle vit de nombreuses manœuvres politiques ayant pour but d'unifier le Canada et de procéder à l'assimilation culturelle de l'ensemble des Canadiens. Malgré cette volonté politique, les Canadiens issus des vagues de colonisation françaises se sont battus pour préserver leur identité et se sont regroupés sous le nom de Canadiens-français, en opposition aux Canadiens-anglais.

C'est en 1867 qu'est véritablement né le Canada et, par la même occasion, le Québec, en tant que province fondatrice. Nouvellement créée, le Québec se fondait ainsi avec la nation canadienne-française, qui allait connaître un mouvement militant autour de la défense de son identité et de ses droits. La province développa des symboles de fierté nationale et autres organisations populaires qui constituent aujourd'hui encore l'identité du Québec (les caisses populaires Desjardins, le Club de Hockey Canadien...).

De 1944 à 1959, Maurice Duplessis prend le pouvoir au Québec. Appuyé par le clergé et les élites traditionnelles, il va se placer en défenseur de l'autonomie provinciale face au pouvoir fédéral et en 1948, il adopte le « Fleurdelisé » comme drapeau officiel du Québec. Mais alors que la société se voit frappée de plein fouet par le changement social d'après-guerre (aux niveaux démographique, culturel, technologique, etc.), le gouvernement Duplessis durcit son ton conservateur, n'écoutant pas le mécontentement général de la population. Cette période est aujourd'hui connue sous le nom de Grande noirceur, traduisant explicitement le sentiment d'oppression du peuple québécois à l'époque.

C'est l'élection du Parti Libéral au gouvernement provincial en 1960 qui va finalement apporter le changement et la liberté tant attendus par l'ensemble de la population québécoise. Cela marquera le début de la Révolution tranquille, période de renouveau pour une population trop longtemps gardée dans l'ombre du conservatisme. Alors que la laïcité gagne du terrain, les réformes s'enchaînent à vive allure dans les domaines sociaux, éducatifs, économiques et de la santé, menant entre autres à la création du Code du Travail, du ministère de l'Éducation ou de l'Office de la langue française.

LA QUESTION DE LA SOUVERAINETÉ

C'est ensuite politiquement – et face à la culture anglo-américaine – que le Québec va s'émanciper, jusqu'à rayonner à l'international grâce à des événements tels que l'Exposition universelle de 1967 et les Jeux Olympiques d'été de 1976. La même année, le Parti Québécois de René Lévesque est porté au pouvoir et forme le premier gouvernement dit « souverainiste », qui commencera par améliorer les droits linguistiques des Québécois, grâce entre autres, à la Charte de la langue française – dont vous entendrez souvent parler sous le nom de Loi 101.

Le sujet de la souveraineté du Québec, de son indépendance par rapport au reste du Canada, prend alors de plus en plus d'importance dans la société québécoise et en 1980, les Québécois sont invités à s'exprimer une première fois sur la question. Mais le résultat est sans appel : la population vote Non à près de 60 %. Ce n'est que quinze années plus tard, en 1995, que le Québec sera une nouvelle fois appelé aux urnes pour décider de l'avenir de la province. Cette fois-ci, le débat est encore plus virulent et les résultats bien plus serrés. Le Non l'emportera une nouvelle fois, mais seulement par 50,58 % des votes.

Ce résultat est encore très présent dans l'esprit du peuple québécois et la question de la souveraineté est un sujet très sensible qu'il est important de ne pas traiter à la légère. Même si beaucoup de Québécois estiment que ce sujet n'est plus d'actualité et que d'autres problèmes doivent être traités en priorité (santé, éducation, etc.), il n'est pas impossible qu'un nouveau débat et un référendum soient proposés au peuple québécois dans les années à venir.

LES AUTOCHTONES

Aussi appelé Indiens, Amérindiens ou Premières Nations, les autochtones du Québec sont toujours présents sur le territoire mais de manière éparse, et sont en majorité installés dans des réserves.

Les autochtones sont aujourd'hui près de 90 000 au Québec, appartenant à la nation inuite ou bien à l'une des dix nations amérindiennes :
- Mohawks (dans la région de Montréal),
- Hurons (dans la région de Québec),
- Algonquins (en Outaouais et Abitibi-Témiscamingue),
- Attikameks (en Mauricie),
- Innus (ou Montagnais), Naskapis et Cris (dans le Grand Nord),
- Abénaquis, Malécites et Micmacs (sur la rive sud du Saint-Laurent).

Historiquement, les autochtones ont beaucoup échangé avec les premiers colons européens, mettant sur pied des ententes commerciales et des alliances. En conséquence, les tensions se sont accrues entre les tribus amérindiennes et beaucoup de guerres intertribales ont éclaté – beaucoup plus qu'entre les autochtones et les colonies européennes. La population amérindienne a alors diminué rapidement, à cause des guerres mais aussi des maladies véhiculées par les Européens.

Ce n'est qu'à partir du XIXe siècle que la question de société des Premières Nations commence à se poser. Des terres vont être réservées à leur usage afin de les regrouper et de les sédentariser : c'est l'apparition des premières réserves amérindiennes. À partir de ce moment, commence l'assimilation des autochtones, ou ce qu'on appelle à l'époque, la Civilisation graduelle. Cela se fait de façon assez maladroite et ségrégationniste, partant du principe que la culture coloniale était la meilleure et supérieure à la culture indienne. Un Indien pouvait renoncer à son titre d'Indien et devenir citoyen, à condition qu'il fasse une croix sur sa propre culture, qu'il parle français ou anglais, qu'il ait reçu une éducation donnée par les colons, etc. L'identité culturelle amérindienne s'est inévitablement effritée, laissant place à une civilisation perdue entre deux courants sociétaux : celui de leurs ancêtres et celui qui leur était imposé par les colonies.

Au cours du XXe siècle et de l'industrialisation (chemins de fer, hydroélectricité...), les autochtones se sont vus souvent déplacés et privés de leurs terres. De plus en plus solitaires au sein des réserves, leur écosystème et leur culture en ont été perturbés. Ils deviennent dépendants de l'aide gouvernementale. La Loi sur les Indiens est créée en 1951 : elle s'applique aux réserves indiennes et régente entre autres, leur éducation, les limites des territoires, une fiscalité particulière...

Aujourd'hui, cette loi sur les Indiens est toujours en vigueur mais a subi quelques modifications. Les nations amérindiennes sont représentées politiquement par l'Assemblée des Premières Nations du Québec et du Labrador. Le sujet des autochtones est toujours aussi brûlant et empreint de controverses, et les Premières Nations se battent encore pour être reconnues, pour défendre leurs droits et leur environnement.

Ce paragraphe n'étant qu'un bref aperçu de l'histoire et de la situation autochtone, je me permets un conseil. N'essayez pas de faire valoir votre avis sur la question si vous n'en connaissez pas mieux les tenants et les aboutissants. C'est un sujet très complexe et sensible qu'il faudra, s'il vous intéresse, étudier en profondeur en consultant des sites internet d'information, des ouvrages dédiés et pourquoi pas, en allant voir par vous-même ce qu'est une réserve amérindienne.

Pour en savoir plus au sujet des autochtones:

Les autochtones et le Québec.
Des premiers contacts au Plan Nord.
Sous la direction d'Alain Beaulieu, de Stéphan Gervais et de Martin Papillon
Presses de l'Université de Montréal, 2013.

Site Web: Chaire de recherche du Canada sur la question territoriale autochtone
Université du Québec à Montréal
http://www.territoireautochtone.uqam.ca

Site Web: Assemblée des Premières Nations du Québec et du Labrador
http://www.apnql-afnql.com

Pour en savoir plus au sujet de l'histoire du Québec:

Un ouvrage facile à lire, facile à se procurer, récent et complet.
L'Histoire du Québec pour les nuls
Éric Bédard – Pour les nuls, 2012

CHAPITRE II

GÉOGRAPHIE DU CANADA ET DU QUÉBEC

Le Canada est le second pays le plus étendu au monde en termes de superficie totale. En effet, en affichant 9 984 670 km² de superficie, dont près d'un dixième est de l'eau, le Canada arrive tout juste après la Russie et un peu avant la Chine et les États-Unis. Certes, plus vous monterez au Nord, moins vous rencontrerez de zones peuplées mais il est important de se rendre compte que cette immensité représente le Canada. Il s'agit d'un seul et unique pays qui est quasiment aussi étendu que l'Europe tout entière et qui couvre six fuseaux horaires.

D'UN OCÉAN À L'AUTRE

A mari usque ad mare signifie littéralement « de la mer jusqu'à la mer » ou plus communément « d'un océan à l'autre ». Telle est la devise du Canada, qui s'étend de l'océan Atlantique (à l'est) jusqu'à l'océan Pacifique (à l'ouest). Au sud, le pays partage sa frontière avec les États-Unis, et il en est de même au Nord-Ouest (avec l'état de l'Alaska). Au Nord-Est, c'est par le Groënland (Danemark) que le Canada est bordé. À noter aussi : la présence à l'Est, au large de Terre-Neuve, de l'archipel de Saint-Pierre-et-Miquelon, une collectivité d'outre-mer française. Enfin, certaines régions arctiques, au nord du Canada, représentent actuellement un sujet de discorde international : ces lieux stratégiques, tant d'un point de vue géographique que des ressources naturelles, sont revendiqués par plusieurs pays (Danemark, Russie, États-Unis...). Et ce problème géostratégique ne semble pas aller en s'arrangeant, surtout avec la fonte prévue de la banquise.

Le Canada est divisé en trois territoires et dix provinces.
- Les territoires : le Yukon, le Nunavut et les Territoires du Nord-Ouest
- Les provinces : la Colombie-Britannique, l'Alberta, la Saskatchewan, le Manitoba, l'Ontario, le Québec, Terre-Neuve-et-Labrador, le Nouveau-Brunswick, l'Île-du-Prince-Édouard et la Nouvelle-Écosse (ces trois dernières sont aussi appelées les provinces maritimes, et on y trouve une grande partie des Acadiens, descendants des premiers colons).

En tout, ce sont près de 35 millions de Canadiens qui peuplent ces provinces et territoires, mais les plus fortes densités de population se concentrent essentiellement dans la frange la plus au sud du pays. D'ailleurs, les cinq agglomérations les plus peuplées du Canada sont :
- Toronto, capitale de l'Ontario (5,5 millions),
- Montréal, regroupant Laval, Longueuil et Terrebonne (3,8 millions),
- Vancouver, capitale économique de Colombie-Britannique (2,3 millions),
- Ottawa/Gatineau, la capitale fédérale du Canada et la ville québécoise qui la jouxte (1,2 million),
- Calgary, la plus grande ville d'Alberta (1,2 million).

LA NATURE CANADIENNE

Non, ce n'est absolument pas un cliché : le Canada est vraiment réputé pour ses grandes étendues et sa nature à perte de vue.

D'abord, deux chaînes de montagnes principales se détachent. Il y a les Montagnes Rocheuses à l'ouest du pays, allant de l'Alaska jusqu'au Mexique en passant par le Yukon, la Colombie-Britannique et l'Alberta. Puis, il y a les Appalaches, qui partent du sud-est des États-Unis et qui remontent jusqu'aux provinces maritimes en passant par le Québec.

Ensuite, étant donné la diversité des climats auxquels il est exposé, le Canada compte un grande nombre d'écosystèmes bien différents regroupés en écorégions, ou biomes. Dans le sud du pays prennent place les forêts tempérées, des forêts d'arbres à feuilles caduques, qui à l'automne, vont présenter ces magnifiques couleurs tellement photogéniques. Dans l'ouest du pays, ce sont des forêts de conifères tempérées qui vont prédominer. Au centre-sud, les immenses étendues d'herbes (avec très peu d'arbres) constituent les prairies. Dans une très large partie nord, c'est la taïga (appelée aussi la forêt boréale), essentiellement constituée de conifères adaptés au froid. La taïga est le biome le plus répandu au Canada et il faut savoir que près de 15 % de cette forêt est encore totalement vierge, sans aucun accès terrestre ! Pour finir, la toundra, constituée surtout de mousses et de lichens, s'étend sur les régions les plus au nord du Canada.

Complétant cette végétation omniprésente, il y a l'eau, qui recouvre à elle seule près de 9 % de la superficie du Canada. Bien sûr, il y a les lacs, avec en particulier les fameux Grands Lacs qui forment, pour la plupart, une frontière naturelle entre le Canada et les États-Unis. Parmi ces cinq immenses étendues d'eau, quatre sont partagées entre les deux pays (lacs Supérieur, Huron, Érié et Ontario) alors que le lac Michigan est uniquement en territoire américain. Les rivières ne manquent pas, ainsi que des grands fleuves (Fraser en Colombie-Britannique, Nelson au Manitoba, Churchill à Terre-Neuve...), dont certains comme le Saint-Laurent au Québec, ont permis la mise en place des grands foyers de population et des grands centres économiques, comme le port de Montréal par exemple.

Pour finir, il serait impossible de parler de nature sans parler de ressources naturelles. Et le Canada en possède beaucoup, elles constituent l'une de ses grandes forces économiques. La principale ressource naturelle est évidemment l'eau, et plus particulièrement l'eau douce dont le pays possède une grande quantité (lacs, rivières, fleuves, glaciers...). Grâce à ses grands barrages, le pays produit aussi beaucoup d'hydroélectricité. Cette énergie propre est la principale ressource énergétique pour plusieurs provinces telles que Terre-Neuve ou le Québec par exemple. Les gigantesques étendues de forêts quant à elles fournissent le bois d'œuvre et génèrent une industrie forestière florissante.

Ce n'est pas tout. La production minière apporte de l'or, du fer, du zinc, du titane... mais aussi du pétrole essentiellement dans l'Alberta et le Nord (sans compter les gisements non exploités). Enfin, plusieurs gisements de gaz naturel sont aussi exploités au Canada.

Le sujet des ressources naturelles fait souvent débat au Canada, et ce, quelle que soit la province. L'exportation de certaines ressources, telles que l'eau douce et l'hydroélectricité vers les États-Unis par exemple, est un sujet de discorde patent. Sans parler de l'exploitation de gaz de schiste dont les impacts sont encore au centre des préoccupations des Canadiens.

LE QUÉBEC

Deuxième province canadienne en nombre d'habitants (un peu plus de 8 millions), le Québec s'étend sur 1 667 441 km^2, ce qui correspond à près à trois fois la superficie de la France. Il partage une frontière avec les États-Unis au sud, ainsi qu'avec trois provinces canadiennes, Terre-Neuve-et-Labrador à l'est, le Nouveau-Brunswik au sud-est et l'Ontario à l'ouest.

Près de la moitié des Québécois se trouvent dans l'agglomération de Montréal, qui compte les villes de Laval et Terrebonne (banlieue nord), et Longueuil (banlieue sud). Ensuite, viennent les agglomérations de Québec (la capitale, avec plus de 750 000 habitants), puis Sherbrooke (200 000 habitants), Saguenay et Trois-Rivières (150 000 habitants chacune).

Très étendu, le Québec ne compte pas moins de quatre des écosystèmes présents au Canada. Ainsi, en partant de la frontière américaine et en remontant vers le nord, on traverse des forêts de feuillus avant de découvrir les conifères de la forêt boréale, puis les immenses étendues de taïga et de toundra. Sachez d'ailleurs que la forêt recouvre un peu plus de 45 % du territoire québécois (environ 760 000 km2), ce qui, pour donner une idée, est plus étendu que la superficie totale de la France !

Autre chiffre à retenir : l'eau est présente sur plus de 20 % du territoire québécois, avec plusieurs milliers de rivières et plus d'un demi-million de lacs ! Puis, il y a évidemment le fleuve Saint-Laurent, l'un des plus grands au monde, une immense voie navigable permettant de relier les Grands Lacs (où il prend sa source) à l'océan Atlantique. D'ailleurs, grâce au Saint-Laurent, Montréal est jusqu'à aujourd'hui le port intérieur le plus important au monde. Grâce à ses cours d'eau, le Québec produit une énergie propre, qui représente plus de 90 % du parc de production électrique. La société d'État Hydro-Québec fournit presque toute cette hydroélectricité et la distribue grâce à l'un des réseaux les plus étendus d'Amérique du Nord. Aussi, il est important de remarquer que la province du Québec dispose à elle seule de près de 3 % des ressources d'eau douce renouvelable du monde, véritable enjeu international.

Enfin, il faut noter l'importance des mines québécoises, principalement situées dans les régions plus au nord de la province (Matagami, Chibougamau, Saguenay...). Le Québec se démarque essentiellement par ses productions de zinc, d'or et de fer – parmi les plus grosses au Canada – mais aussi de nickel, titane, argent, cuivre, etc. C'est une richesse économique majeure.

Le Québec
Mansel Island
Ivujivik
Salluit
Baffin Island
Déception
Purtuniq
Kattiniq
Kangiqsujuaq
Détroit d'Hudson
Parc nat. des Pingualuit
Cratère du Nouveau-Québec
Akulivik
Quaqtaq
Puvirnituq
Kangirsuk
Baie d'Ungava
Aupaluk
MER DU LABRADOR
Tasiujaq
Kangiqsualujjuaq
Inukjuak
Musée Daniel Weetaluktuk
BAIE D'HUDSON
Kuujjuaq
Parc nat. Kuururjuaq
MONTS TORNGAT
NUNAVIK
Belcher Island
Umiujaq
Lac à l'Eau Claire
Lac des Loups Marins
Kuujjuarapik
Whapmagoostui
Kawawachikamach
Lac-John
Caniapiscau
Matimekosh
Schefferville
Radisson
L'Aménagement R.-Bourassa
Chisasibi
Laforge-2
Laforge-1
Brisay
La Grande-3
La Grande-4
Sakami
Akimiski Island
Wemindji
Cartwright
Churchill Falls
Happy Valley-Goose Bay
500
510
Labrador City
Wabush
Fermont
BAIE-JAMES ET EEYOU ISTCHÉE
Eastmain
Nemaska
Waskaganish
RÉSERVE FAUNIQUE DES LACS-ALBANEL-MISTASSINI-ET-WACONICHI
Gagnon
MONTS GROULX
DUPLESSIS
Red Bay
Blanc-Sablon
Tracé de 1927 du Conseil privé (non définitif)
RÉSERVE FAUNIQUE ASSINICA
Manic-Cinq
389
Natashquan
Matagami
Chibougamau
Mistissini
SAGUENAY–LAC-SAINT-JEAN
138
Sept-Îles
Havre-Saint-Pierre
Chapais
Île d'Anticosti
109
113
167
Baie-Comeau
Deer Lake
Dolbeau-Mistassini
Corner Brook
TERRE-NEUVE-ET-LABRADOR
ABITIBI-TÉMISCAMINGUE
132
Gaspé
Saguenay
Matane
Stephenville
Rouyn-Noranda
Val-d'Or
Golfe du Saint-Laurent
Rimouski
1
Burgeo
Ville-Marie
Rivière-du-Loup
155
175
185
Îles de la Madeleine
Les Îles-de-la-Madeleine
Channel-Port-aux-Basques
101
Edmundston
QUÉBEC
20
11
ÎLE-DU-PRINCE-ÉDOUARD
North Bay
17
117
2
NOUVEAU-BRUNSWICK
Souris
N. Sydney
Sydney
Trois-Rivières
73
Charlottetown
105
Saint-Georges
Fredericton
Moncton
Île du Cap Breton
Gatineau
40
Drummondville
104
MONTRÉAL
Sherbrooke
95
ONTARIO
417
Ottawa
10
201
MAINE
ÉCOSSE
7
Malone
Plattsburgh
Saint John
401
OCÉAN ATLANTIQUE
Burlington
Bangor
NOUVELLE-
Halifax
Toronto
89
93
Augusta
Watertown
VERMONT
NEW HAMPSHIRE
87
103
NEW YORK
Portland
Buffalo
90
91
95
Syracuse
81
Manchester
Albany
MASSACHUSETTS
Boston
PENNSYLVANIE
1:11 000 000
0 80 160 240 320 km
Projection conique conforme de Lambert (NAD 27)

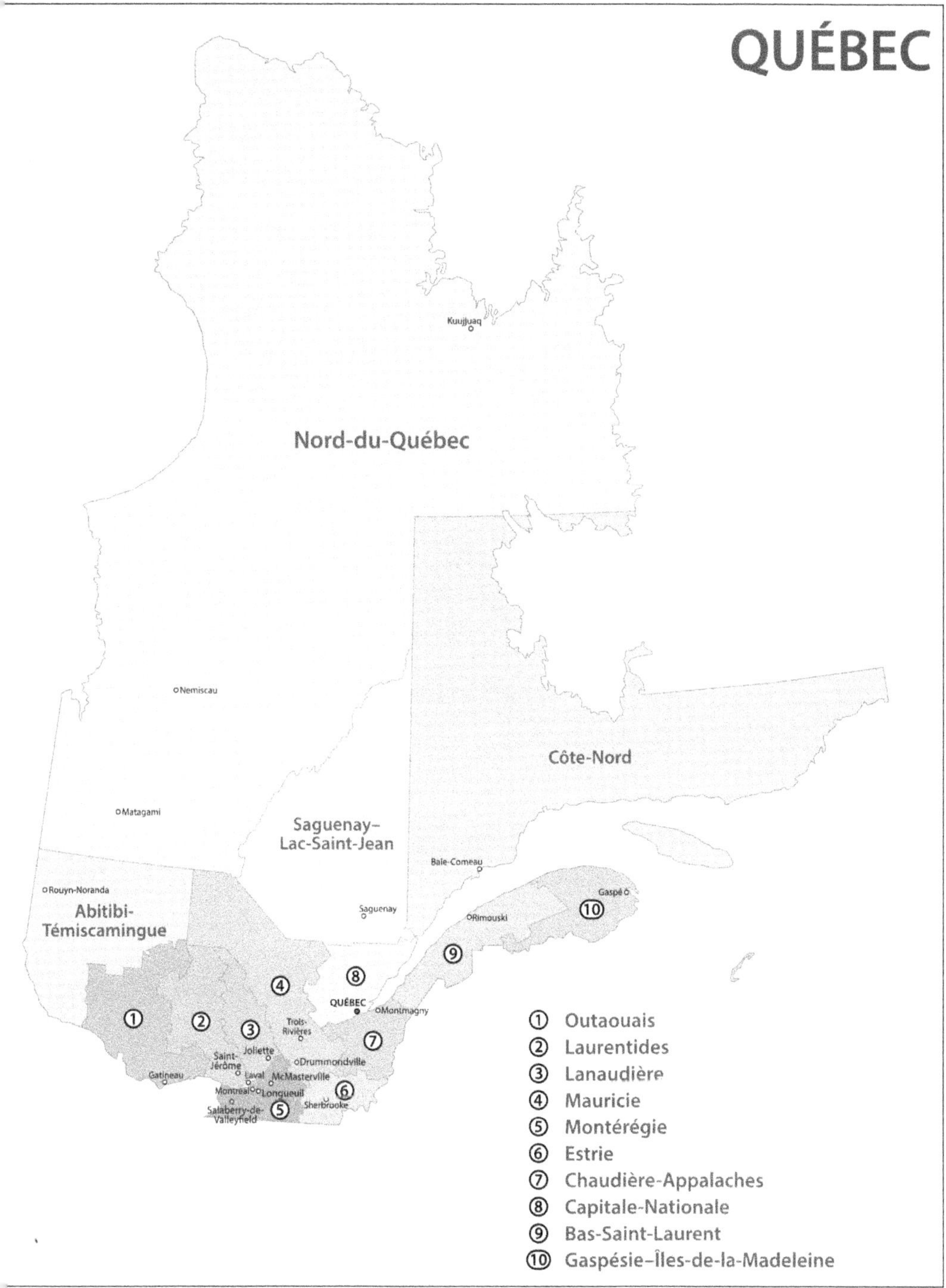
QUÉBEC
Nord-du-Québec
Kuujjuaq
Nemiscau
Matagami
Côte-Nord
Saguenay–
Lac-Saint-Jean
Baie-Comeau
Rouyn-Noranda
Abitibi-
Témiscamingue
Saguenay
Rimouski
Gaspé
QUÉBEC
Montmagny
Trois-
Rivières
Saint-
Jérôme
Joliette
Drummondville
Gatineau
Laval
McMasterville
Montreal
Longueuil
Sherbrooke
Salaberry-de-
Valleyfield
① Outaouais
② Laurentides
③ Lanaudière
④ Mauricie
⑤ Montérégie
⑥ Estrie
⑦ Chaudière-Appalaches
⑧ Capitale-Nationale
⑨ Bas-Saint-Laurent
⑩ Gaspésie–Îles-de-la-Madeleine

CHAPITRE III
CLIMAT

La météo est l'un des sujets de discussion préférés des Québécois, que ce soit autour de la machine à café ou ailleurs. Et, il y a toujours quelque chose à dire, tant le climat québécois est varié, passant d'un extrême à l'autre, accumulant en quelques heures plus de neige que vous n'en avez peut-être jamais vue au cours de toute votre vie, ou offrant des chaleurs si intenses et humides qu'on se croirait sous les tropiques ! Il est normal de se demander si vous devez avoir peur du climat québécois (même si la réponse est de toute évidence : non). Il faut simplement y être préparé, autant mentalement que matériellement.

QUATRE SAISONS

Non, il ne fait pas toujours froid. Si vous arrivez au Québec entre mai et octobre, vous pouvez laisser le gros pull-over tricoté par votre grand-mère, dans votre valise ! À part, peut-être, si vous partez vous aventurer dans le grand nord québécois à l'automne...

Comme la quasi-totalité des immigrants, vous allez certainement vivre dans le sud du Québec (Gatineau, Montréal, Sherbrooke, Québec...) où vous goûterez aux joies de quatre saisons bien marquées.

Le printemps est court, il prend place aux alentours des mois de mai et juin. C'est une des saisons les plus agréables car les journées s'allongent et se réchauffent, le soleil brille souvent. Le plus impressionnant est sans aucun doute la vitesse à laquelle la nature se transforme après les longs mois d'hiver. La température est parfaite pour se balader, même si en soirée, il fait frais.

L'été est chaud et humide, entre les mois de juillet et septembre. Il n'est pas rare de voir un lourd soleil en journée suivi par de violents orages en soirée ! L'humidité va souvent rendre la chaleur étouffante, dépassant régulièrement les 30 °C. Parfois difficile à supporter en ville, cette chaleur est plus agréable dans les campagnes.

L'automne, entre octobre et novembre, marque par ses magnifiques couleurs. Ce n'est pas un cliché : vous n'avez probablement jamais rien vu de semblable. En revanche, le climat est souvent capricieux, passant de belles journées ensoleillées à de tristes journées pluvieuses, tantôt froides, tantôt tempérées. C'est à l'automne qu'on attrape le plus facilement des rhumes !

L'hiver, source de la plupart des peurs des nouveaux arrivants, est une saison longue, qui s'étale généralement de décembre à avril. La neige tombe en abondance, offrant des tempêtes parfois impressionnantes, qui peuvent sévir jusqu'à fin avril. Quant au thermomètre, il va rapidement afficher des températures négatives, dès le mois de novembre pour atteindre une moyenne de -10 °C (selon les régions).

C'est une moyenne : il n'est pas rare de tomber en dessous des -20 °C ou -30 °C, qui peuvent parfois se traduire par des températures ressenties de -30 °C à -40 °C avec le refroidissement éolien.
La période qui marque la fin de l'hiver juste avant l'arrivée du printemps n'est pas la plus belle à voir : la fonte des neiges offre un triste spectacle, en ville surtout...

Voici un aperçu des températures moyennes par mois, dans quatre villes québécoises (en °C) :

Jan.	Fév.	Mars	Avr.	Mai	Juin	Juil.	Août	Sept	Oct.	Nov.	Déc.
Montréal											
- 5.7	- 3.9	2.2	10.7	19.0	23.6	26.2	24.8	19.7	12.7	5.3	- 2.2
Québec											
- 7.5	- 5.4	0.6	8.8	17.6	22.7	25.1	23.8	18.0	11.2	5.3	- 3.9
Saguenay											
- 8.8	- 6.8	- 1.2	5.4	13.2	19.1	21.8	20.6	15.2	8.8	1.9	- 5.2
Matagami											
- 12.6	- 9.5	- 2.6	6.2	15.1	20.7	22.9	21.4	14.5	7.2	- 0.9	- 8.9

i **De nombreuses autres données climatiques sur le site de Climat-Québec**
www.climat-quebec.qc.ca

SE PRÉPARER À L'HIVER

L'hiver est la saison à laquelle il va falloir se préparer. Par conséquent, vous vous demandez peut-être comment vous allez y survivre. La première chose à faire est justement d'arrêter de penser qu'il faut « survivre » à l'hiver. Non, il ne faut pas survivre à l'hiver. En fait, il faut seulement le dompter.

Pour ça, il faudra changer certaines habitudes. Par exemple, éviter de se balader avec insouciance un soir où il fait -30 °C, ou bien déneiger ses escaliers après une grosse tempête pour éviter de se faire une entorse. Ou encore, prendre toujours une paire de chaussures de rechange pour aller en soirée... Ces automatismes hivernaux deviendront naturels, qu'ils soient agréables ou un peu moins.

Pour dompter l'hiver, il vous faudra aussi de bons vêtements. Oubliez les petites vestes à la mode et les jolies petites chaussures pour quelques mois (enfin, quand vous mettez le nez dehors) et notez que trois indispensables ne doivent jamais être négligés :
- un bon manteau adapté à l'hiver canadien (de marque Canada Goose, Rudsak, NorthFace, Kanuk, par exemple) ;
- des bottes/bottines pour les jours de neige et de grand froid. La meilleure option ? En cuir doublé avec de la (fausse) fourrure.
- Le traditionnel combo « écharpe-gants-bonnet ». Faites très attention au choix des gants surtout, quitte à acheter deux paires : une paire très chaude pour les journées d'extrême froid et une paire plus légère pour les journées plus douces.

Finalement, pour dompter l'hiver, apprenez simplement à l'aimer. De nombreuses façons de profiter des joies de l'hiver existent : patiner en extérieur, faire du ski ou de la pêche sur glace. Vous pourrez aussi arpenter les festivals d'hiver comme le Carnaval de Québec ou Montréal en Lumières, pendant lesquels les Québécois fêtent l'hiver, à l'extérieur bien sûr ! Et toutes les balades que vous pourrez faire en dehors des villes. Vous profiterez de la nature comme jamais.

Vous trouverez peut-être que l'hiver est long, surtout à partir du mois de février, mais vous apprécierez certainement tout ce qu'il peut offrir. Si, si...

CHAPITRE IV

ÉCONOMIE

Le Québec n'est qu'une province du Canada. Pourtant, en se penchant sur l'économie du Québec, on constate qu'à elle seule, la province est aussi solide que bien d'autres pays du globe. De nombreux secteurs économiques québécois ont une place significative aujourd'hui à l'international, et les exportations vers les États-Unis et ailleurs se portent très bien. On entend souvent dire que le Québec a été épargné par la crise de 2007-2008 dont la plupart des pays occidentaux subissent encore les effets aujourd'hui. Pas étonnant, dès lors, que certains rêvent toujours d'un Québec souverain…

UNE CONJONCTURE SOLIDE

L'économie québécoise est solide, elle a bien résisté à la crise et à la récession qui ont touché les États-Unis après 2007. Cela étant, le PIB a connu des hauts et des bas. Début 2014, le PIB par habitant au Québec tourne autour de 35 000 dollars américains. Nous parlons ici du PIB dit « PPA », c'est-à-dire calculé en « parité de pouvoir d'achat », critère retenu par la Banque Mondiale ou le FMI, par exemple.

Ce PIB/habitant québécois est parfois pointé du doigt car plus faible que le PIB de l'ensemble du Canada (42 000 dollars environ) ou même que celui de la province d'Ontario voisine (autour de 38 000 dollars). Mais cela reste une statistique de pays riche. À titre de comparaison, la France a un PIB par habitant de 36 000 dollars et la Belgique, 39 000 dollars. Le Québec est donc un « pays » très développé et puissant économiquement.

L'économie de la province est notamment basée sur ses exportations, qui représentent environ la moitié de son PIB. Des exportations qui dépendent à 85 % du grand voisin américain, ce n'est pas vraiment une surprise. Le Québec, riche de ses ressources naturelles, exporte celles-ci en grande quantité. Les plus importantes sont les exportations de produits miniers, de bois et de papier, mais aussi l'électricité (hydroélectricité, plus exactement) ainsi que des produits alimentaires, principalement porc et soja.

Le Québec exporte enfin du textile, des machines et des outils, mais c'est aussi un très gros exportateur de produits électroniques et électriques : circuits imprimés, circuits intégrés, etc. et de matériaux de transports (essentiellement dans l'aérospatiale).

Bien entendu, comme la majorité des pays dits industrialisés, l'économie québécoise est devenue une économie tertiaire. Le secteur des services représente plus de 70 % de l'activité économique.

LES PRINCIPAUX SECTEURS ÉCONOMIQUES

Le secteur des mines et le secteur de l'aluminium

Le secteur minier emploie plus de 18 000 personnes au Québec et a recommencé à embaucher depuis le début des années 2010. La production minière se chiffre entre 8 et 9 milliards de dollars par an, un chiffre qui a pris beaucoup d'ampleur grâce à l'augmentation de la valeur de certains minerais tels que l'or et le fer par exemple. Côté transformation, le secteur de l'aluminium est très important au Québec (plus de 7 000 emplois) grâce à des entreprises comme Rio Tinto par exemple. Le Québec représente plus de 90 % de la production d'aluminium du Canada, ce qui le place, au niveau mondial, juste derrière la Chine et la Russie.

Le secteur de l'énergie

La production de l'énergie hydroélectrique a permis le développement économique de plusieurs régions québécoises (Saguenay, Mauricie). Aujourd'hui, plus de 20 000 personnes sont employées par la société Hydro-Québec à travers la province.

Le secteur forestier et le secteur de pâtes et papiers

Grâce à des ressources naturelles renouvelables abondantes, le secteur forestier est encore très puissant au Québec. Même s'il est en crise depuis plusieurs années, ce secteur est primordial pour l'industrie manufacturière et en particulier pour l'industrie des pâtes et papiers. Cette dernière est d'ailleurs un autre pilier de l'économie québécoise, représentée par des entreprises comme Cascades, qui emploie a elle seule plus de 12 000 personnes.

Les secteurs de l'agriculture, de la pêche et de l'agroalimentaire

Fruits, légumes, céréales, lait, volaille, bœuf, porc, poisson ou encore sirop d'érable : les secteurs de l'agriculture (particulièrement dans la vallée du Saint-Laurent) et de la pêche, sont aussi des atouts québécois. Avec un peu moins de 30 000 exploitations agricoles réparties sur le territoire, ce secteur pèse environ 7 milliards de dollars et emploie plus de 50 000 personnes. Toutes les activités qui en découlent consolident aussi l'économie québécoise. L'industrie de la transformation alimentaire (principalement la viande, la boulangerie et les produits laitiers) compte près de 65 000 travailleurs dans la province, essentiellement aux alentours de Montréal (Danone, Kraft, Saputo, Agropur...). Les grossistes alimentaires et les magasins d'alimentation emploient environ 150 000 personnes. Et le plus impressionnant pour la fin : plus de 20 000 restaurants, bars et traiteurs génèrent plus de 250 000 emplois au Québec ainsi qu'un chiffre d'affaires d'environ 13 milliards de dollars annuels !

Le secteur de l'aérospatiale et le secteur des transports terrestres

Après Seattle et Toulouse, Montréal est le troisième plus grand centre de l'industrie aérospatiale. Le Québec joue donc un rôle non négligeable dans ce domaine, derrière les États-Unis, la France, l'Allemagne, le Royaume-Uni et le Japon. Plus de 200 entreprises et 40 000 employés dégagent environ 12 milliards de dollars chaque année, particulièrement grâce à l'exportation. En parallèle, l'industrie des transports ne démérite pas grâce au ferroviaire et à l'automobile. Les principaux leaders s'appellent Bombardier, Air Transat, Dassault, Héroux-Devtek, CAE et bien d'autres...

Les services

L'économie québécoise a développé un secteur des services puissant. Avec des entreprises comme les Caisses populaires Desjardins ou la Banque Nationale du Canada (basée à Montréal), le secteur des finances et de l'assurance tire son épingle du jeu et offre plusieurs dizaines de milliers d'emplois aux Québécois. Il en est de même pour l'industrie pharmaceutique, grâce à la présence de nombreuses multinationales telles que Johnson & Johnson, Sanofi-Aventis ou Pfizer par exemple. Les secteurs de la biotechnologie, des systèmes optiques et des systèmes photoniques ne sont pas non plus en reste avec quelques milliers d'emplois.

Le secteur des technologies de l'information fait beaucoup parler de lui ces dernières années au Québec, car il connaît une forte croissance. Il produit de plus en plus de richesse et embauche en conséquence. Le territoire héberge désormais des grandes entreprises de télécommunication (Motorola, Ericsson...), de jeux vidéos (Ubisoft, Electronic Arts, Activision, Eidos...) ou encore de microélectronique (IBM).

Enfin, le Québec est aussi connu pour son industrie touristique florissante qui génère pas moins de 400 000 emplois dans la province. Les villes québécoises attirent des touristes venus du Canada et du monde entier, surtout grâce aux festivals réputés de Montréal et au style architectural si typique de la ville de Québec.

La recherche et le développement

Dans la majorité de ces secteurs économiques, la recherche et le développement sont particulièrement importants. Gros investisseur en R&D depuis plusieurs années, le Québec mise évidemment sur l'innovation pour améliorer son économie et développer ses savoir-faire dans le monde entier.

CHAPITRE V

POLITIQUE

La politique au Québec est un sujet qui peut rapidement enflammer la discussion. La meilleure façon d'en savoir un peu plus sur la politique québécoise, c'est évidemment de lire les journaux, de regarder certaines émissions de télévision et surtout de discuter avec les Québécois – avec celles et ceux qui sont ouverts à ce genre de discussions. Ce n'est pas facile d'en comprendre rapidement toutes les subtilités, il vous faudra peut-être plusieurs années, mais c'est très vite passionnant.

LE SYSTÈME POLITIQUE

Si vous souhaitez rentrer dans le détail du fonctionnement des régimes politiques canadien et québécois, vous pouvez lire des pages et des pages et y passer des heures. Mais si vous souhaitez comprendre les bases, pour ne pas être complètement hors-jeu, voici ce que vous devez retenir.

- Le Canada est une fédération. Les pouvoirs sont partagés entre le gouvernement fédéral et les dix provinces canadiennes.
- Le Canada est une monarchie constitutionnelle. Le chef d'État, c'est la Reine d'Angleterre. Mais c'est le Premier ministre du Canada qui est le chef du gouvernement canadien, et qui détient donc le réel pouvoir exécutif. Le Premier ministre du Québec, lui, est le chef du gouvernement québécois.
- Au Canada, comme au Québec, c'est un système parlementaire qui s'applique. Le parlement du Canada est à Ottawa (Ontario) et le parlement du Québec, dans la ville de Québec.
- Les élections canadiennes et québécoises utilisent le scrutin uninominal majoritaire à un tour. On choisit un député parmi plusieurs candidats dans sa circonscription, en un seul et unique tour. On ne vote donc pas directement pour les Premiers ministres du Canada et du Québec, qui sont élus par l'Assemblée. Dans les faits, les Premiers ministres sont généralement les chefs des partis qui récoltent le plus de sièges au Parlement.

Officiellement, les élections canadiennes, comme les élections québécoises, se déroulent à date fixe, tous les quatre ans. Pourtant, il est commun de voir des élections être déclenchées, après que le gouvernement ait été renversé par l'opposition, ou après que le Premier ministre l'ait demandé, souvent au moment qu'il juge le plus opportun, politiquement parlant. Le calendrier électoral est donc fluctuant, une pratique assez proche de la Grande-Bretagne.

Lors de l'élection des députés au Parlement, que ce soit à Ottawa ou à Québec, c'est le parti qui obtient le plus de sièges qui est élu. Si ce parti obtient plus de la moitié des sièges, on dit qu'il est majoritaire. S'il obtient moins de la moitié des sièges, il est minoritaire, c'est-à-dire que les députés de l'opposition (tous partis confondus) sont plus nombreux. Ainsi, au provincial comme au fédéral, il est officiellement possible, à plusieurs moments (lors du dépôt du budget, ou d'un vote de confiance sur une loi par exemple), que l'opposition renverse le gouvernement en place et provoque des élections.

LES PRINCIPAUX PARTIS

Au niveau fédéral, deux partis ont historiquement tiré leur épingle du jeu en gagnant tour à tour le pouvoir au Canada.

Le Parti conservateur du Canada

Comme son nom l'indique, il défend une idéologie des plus conservatrices, à la droite de l'échiquier politique. Même si la comparaison n'est pas idéale, il pourrait s'apparenter à l'aile droite de l'UMP française.

Figures célèbres : Stephen Harper, Peter MacKay.

Le Parti libéral du Canada

Avec une idéologie libérale, sociale-libérale et progressiste, ce parti défend aussi bien des idées économiques que l'on qualifierait de droite, que des idées sociales correspondant davantage à notre acception de la gauche. On pourrait le situer à l'aile droite du Parti socialiste français ou au centre.

Figures célèbres : Justin Trudeau, Michael Ignatieff, Bob Rae, Stéphane Dion.

Toujours au niveau fédéral, deux autres partis ont fait élire de nombreux députés.

Le Nouveau Parti démocratique (le NPD)

Son idéologie est la plus à gauche dans le paysage politique canadien. Il peut être comparé au PS français. Lors des élections de 2011, le NPD a fait un coup d'éclat en raflant 100 sièges à la Chambre des Communes du Canada et en formant de ce fait l'opposition officielle. Son chef de l'époque, Jack Layton, décédera d'un cancer quelques mois après l'élection, suscitant une vive émotion au Canada.

Figures célèbres : Thomas Mulcair, Brian Topp, Jack Layton.

Le Bloc québécois

Avec son idéologie sociale-démocrate (ancrée généralement à gauche), ce parti se démarque essentiellement par son nationalisme québécois et sa défense du souverainisme. Les élections de 2011 furent un échec cinglant pour le Bloc, qui a du mal a s'en relever.

Figures célèbres : Gilles Duceppe, Lucien Bouchard.

Au niveau provincial, deux principaux partis se disputent aussi le pouvoir depuis de nombreuses années.

Le Parti québécois

Défendant le souverainisme québécois, ce parti milite pour une idéologie sociale-démocrate que l'on pourrait rapprocher du PS français.

Figures célèbres: Pauline Marois, Bernard Landry, Jacques Parizeau, René Lévesque.

Le Parti libéral du Québec

Idéologiquement proche du Parti libéral du Canada, il défend le nationalisme canadien.

Figures célèbres: Philippe Couillard, Jean Charest, Robert Bourassa, Claude Ryan.

Deux autres partis arrivent aussi à se faire entendre au niveau provincial.

La Coalition Avenir Québec (ou CAQ, à prononcer en un seul mot)

Ce parti de centre-droit, créé pour les élections provinciales de 2012, a su prendre une place en appuyant sur le fait qu'il y avait actuellement des sujets plus importants (santé, éducation...) que l'avenir politique du Québec.

Figures célèbres: François Legault, Maud Cohen.

Québec solidaire

Petit parti qui fait beaucoup parler de lui pour son idéologie très à gauche, altermondialiste et écologiste.

Figures célèbres: Françoise David, Amir Khadir.

Rencontre avec Lise Thériault, députée et ex-ministre québécoise

Parti Libéral du Québec
Députée de la circonscription d'Anjou à Montréal
Leader parlementaire de l'opposition officielle en 2013
Ministre de l'Immigration et des Communautés culturelles de 2005 à 2007
Ministre du Travail de 2010 à 2012

Vous avez été Ministre de l'Immigration de 2005 à 2007. Avec le recul, quel constat faites-vous de l'immigration toujours grandissante au Québec ?
L'accueil qui est fait aux immigrants aujourd'hui est très différent de l'accueil qui était fait voilà une dizaine d'années. Pour prendre l'exemple de la reconnaissance de diplômes étrangers, c'est quelque chose qui a été initié par la ministre Michelle Courchesne sous le gouvernement libéral de M. Charest. Par la suite, il y a eu le rapport Bazergui qui parlait de la problématique de la reconnaissance de diplômes étrangers au Québec. Donc, quand je suis arrivée en 2005 comme Ministre de l'Immigration, le mandat que j'avais reçu de M. Charest était de faire en sorte que lorsque les immigrants arrivent ici, ils puissent savoir ce que valent leurs diplômes. Aujourd'hui, tout les gens peuvent, avant même d'immigrer au Québec, connaître la valeur de leurs diplômes, s'il y a des équivalences à aller chercher ou une formation complémentaire à suivre. Il y a eu aussi des ententes de reconnaissances qui ont été faites avec la France pour beaucoup de métiers, notamment au niveau de la santé. Enfin, quand j'étais Ministre de l'Immigration, nous avons mis sur pied le guide Apprendre le Québec afin de faciliter l'intégration des immigrants et maintenant, il est même traduit en plusieurs langues. On y parle des différentes réalités du

Québec, mais aussi des obligations des immigrants, de tout ce qui existe au niveau légal, de la Commission des normes du travail, de la Commission des droits de la personne et des droits la jeunesse, etc. Par exemple, il est écrit clairement qu'au Québec, une femme est l'égale de l'homme, donc quelqu'un qui arrive ici le saura.

Depuis 2013, les quotas de PVT France-Canada sont atteints en quelques minutes, sans parler des autres moyens d'immigration… Et les Français viennent principalement au Québec. Comment vous expliquez cet engouement des Français pour le Québec ?

Je pense qu'il ne faut pas oublier que le Québec est la porte d'entrée francophone non seulement sur le Canada, mais aussi sur toute l'Amérique du Nord. Par rapport à ça, il est évident qu'il y a un engouement. De plus, les billets d'avion sont plus accessibles aujourd'hui, il n'est pas rare de voir quelqu'un faire des allers-retours entre l'Europe et le Québec, c'est plus facile qu'avant. Surtout, avec la mondialisation des marchés et l'ouverture sur le monde, il y a beaucoup de marchés qui se sont ouverts entre le Québec et l'Union européenne, les compagnies canadiennes et québécoises regardent de plus en plus l'Europe, donc il est évident que pour les Français qui veulent venir travailler ici, il existe toujours une possibilité.

Les francophones qui viennent s'installer ici ne comprennent pas toujours pourquoi la langue française est si protégée au Québec. Est-ce que vous pouvez les éclairer sur ce sujet ?

Si on recule dans les années 1950-1970, ce qui est quand même du passé récent, tous les dirigeants des grandes entreprises étaient anglophones : il n'y avait quasiment que les politiciens québécois qui étaient francophones. Mais le Québec d'aujourd'hui n'est plus le Québec de 1970 parce que le gouvernement québécois, tous partis confondus, s'est donné les moyens législatifs de protéger notre langue française au cours des quarante dernières années. Par exemple, on s'est doté d'une loi pour l'affichage et l'utilisation du français dans nos entreprises, avec l'Office québécois de la langue française qui doit s'assurer que les termes francophones sont utilisés partout. On s'est aussi donné comme loi que tous les enfants d'immigrants doivent aller obligatoirement dans une école francophone. On a fait en sorte de pouvoir mieux contrôler notre immigration et de sélectionner des immigrants qui parlent français ou qui ont de la facilité avec le français et son apprentissage.

En étant la plus grande société francophone en Amérique du Nord, nous avions le devoir de protéger notre langue car sinon, il y a toujours le risque d'assimilation. Est-ce que l'on parle parfaitement le français ? Non. Est-ce qu'on l'écrit parfaitement ? Non. Et c'est tout à fait normal. Mais nous nous sommes donné les outils pour pratiquer notre langue et la protéger. Je pense enfin qu'il ne faut pas avoir de complexe, le français est une belle langue, alors c'est à nous d'en prendre soin.

Et par rapport au bilinguisme au Québec, qu'en est-il ?
C'est sûr qu'à l'heure de la mondialisation, il faut être capable de parler une deuxième langue et même très souvent, une troisième. Quand je regarde nos jeunes, certains parlent le français, l'anglais puis l'espagnol, et je me dis que c'est mieux ainsi, parce qu'ils ont des portes ouvertes sur monde ! Puis l'anglais ne va pas nécessairement en opposition avec le français. Je pense qu'on peut très bien travailler en français, ce qui est mon cas, tout en étant capable de s'exprimer en anglais. Par exemple, quand j'ai à répondre aux journalistes anglophones ou quand je vais voir la communauté anglophone de ma circonscription d'Anjou, je m'exprime en anglais, c'est aussi un signe de respect. Mais pour autant, la mondialisation ne veut pas dire qu'il faut faire le sacrifice de sa langue.

Les nouveaux arrivants ont souvent du mal à saisir la question de la souveraineté du Québec et vont entrer dans des débats ou faire de l'humour sur ce sujet qu'ils ne maîtrisent pas. Que pensez-vous qu'un nouvel arrivant devrait savoir sur ce sujet pour mieux le comprendre et l'aborder ?
Je pense qu'il faut d'abord comprendre l'histoire du Québec. Savoir d'où est-ce qu'on est parti pour comprendre où nous en sommes aujourd'hui. C'est lorsque le mouvement de la souveraineté a pris naissance à la fin des années 1960 et quand René Lévesque a été élu dans les années 1970, que nous avons mis en place la plupart des lois et ententes avec le gouvernement fédéral, afin de se donner plus de latitude (protection du français, par exemple). Tout cela n'existait pas avant : à l'époque, il était même monnaie courante d'entendre dire « *french frog* » ou « *speak white* » (injonctions racistes dites à ceux qui parlaient autre chose que l'anglais en public) parce que l'anglais était la langue des affaires, la langue du contrôle ! On a su faire évoluer nos lois pour se protéger comme peuple francophone dans un continent où c'est l'anglais qui domine. Et aujourd'hui, ça a changé : beaucoup de nos entreprises québécoises ont été capables de tirer leur épingle du jeu, de connaître le succès sur la scène mondiale, comme Bombardier par exemple. La main-d'œuvre québécoise est vraiment reconnue à l'international.
À l'heure de la mondialisation, de l'ouverture des marchés, nous pouvons être fiers de tout ça, car maintenant, le Québec est regardé par tous et il est reconnu sur la scène internationale. Alors pourquoi serait-on obligé de se séparer du reste du Canada ?

Quels conseils donneriez-vous à un nouvel arrivant pour que son expérience d'intégration se passe le mieux possible ?

Côtoyer les gens. Aller faire du bénévolat. Et surtout, apprendre ce qu'est la réalité québécoise. Puis aussi, il faut comprendre nos expressions.

D'abord, il faut accepter le fait qu'on essaie d'avoir les mots justes en français, comme pour pressing (nettoyeur), parking (stationnement) et la quantité d'autres expressions anglophones qui sont utilisées par les Français. Par exemple, on dit même « The Voice » en France pour l'émission de télécrochet, alors qu'ici c'est « La Voix », et ça n'empêche pas à l'émission d'avoir du succès ! Ensuite, nous avons beaucoup d'expressions du vieux français, que nous avons su préserver avec le temps et que les Français ont perdues parce qu'ils les ont souvent remplacées par des termes anglophones. Enfin, il y a aussi des expressions purement québécoises avec lesquelles il peut être un peu difficile de s'y retrouver. Mais à ce moment-là, plus on va côtoyer des Québécois d'origine, plus ce sera facile. Et surtout, il ne faut jamais hésiter à demander le sens lorsqu'on ne comprend pas une expression : c'est la meilleure façon de comprendre et saisir la différence entre ce qu'une personne veut dire et ce que l'on croit avoir saisi. En effet, ce n'est pas parce que nous parlons tous le français que nous nous comprenons nécessairement.

i Guide *Apprendre le Québec*
www.immigration-quebec.gouv.qc.ca/fr/informations/apprendre-quebec

i **Office québécois de la langue française**
www.oqlf.gouv.qc.ca

CHAPITRE VI

PRÉPARER SON DÉPART

Que l'on décide de venir au Québec en tant qu'étudiant, PVTiste (bénéficiaire du Programme Vacances Travail) pendant plusieurs mois, ou en tant que résident permanent pendant plusieurs années, il faut bien préparer son départ, pas uniquement décider de quelles paires de chaussures emmener dans quelle valise. Il s'agit plutôt d'anticiper, tant au niveau administratif que matériel. Il faudra de l'organisation, du temps et surtout une bonne dose de patience (surtout avec l'administration). Une préparation sérieuse s'impose car lorsque vous êtes à plus de 5000 kilomètres de l'Europe avec six heures de décalage horaire, tout peut devenir plus compliqué.

LES DÉMARCHES AVANT LE DÉPART

Avant de partir pour la Belle Province, il faudra être à jour avec l'administration de votre pays d'origine et le faire correctement pour éviter d'être embêté lorsque vous serez au Québec.

Par exemple, les Français devront signaler leur départ auprès de la Sécurité sociale et surtout, prendre rendez-vous avec leur caisse d'assurance maladie pour obtenir un formulaire qui facilite le passage du régime français au régime québécois et qui permet d'être assuré dès lors que vous posez le pied sur le sol québécois (voir le chapitre Santé). Il ne faut pas hésiter à insister auprès de sa caisse d'assurance maladie car certains ne connaissent pas ces formulaires et vous diront simplement qu'ils n'existent pas ou qu'ils n'en ont jamais entendu parler. C'est une erreur, ils existent bel et bien.

- Étudiant : Formulaire SE 401-Q-106
- Travailleur ou Résident Permanent : SE 401-Q-207
- Stagiaires non rémunérés (ou moins de 1 000 $) : SE 401-Q-104

CLEISS Sécurité sociale et mobilité internationale : vos droits et démarches
www.cleiss.fr/particuliers

Il est tout aussi important de s'assurer d'être bien à jour au niveau des impôts. N'hésitez pas à contacter votre centre des impôts pour signifier votre départ. Entre autres démarches, il est possible de demander à faire une déclaration d'impôts anticipée.

N'oubliez pas de faire de même avec toutes les autres institutions, administrations ou organismes dont vous dépendez en leur demandant les démarches à suivre et les possibilités, en fonction de votre cas. Par exemple, votre banque devra être avisée de votre départ, la Caisse d'allocations familiales, ou encore la Poste pour rediriger éventuellement votre courrier si c'est votre souhait.

LE DÉMÉNAGEMENT

Peut-être venez-vous au Québec avec la totalité de vos affaires regroupée dans deux valises seulement ? C'est un choix parfois difficile, mais qui sera bien plus simple matériellement car toutes vos affaires pourront vous suivre dans la soute à bagages, sans surcoût ou presque. Les compagnies aériennes qui desservent le Québec depuis l'Europe accordent en général 20 à 30 kg de bagages. Vérifiez auprès de la compagnie que vous empruntez.

Si vous souhaitez emporter tout ou partie de vos biens, meubles et autres effets personnels plus ou moins encombrants, il faudra certainement faire appel à des professionnels.

Dans le cas des vêtements, des bricoles peu encombrantes ou des objets de première nécessité, vous pouvez choisir le fret aérien. Certaines grandes compagnies comme Air Canada ou Air Transat par exemple, proposent des solutions en fonction de vos besoins, du volume et du type de marchandises.

i Air Canada Cargo : www.aircanada.com/cargo/fr/index.html

i Air Transat-Cargo :
www.airtransat.ca/fr/Info-Voyageurs/Cargo?ID=30&type=voyageur&tmpl=GEN

Si vous souhaitez déménager meubles et véhicules, alors il faudra passer par un déménageur international, c'est-à-dire opter pour la voie maritime. Dans ce cas, il faut s'y prendre bien à l'avance car l'organisation pourra être longue : demandes de devis, préparation du déménagement, délais de transport et de douane, etc. Les dépenses se compteront en milliers de dollars et le temps de transport en semaines : 3 à 5 semaines environ.

Pour choisir le déménageur international qui convient (pas uniquement en fonction du devis), assurez-vous par exemple que la compagnie est bien spécialisée dans le déménagement international, qu'elle a de l'expérience dans le domaine, qu'elle est éventuellement accréditée par la FIDI/FAIM. La FIDI (Fédération Internationale des Déménageurs Internationaux) est une organisation mondiale indépendante qui recense les entreprises de déménagement professionnelles qualifiées. Les certifications FAIM et FAIM ISO délivrées par la FIDI sont un gage de sérieux et de fiabilité.

- FIDI France Membres du Réseau : www.fidi-france.com/membres
- FIDI Global Alliance : www.fidi.org

LA DOUANE

Le passage de la douane, surtout lors de votre première fois au Québec, est une étape plutôt stressante. Même si vous n'avez rien à vous reprocher, vous aurez le sentiment contraire en attendant votre tour dans la file. Pour vous préparer à cette dernière étape avant de pénétrer sur le sol québécois, il faut d'une part, vous informer correctement pour savoir à quoi vous attendre et d'autre part, vous organiser et bien faire attention à ce que vous mettez dans vos valises.

Côté renseignements, certes, Internet regorge de lieux de discussions et de blogs qui vont vous parler de ce que vous pouvez ou ne pouvez pas emmener... Mais la meilleure chose à faire, la plus sérieuse en tout cas, reste de consulter le site de l'Agence des services frontaliers du Canada, proposé par le gouvernement canadien lui-même.

L'information y est certes brute et impersonnelle, mais elle est officielle. Vous saurez ainsi, en fonction de votre statut, ce que vous pouvez emmener et en quelles quantités. Vous remarquerez, entre autres, qu'en ce qui concerne les denrées alimentaires, c'est assez strict et restrictif. Vous pouvez emmener certains aliments mais il faudra – en théorie – les déclarer. Et d'autres sont tout simplement prohibés : certaines viandes, charcuteries, fromages au lait cru, fruits...

Vous ne serez pas automatiquement refusé à la frontière pour n'avoir pas déclaré un saucisson dans vos valises, mais vous allez certainement passer un mauvais quart d'heure et payer une amende si un douanier s'en aperçoit. Et il n'est pas rare que certains soient fouillés et retardés à la douane pour avoir seulement déclaré une pomme ! À vous de juger si vous voulez risquer de gâcher le début de votre expérience québécoise pour un peu de bonne bouffe...

i Agence des services frontaliers du Canada : www.cbsa-asfc.gc.ca/menu-fra.html

CHAPITRE VII

PROGRAMME VACANCES TRAVAIL (PVT)

Le Programme Vacances Travail (PVT) est sans aucun doute la solution idéale pour les 18-35 ans qui souhaitent découvrir le Québec. En clair, c'est un permis qui vous autorise, durant un séjour d'un maximum de 12 mois, à venir vivre au Canada tout en ayant la possibilité de trouver un travail rémunéré. C'est la clé d'entrée par excellence pour les moins de 35 ans qui veulent tenter leur chance au Québec, et plus largement au Canada, car le permis est valable dans tout le pays ! Pas étonnant que ce programme attire de plus en plus de Français et de Belges, notamment. Malheureusement, les places sont très limitées et les demandes de plus en plus nombreuses, surtout du côté français. Du côté belge, il y a moins de demandes et donc plus de chances de décrocher son PVT. Enfin, sachez que la durée du PVT au Canada passe de 12 à 24 mois à partir de 2015 : une bonne nouvelle pour ceux qui veulent prendre le temps de découvrir encore mieux le Québec et/ou les autres provinces canadiennes !

CRITÈRES D'ADMISSIBILITÉ ET DEMANDE DE PVT

Pour obtenir un PVT, nul besoin de vous casser la tête à savoir si votre dossier est meilleur ou moins bon que celui d'un autre. Ni vos diplômes, ni votre expérience ni même un quelconque test ne pourra faire la différence : il est seulement nécessaire de répondre à plusieurs critères d'admissibilité bien précis.

Pour les Français, ces critères d'admissibilité sont relativement simples, il faut :
- être âgé de 18 à 35 ans ;
- être de nationalité française et résider en France ;
- avoir un passeport français valide (et ce, même durant votre séjour !) ;
- justifier que vous disposez d'une somme de 2 500 dollars canadiens pour subvenir à vos besoins ;
- souscrire à une police d'assurance maladie pour votre séjour et en avoir la preuve à votre entrée au Canada (vous ne pourrez pas bénéficier du régime d'assurance maladie du Québec) ;
- payer les frais de participation ;
- ne pas avoir déjà bénéficié d'un PVT.

Les Belges peuvent aussi venir au Québec grâce au PVT, cependant, les critères d'admissibilité sont un peu différents. Par exemple, l'âge maximum est de 30 ans.

Pour en savoir plus sur les critères exacts :

Ambassade du Canada en France
Critères d'admissibilité pour la catégorie vacances-travail
www.canadainternational.gc.ca/france/experience_canada_experience/working_holiday-vacances_travail.aspx?lang=fra

Ambassade du Canada en Belgique
Critères d'admissibilité pour la catégorie vacances-travail
www.canadainternational.gc.ca/belgium-belgique/experience_canada_experience/working_holiday-vacances_travail.aspx?lang=fra

Pour préparer votre demande, vous devez commencer vos démarches sur le site internet du gouvernement du Canada. Depuis 2014, les candidatures pour un PVT ne se font plus que via Internet.

Ambassade du Canada en France
Guide de présentation des demandes – Marche à suivre
www.canadainternational.gc.ca/france/experience_canada_experience/application_guide-guide_demande.aspx?lang=fra

Ambassade du Canada en Belgique
Guide de présentation des demandes – Marche à suivre
www.canadainternational.gc.ca/belgium-belgique/experience_canada_experience/application_guide-guide_demande.aspx?lang=fra

Les quotas de PVT pour une année ouvrent généralement au mois de novembre de l'année précédente, sauf exception. Pour 2014 par exemple, les quotas n'ont été ouverts qu'au mois de février 2014 (plutôt qu'en novembre 2013). Ces quotas ouvrent normalement en trois tranches distinctes avec un nombre de PVT disponibles bien précis. Par exemple, trois tranches de 2 250 PVT, si 6 750 PVT sont disponibles au total. La date d'ouverture de chacune des tranches sera donnée par l'Ambassade du Canada un à trois jours avant, seulement. Inutile de préciser qu'il est nécessaire de garder l'œil ouvert, si vous voulez avoir une chance ! Pour cela, n'hésitez pas à suivre l'ambassade du Canada en France sur Twitter ou encore mieux, inscrivez-vous à l'alerte SMS de l'OFQJ (Office Franco-Québécois pour la Jeunesse).

Ambassade du Canada sur Twitter : @AmbCanFrance

Office Franco-Québécois pour la Jeunesse
Service d'alerte SMS : www.ofqj.org/publicite/service-dalerte-sms

Depuis quelques années, l'engouement pour le PVT France-Canada a explosé ! Chaque année, 30 000 à 50 000 Français tentent de se procurer l'un des 6 000 (et quelques) sésames… Ce qui, vous l'imaginez, fait beaucoup de déçus. Comme les démarches se font désormais via le Web, certains comparent les ouvertures des quotas à une immense loterie. Lorsque les tranches ouvrent officiellement, plusieurs dizaines de milliers de Français se précipitent sur le site internet et peu nombreux sont les chanceux qui arrivent ne serait-ce qu'à se connecter au site, évidemment saturé. Encore plus rares sont ceux qui arriveront à simplement soumettre leur candidature…

Alors, pour mettre un maximum de chance de votre côté, soyez certain que tout est prêt pour soumettre votre dossier par Internet, bien avant qu'ouvrent les tranches. Vous optimiserez le jour J.

Les quotas sont relativement faibles par rapport au nombre grandissant d'intéressés, et malheureusement, ils ne devraient pas (ou peu) bouger, car pour cela il faut, dans le cas de la France, que Paris augmente réciproquement le quota de Canadiens en France, et ça ne semble pas une priorité. Il faut donc être prêt à l'éventualité de ne pas décrocher de PVT. Mais ne vous découragez pas : si tenter l'aventure au Québec est ce que vous voulez, d'autres façons existent, même si elles sont moins simples ou plus longues à mettre en œuvre. Enfin, la possibilité d'avoir un PVT revient chaque année, c'est plutôt positif !

Pour résumer, le PVT, c'est cool parce que :
- Vous pouvez profiter de tout le Canada en y travaillant légalement si vous le souhaitez.
- C'est le moyen d'immigration le plus simple et le plus rapide.
- Vous n'êtes pas obligé d'avoir déjà une offre d'emploi au Canada.

Mais un PVT, c'est moins cool parce que :
- C'est de plus en plus la loterie pour en décrocher un.
- C'est temporaire, et les employeurs le savent (plus difficile de trouver un travail « sérieux »).
- C'est temporaire, et vous le savez (moins de volonté de s'intégrer).
- Il n'est pas toujours facile de trouver un moyen légal de prolonger son séjour après un PVT.

Rencontres avec des PVTistes

Pourquoi avez-vous choisi un PVT au Québec?

Marie-Cécile, 31 ans, belge.
«Je souhaitais avoir de la liberté pendant mon séjour au Canada, visiter, travailler, bouger, comme je l'entendais. La seconde raison est que je voulais tester la vie ici avant de décider si j'immigrais ou pas. En effet, je rêve de venir vivre ici depuis que j'ai 15 ans mais j'ai aussi eu le temps d'idéaliser le Canada depuis... Je suis revenue plusieurs fois à différentes saisons et dans différentes provinces pour continuer à tester. Mon dernier test était ce PVT.»

Marion F., 25 ans, française.
«J'ai fait le choix d'un PVT avec mon copain pour faire la transition entre la fin de mes études et le début du grand pas vers le monde du travail. Nous avions cette volonté de vivre une expérience à l'étranger, pour découvrir un nouveau pays, une nouvelle culture. Notre choix n'a pas été compliqué, il s'est très vite porté vers le Canada. Le PVT avait déjà été testé par plusieurs amis et tout le monde avait été conquis, ce qui nous a donné le goût de le tenter à notre tour. C'était oser partir, oser faire le pas vers l'inconnu, avec l'envie de découvrir autre chose et avoir cette opportunité de mêler travail et tourisme pendant un an.»

Anne-Claire P., 22 ans, française.
«J'ai choisi le PVT car, à l'époque où il était plus facile à avoir, c'était un moyen simple et rapide de partir un an à l'autre bout de la planète, à la découverte d'une autre culture, pour découvrir le monde et m'épanouir. Mon anglais n'était pas si bon, donc le côté bilingue est rassurant à l'arrivée, pour l'installation et la paperasse à faire. De plus, venir à Montréal était un moyen de réaliser aussi le rêve de ma maman, qui a pu venir me voir déjà à deux reprises. Personnellement, je n'ai pas vraiment eu de difficulté lors de ma préparation et si on est assez débrouillard, d'après moi, tout se passe facilement. Le plus dur, c'est de surmonter cette petite boule au ventre juste avant le départ: ce mélange entre la peur de l'inconnu dans lequel on se lance et l'excitation d'accomplir enfin quelque chose de souhaité depuis plusieurs années.»

Comment se déroule votre expérience du PVT ?

Marion F., 25 ans, française.
« Nous ne voulions pas trouver du boulot tout de suite mais plutôt se laisser le temps de s'installer, trouver un logement stable, apprivoiser la ville (Montréal), visiter les alentours, profiter, découvrir la culture québécoise. Heureusement, nos économies nous permettaient cela. Nous ne voulions pas avoir le regret d'avoir uniquement travaillé, sans prendre le temps de profiter du "V" dans PVT. Pour autant, nous tenions beaucoup à avoir une ou plusieurs expériences professionnelles ici alors il ne fallait pas traîner. Un an, c'est long et court en même temps. »

Anne-Claire P., 22 ans, française.
« Pendant mon année de PVT, je n'ai pas voyagé autant que je l'avais prévu, mais j'en ai profité, et je ne regrette rien ! J'ai trouvé un job en dix jours et j'ai commencé à travailler au bout d'un mois. J'ai rencontré plein de gens, je me suis fait des amis, j'ai fait des choses qu'on ne peut faire qu'ici… Ce ne sont que des souvenirs qui me resteront en tête pour toujours ! Si je peux donner un conseil aux gens qui ont envie de partir à l'aventure : donnez-vous les moyens et faites-le car ces (super) souvenirs vous marqueront à jamais ! »

Gaëlle G., 27 ans, française.
« Au niveau boulot la mentalité est différente. On donne plus facilement la chance aux jeunes et la hiérarchie patron-employé est moins prononcée. On peut aussi avoir de bons salaires et en plus, les impôts sont directement prélevés à la source. En revanche, on n'a pas de tapis rouge déroulé à notre arrivé : personne ne nous attend et c'est dur de trouver un travail dans sa branche d'origine. D'ailleurs, il y en a beaucoup qui n'y arrivent jamais. Aussi, les conditions de travail sont très différentes (il est possible de se faire virer du jour au lendemain par exemple…) et il y a comme une hypocrisie au travail, les gens n'osent pas se dire les choses en face et passent plutôt par leur supérieur. Au quotidien, les Québécois sont vraiment gentils et accueillants, les paysages sont superbes et on est proche des États-Unis. On rencontre facilement d'autres Français aussi, on ne se sent pas seul ! Le climat peut être difficile à vivre, et à cause de la taille du pays, il n'est pas évident de se faire une simple journée de balade : il faut toujours étaler ça sur plusieurs jours, ce qui engage des frais. J'ai aussi l'impression qu'on fait vite fait le tour des activités. Enfin, les Québécois ont beau être très gentils, il est difficile de nouer de vrais liens avec eux sur la durée. »

Bérénice S., 27 ans, française.

«Je suis arrivée mi-mai 2013 et j'ai profité d'un mois et demi pour faire quelques excursions aux États-Unis (Boston, Rhode Island, New York) et au Québec (Trois Rivières, les Laurentides, la Mauricie). J'ai aussi profité de la vie montréalaise, pour découvrir la société, faire des connaissances (principalement françaises à vrai dire), découvrir les activités de la ville… Même en travaillant à partir de début juillet, j'ai continué de faire quelques week-ends à l'extérieur de Montréal et de sortir avec mes amis. Ici, l'important est de profiter de la vie et de nouer l'utile à l'agréable au travail. D'ailleurs, dans l'entreprise où je travaille, on fait souvent des « 5 à 7 » ou des « parties de réseautage ». Ça nous permet de nous connaître un peu plus et d'avoir une bonne cohésion sociale. »

Marine C., 25 ans, française

« En arrivant, j'ai commencé par Vancouver parce que l'ouest me paraissait un plus gros challenge et j'avais envie de me remettre à l'anglais. Je suis partie seulement avec mon sac à dos et une réservation pour cinq nuits en auberge de jeunesse. Mon but était de partir loin et de revenir tout doucement vers Montréal. Pendant les trois mois d'été, j'ai voyagé en faisant du woofing (travailler en échange du gîte et du couvert). Ça m'a permis de visiter les régions, tout en étant logé chez des locaux, en participant aux tâches de la maison. Ensuite, j'ai passé quatre jours dans le train pour traverser tout le Canada de Vancouver à Toronto. Je me suis arrêtée aux chutes du Niagara et à Ottawa, puis j'ai fini à Montréal où j'ai trouvé un appartement vraiment rapidement. J'ai cherché du travail, et un mois plus tard, j'ai eu la chance décrocher une place dans une boîte de design d'intérieur. C'était exactement ce que je cherchais ! »

Après le PVT, qu'avez-vous fait ou que souhaitez-vous faire ?

Marie-Cécile, 31 ans, belge.

«Je ne compte pas rentrer en Belgique, sauf si je n'avais vraiment aucun autre choix. Et encore, je ne ferais qu'y attendre les résultats de ma demande de résidence permanente (RP). Je vais rester à Montréal car mon chum (petit copain) est d'ici et vit ici. Sinon, j'ai pensé bouger en dehors de Montréal pour être plus proche de la nature… Bien sûr, tout n'est pas rose et ne fonctionne pas comme sur des roulettes, mais c'est pire en Belgique, et au moins ici, il y a de vraies saisons : même s'il fait froid en hiver, il fait beau et le temps est sec. Pour le moment, c'est de ça dont j'ai besoin. »

Vincent M., 27 ans, français.
« J'avais déjà décidé de rester au Québec et j'ai été convaincu du bien fondé de mon choix en six mois seulement. D'abord, grâce aux attraits évidents de la province : emploi, dynamisme économique, simplicité de la vie... Tu te vois rapidement avec une maison et une vie paisible au Québec : même mon chien se plaît ici ! Ensuite, petit à petit, tu tisses des liens avec beaucoup de monde, en apparence facilement, et tu te surprends à lâcher un juron québécois de temps à autre, ça fait du bien ! D'ailleurs, je remercie mes « profs de québécois », au travail et dans la vie de tous les jours, qui apprécient de se moquer de moi autant que j'aime me moquer d'eux ! Si tu arrives à mettre une partie de ton arrogance bien française de côté, les Québécois ne te fuient pas et profitent de l'échange interculturel. Sinon, bien sûr, tu te feras rapidement appeler un « esti de français » et tu resteras dans le cliché. Enfin, le calme et la non-violence sont aussi des raisons qui me donnent l'envie de rester. Je n'ai pas vu une seule bagarre à la sortie d'un club ou d'un bar à Montréal. Alors que là d'où je viens, le Sud de la France, c'était plutôt systématique. Ça a l'air idyllique comme ça, mais il faut être réaliste : tout n'est pas parfait non plus... comme partout ! »

Gaëlle G., 27 ans, française.
« Le PVT n'est pas un moyen d'immigrer définitivement au Québec : c'est compliqué de rester après un PVT mais je suis quand même restée car j'avais un job. Je pense repartir en France après ce projet, car je ne crois pas faire ma vie ici : je n'ai pas d'attache et la France me manque beaucoup. Mais on verra ! Peut-être que d'ici la fin de mon contrat, j'aurais une bonne raison pour rester... Dans tous les cas, je ne regrette pas mon PVT même s'il y eut des hauts et des bas, il y a des moments dont je me souviendrai toujours, et d'autres que je m'efforcerai d'oublier. »

Bérénice S., 27 ans, française.
« À la fin de mon PVT, je vais continuer sur un visa Jeunes Pros avec l'entreprise dans laquelle je suis. J'envisage sûrement de demander la résidence permanente à la fin de l'année mais je me laisse encore le bénéfice du doute. J'ai trouvé ma place à Montréal et je (re)commence mon petit bout de chemin. Mon avenir professionnel était en stand by en France. Avant de partir, j'étais au chômage avec un niveau Master en expertise comptable et trois années d'expérience, puis on ne me proposait que des emplois précaires avec un salaire minimum. Ici, je recommence à zéro comme mon diplôme n'est pas reconnu, mais les perspectives d'évolution sont plus rapides. J'en profite aussi pour faire des activités la semaine et le week-end, et surtout, pour avoir une vie moins stressante ! »

Marine C., 25 ans, française.

« Après une longue période de réflexion, je pense que je vais rentrer en France parce qu'il y a beaucoup de choses qui me manquent. Finalement, mon travail est la seule chose qui me retient ici, et aussi la peur de ne pas en trouver en France ! Mais j'aime le côté éphémère de cette expérience, ça la rend plus excitante. Alors je vais rentrer, mais peut-être que je repartirai pour essayer un autre PVT, ailleurs ! »

Le conseil des PVTistes pour bien préparer son PVT : le site PVTistes.net
www.pvtistes.net

CHAPITRE VIII

RÉSIDENCE PERMANENTE (RP)

La Résidence Permanente traduit un véritable projet de vie, une volonté de venir s'installer au Québec, d'y travailler et de s'y intégrer, sur le long terme. Le programme le plus commun est celui de « travailleur qualifié sélectionné par le Québec ». Le processus d'obtention de ce statut, au total, demandera plus d'une année. Mais une fois cette « RP » en poche, valable cinq ans, le résident permanent a le droit de s'installer où il le souhaite au Québec comme au Canada. Et il peut y travailler légalement ou même y créer une entreprise. Plus clairement, la résidence permanente ouvre les mêmes droits que ceux d'un citoyen canadien à quelques exceptions près, comme le droit de vote.

DEMANDER LA RP

Le Québec présente des exceptions par rapport aux autres provinces (et c'est ce qui fait son charme) au niveau de la Résidence Permanente. Cette exception s'appelle le CSQ, Certificat de sélection du Québec. Le Québec sélectionne donc au préalable les immigrants qu'il souhaite avoir de façon permanente sur son territoire. On parlerait en France d'immigration choisie.

Votre première mission sera de faire une demande de CSQ auprès du gouvernement québécois.

> **Immigration et communautés culturelles**
> **pour faire une demande officielle d'immigration :**
> www.immigration-quebec.gouv.qc.ca/fr/immigrer-installer/travailleurs-permanents/demande-immigration-general/index.html

Ce n'est qu'une fois que vous aurez obtenu votre CSQ que vous pourrez passer à la deuxième étape : votre demande de résidence permanente auprès de la Citoyenneté et Immigration Canada (CIC).

> **Citoyenneté et Immigration Canada**
> « Trousse de demande« : les travailleurs qualifiés sélectionnés par le Québec
> www.cic.gc.ca/francais/information/demandes/quebec-demande-trousse.asp

Évaluer vos chances d'être sélectionné par le Québec n'aura aucune véritable valeur et ne sera pas une garantie de quoi que ce soit, mais cela permet néanmoins de vous faire une petite idée sur vos chances de sélection.

> **Immigration et Communautés culturelles pour évaluer en ligne vos chances d'être sélectionné par le Québec :**
> www.immigration-quebec.gouv.qc.ca/fr/immigrer-installer/travailleurs-permanents/epi.html

Évidemment, il n'est pas simple de décrocher un CSQ ni une RP, et cela dépendra de critères évalués au cas par cas, appelés des « facteurs de sélection ». Ce n'est pas de la discrimination mais une sélection des immigrants en fonction de ce que le Québec et le Canada ont besoin. C'est un peu comme postuler à un emploi finalement !

Pour le Certificat de sélection du Québec, voici un aperçu des principaux facteurs de sélection qui permettront de statuer sur votre dossier :
- votre niveau de scolarité et votre domaine de formation,
- votre expérience professionnelle,
- votre âge,
- votre maîtrise du français (normalement aucun problème si c'est votre langue maternelle, sinon un test peut être exigé),
- votre maîtrise de l'anglais (si vous avez déjà validé un test, cela peut être un atout),
- les séjours que vous avez faits au Québec,
- vos liens de parenté avec un citoyen canadien ou un résident permanent au Québec,
- une offre d'emploi validée (ce sera un atout mais pas nécessaire),
- les caractéristiques liées à votre conjoint, si vous venez ensemble,
- le nombre d'enfants de moins de 22 ans qui vous accompagnent,
- votre capacité d'autonomie financière,
- votre adaptabilité.

Pour plus de détails, vous pouvez consulter la version officielle directement en ligne.

Immigration et Communautés culturelles
Conditions requises du programme d'immigration des travailleurs qualifiés
www.immigration-quebec.gouv.qc.ca/fr/immigrer-installer/travailleurs-permanents/demande-immigration-general/conditions-requises/index.html

Concernant la demande de Résidence Permanente, le même type de facteurs de sélection s'applique. Vous pouvez voir tous les détails sur le site du gouvernement canadien.

Citoyenneté et Immigration Canada
Déterminez votre admissibilité – Travailleurs qualifiés (fédéral)
www.cic.gc.ca/francais/immigrer/qualifie/demande-qui.asp

L'attente pour l'obtention d'un CSQ se compte en mois. Il faut donc être patient. Ensuite, pour l'obtention de la RP, l'attente sera probablement encore plus longue. Au total, vous pourriez devoir patienter bien plus d'une année, sans compter le temps de préparation des dossiers et les éventuelles demandes complémentaires qui pourraient survenir en fonction de votre cas (entretiens, tests, documents supplémentaires, justifications diverses...).

Préparez-vous aussi financièrement car les frais exigés ne sont pas anodins. Il s'agit de plus de 750 dollars canadiens pour le CSQ et encore plusieurs centaines de dollars canadiens pour la RP. Ce sera un véritablement budget, notamment si la demande est faite pour une famille complète. C'est sans compter l'argent qu'il vous faudra mettre de côté pour payer le voyage, payer votre installation au Québec, ainsi que subvenir à vos besoins pendant la période de recherche d'emploi.

Il faut savoir que des entrevues peuvent être nécessaires pour statuer sur votre sélection, et il n'y a pas véritablement de règle à ce niveau-là : vous pourriez être convoqué à un entretien aussi bien pour le CSQ que pour la RP, c'est vraiment du cas par cas.

Enfin, une visite médicale sera toujours demandée pour valider l'obtention de la Résidence Permanente. C'est l'une des dernières étapes et ce n'est pas un simple contrôle : analyse de sang, analyse d'urine, radio des poumons, tout y passe. Cela représente encore des dépenses et de l'attente mais si vos résultats sont positifs, alors ce sera l'une des dernières étapes du processus !

Pour résumer, la RP c'est cool parce que :
- Vous avez presque les mêmes droits qu'un citoyen canadien.
- Cela s'inscrit sur le long terme et les employeurs le savent.
- C'est l'assurance (ou presque) de pouvoir ouvrir n'importe quel compte en banque, de pouvoir avoir une carte de crédit, de pouvoir créer sa propre entreprise, etc.
- C'est une première étape vers la demande de citoyenneté canadienne !

Mais la RP c'est moins cool parce que :
- Cela demande beaucoup de démarches administratives souvent fastidieuses.
- C'est long, voire très long à obtenir.
- C'est une dépense non négligeable.

DEVENIR CANADIEN

Que vous soyez déjà résident permanent ou pas encore, vous n'êtes pas à l'abri de « tomber en amour » avec le Québec : c'est arrivé aux meilleurs d'entre nous ! Si vous vivez ici plusieurs années, vous allez peut-être vous poser la question de la citoyenneté canadienne.

Avant toute chose, pour être admissible à la citoyenneté, il y a six grands critères à respecter :
- avoir plus de 18 ans pour faire une demande (ou pour faire une demande pour votre enfant),
- être résident permanent au moment de la demande et ce depuis au moins 1 095 jours (trois ans),
- avoir résidé au Canada pendant au moins 1 095 jours au cours des quatre dernières années,
- démontrer que vous avez une connaissance suffisante du français ou de l'anglais,
- n'avoir aucun antécédent criminel,
- avoir des connaissances de base sur le Canada.

Il faut savoir que dès que vous quittez le sol canadien, ne serait-ce qu'un seul jour, vous devrez le décompter dans votre demande. Donc, si vous êtes vraiment dans l'optique de demander votre citoyenneté canadienne et qu'il vous faut 1 095 jours de présence sur les quatre dernières années, faites en sorte de ne pas aller passer toutes vos fins de semaines à New York ou bien trois mois de vacances chaque année dans votre famille en France par exemple.

Concernant la preuve de votre connaissance du français, ce ne devrait pas être très compliqué, car si vous avez suivi des études en français, la copie d'un diplôme de fin d'études secondaires (ou postsecondaires) suffira. Par exemple, pour les Français, le baccalauréat validé après votre année de Terminale convient.

Enfin, comment prouver que vous avez les connaissances de base suffisantes au sujet du Canada ? La réponse est simple : vous allez devoir simplement passer un test ! Vous recevrez donc votre convocation à un test, pendant lequel vous devrez faire preuve de vos connaissances sur l'histoire du Canada, sa géographie, les droits et devoirs de ses citoyens, etc. Et à la suite de ce test, il n'est pas impossible que vous soyez convoqué à un entretien avec un juge de la citoyenneté.

Tout est relativement simple, si vous êtes capable de faire preuve de patience. En effet, l'ensemble du processus prendra près de deux années, au mieux, c'est-à-dire si tout se passe bien avec votre dossier.

Les conditions d'obtention de la nationalité canadienne sont souvent discutées et parfois modifiées, si vous souhaitez avoir toutes les informations détaillées, officielles et à jour, c'est ici :

Gouvernement du Canada – Citoyenneté canadienne
www.cic.gc.ca/FRANCAIS/citoyennete/index.asp

CHAPITRE IX

AUTRES TYPES D'IMMIGRATION

Si le PVT n'est pas fait pour vous ou que les quotas sont déjà remplis, ou si vous trouvez que le processus d'accès à la Résidence Permanente est trop long et compliqué, il existe d'autres possibilités pour immigrer, ou prolonger votre séjour au Québec. Ce ne sont peut-être pas les permis les plus simples à obtenir, ni les plus adaptés pour vivre au Québec facilement (par rapport à leurs conditions d'application), mais ces possibilités existent, que ce soit pour venir étudier ou bien pour travailler dans la province.

LE VISA ÉTUDIANT

Venir étudier au Québec est une solution qui permet de s'expatrier et de se construire un avenir dans le pays, en passant un diplôme universitaire par exemple. Plusieurs démarches administratives sont nécessaires dès l'instant où vous voudrez suivre un cours ou un programme de plus de 6 mois.

Immigration et Communautés culturelles
Étudiants étrangers
www.immigration-quebec.gouv.qc.ca/fr/immigrer-installer/etudiants/index.html

Sans lettre d'admission d'un établissement d'enseignement du Québec, vous ne pourrez pas obtenir de permis d'étude. Votre premier objectif est donc de trouver un établissement et surtout, un programme, qui vous conviennent. Vos recherches devraient prendre en compte le domaine d'étude qui vous intéresse bien sûr, mais aussi la localisation de l'établissement, la réputation ou même les frais de scolarité, ou tout autre critère important pour vous.

Pour commencer votre recherche, la meilleure façon est Internet. Certains sites gouvernementaux proposent des listes (telles que ci-dessous), mais ces listes restent très sommaires et impersonnelles. Alors en fonction de vos envies et de vos critères de recherche, n'hésitez pas à fouiller sur les moteurs de recherche ainsi que sur les sites Web des établissements, pour en savoir plus sur leurs programmes, leurs frais, leurs campus, leur réputation au pays et à l'international... Et osez demander l'avis et les conseils des personnes déjà sur place (Québécois ou non) via les réseaux sociaux ou certains forums par exemple.

Éducation, Loisir et Sport – Québec
GDUNO (recherche d'établissements d'enseignement)
prod.mels.gouv.qc.ca/gdunojrecherche

Une fois l'établissement choisi, vous pouvez lui adresser votre demande d'admission. Pour éviter les mauvaises surprises, faites bien attention à deux choses :

- assurez-vous d'être dans les délais pour vous inscrire à la session souhaitée,
- fournissez bien l'intégralité des documents qui doivent accompagner votre demande.

Toutes ces informations seront disponibles sur les sites internet de chacun des établissements.

Ce n'est qu'une fois votre lettre d'admission en poche que les choses plus sérieuses commencent. Il vous faut alors obtenir un CAQ pour études (Certificat d'acceptation du Québec) puis un permis d'études octroyé par le gouvernement canadien.

i **Immigration et Communautés culturelles**
Obtenir les autorisations pour étudier au Québec
www.immigration-quebec.gouv.qc.ca/fr/immigrer-installer/etudiants/obtenir-autorisations/index.html

Prenez votre mal en patience, veillez à respecter toutes les conditions et à fournir exactement ce que l'on vous demande, pour ne pas prendre le risque de retarder le processus administratif.

LE VISA JEUNES PROS

L'initiative « Expérience internationale Canada », programme qui englobe le PVT, permet aussi de postuler dans la catégorie « Jeunes Professionnels » (ou « Jeunes Pros » pour les intimes).

Ce permis offre la possibilité de venir travailler au Canada (et donc au Québec) pendant une année au maximum. Mais attention aux conditions d'admissibilité. Elles sont, pour la plupart, identiques à celles d'un PVT, mais il y en a une qui peut changer la donne : le fait de devoir obligatoirement avoir une offre d'emploi au Canada. Pour être plus précis, l'intitulé exact de la condition est « avoir une offre d'emploi au Canada dans votre champ de compétences (diplôme d'études ou expérience de travail) qui constitue un perfectionnement professionnel ».

Sans cette offre d'emploi, impossible de demander un « Jeunes Pros » pour travailler un an sur le sol canadien. C'est pour cette raison que beaucoup de PVTistes arrivant à la fin de leur année de PVT et possédant un emploi au Québec, demandent ensuite un « Jeunes Pros » afin de pouvoir prolonger une année de plus, et souvent, prendre le temps de faire leur demande de Résidence Permanente.

Ce programme est également soumis à des quotas restreints, mais on reste encore loin de l'engouement que connaît le PVT. Il faut aussi savoir que, comme pour le PVT, il est prévu que le « Jeunes Pros » passe de 12 à 24 mois. En revanche, il est envisagé qu'un « Jeunes Pros » ne soit plus possible après avoir obtenu un PVT...

Pour en savoir plus et commencer les démarches :
Ambassade du Canada en France – Jeunes professionnels
www.canadainternational.gc.ca/france/experience_canada_experience/young_professionals-jeunes_professionnels.aspx?lang=fra

AUTRES MOYENS D'IMMIGRATION

D'autres façons, moins communes, permettent de venir vivre au Québec si vous avez entre 18 et 35 ans, comme le stage coop international et le job d'été pour étudiants. Faisant partie, eux aussi, du programme « Expérience internationale Canada », ces programmes nécessitent d'avoir une offre de job ou de stage. Ces petits programmes étant remis en question, il n'est pas impossible qu'ils disparaissent ou prennent une autre forme dans les années à venir.

Les informations en détail et mises à jour
Ambassade du Canada en France
Choisissez votre expérience
www.canadainternational.gc.ca/france/experience_canada_experience/choose_your_experience-choisissez_votre_experience.aspx?lang=fra

Pour ceux qui ne rentreraient pas dans cette catégorie d'âge (18-35 ans) mais qui souhaitent venir au Québec pour y travailler temporairement, il existe aussi quelques solutions, qui impliquent toutes que de trouver un employeur, au moins pour une embauche temporaire. Celui-ci doit effectuer plusieurs démarches administratives pour permettre votre venue.

Immigration et Communautés culturelles
Travailleurs temporaires
www.immigration-quebec.gouv.qc.ca/fr/immigrer-installer/travailleurs-temporaires/index.html

Il faut savoir que le « recrutement international » est encouragé au Québec, afin de favoriser l'embauche de travailleurs étrangers et de répondre aux besoins de certains employeurs. Ainsi, par manque de main-d'œuvre qualifiée dans certains domaines précis, les recruteurs québécois ont la possibilité d'embaucher des étrangers de façon temporaire ou permanente. Par exemple, pour plusieurs professions admissibles, il existe même un système de traitement simplifié pour les employeurs.

Pour connaître la liste des professions admissibles au traitement simplifié :
Immigration et Communautés culturelles
Recrutement international
www.immigration-quebec.gouv.qc.ca/fr/employeurs/embaucher-temporaire/travailleur-specialise/demarche-simplifiee.html

Pour finir, reste la possibilité d'immigrer en tant qu'entrepreneur, investisseur ou travailleur autonome. Ces programmes, regroupés sous le nom de « gens d'affaires » demandent de répondre à des critères très stricts. Par exemple, vous devrez posséder un avoir net de 100 000 $ pour postuler comme travailleur autonome, et ce montant grimpe à 300 000 $ pour les entrepreneurs et 1 600 000 $ pour les investisseurs. L'efficacité de ces catégories d'immigration est par ailleurs très discutée, au provincial et surtout au fédéral. Il n'est là encore pas impossible qu'elles disparaissent ou prennent une autre forme dans les années qui viennent.

Immigration et Communautés culturelles
Choisir l'un des trois programmes d'immigration pour les gens d'affaires
www.immigration-quebec.gouv.qc.ca/fr/immigrer-installer/gens-affaires/demande-immigration/trois-programmes/index.html

Pour tous les détails, toutes les démarches et bien d'autres informations, il y a le site d'Immigration-Québec :
Immigration et Communautés culturelles
Immigrer et s'installer au Québec
http://www.immigration-quebec.gouv.qc.ca

La brochure gratuite *Apprendre le Québec*, publiée par Immigration-Québec :
www.immigration-quebec.gouv.qc.ca/fr/informations/apprendre-quebec/index.html
Téléchargeable en PDF :
www.immigration-quebec.gouv.qc.ca/fr/informations/apprendre-quebec/index.html

CHAPITRE X

LA PRÉSENCE EUROPÉENNE AU QUÉBEC

Au Québec, la communauté française compte environ 120 000 individus et plus des trois quarts des Français se trouvent à Montréal. En ce qui concerne les communautés belge et suisse, elles sont moins visibles car moins représentées, mais elles sont bien présentes. Si besoin, vous avez toujours la possibilité de trouver de l'aide dans votre communauté nationale, que ce soit au niveau institutionnel comme associatif. En effet, la présence européenne (et surtout française), est très bien organisée.

LES CONSULATS

Même si beaucoup pensent qu'il n'est pas recommandé de s'enfermer dans sa communauté d'origine, il sera parfois nécessaire de communiquer avec le Consulat général de votre pays, par exemple, pour continuer à voter aux élections, pour refaire faire votre passeport ou d'autres services (état civil, fiscalité, notaires...).

Consulat général de France à Montréal
www.consulfrance-montreal.org
1501 Mc Gill Collège - 10e étage, bureau 1000 - Montréal (QC) H3A 3M8
(514) 878-4385

Consulat général de France à Québec
www.consulfrance-quebec.org
25, rue Saint-Louis - Québec (QC) G1R 3Y8
(418) 266-2500

Consulat général de Belgique à Montréal
www.diplomatie.be/montrealfr
999 Boulevard de Maisonneuve Ouest, Suite 1600
Montréal (QC) H3A 3L4
(514) 849 7394

Consulat général de Suisse à Montréal
www.eda.admin.ch/eda/fr/home/reps/nameri/vcan/canmon.html
1572 av. Dr Penfield - Montréal (QC) H3G 1C4
(514) 932-7181

Consulat de Suisse à Québec
2170, Bois-Joli - Sillery (QC) G1T 1E5
(418) 527-3787

LES CHAMBRES DE COMMERCE

Réseautage, conférences, contacts professionnels... Les chambres de commerce peuvent vous être utiles, surtout si vous êtes un travailleur autonome ou que vous avez votre propre entreprise. Beaucoup de pays ont une chambre de commerce au Québec, ce qui permet aux immigrants de retrouver des membres de leur communauté et de s'entraider professionnellement (développer son réseau professionnel, trouver des clients...). L'adhésion n'y est pas gratuite et peut même être relativement coûteuse selon les chambres de commerces.

Chambre de Commerce Française au Canada
www.ccfcmtl.ca

Siège social de Montréal
1819 boul. René-Lévesque Ouest, #202 - Montréal (QC) H3H 2P5
(514) 281-3200

Section Québec
300, rue Métivier, #101 - Québec (QC) G1M 3Y9
(418) 522-3434

Chambre de commerce Belge et Luxembourgeoise au Canada
999 de Maisonneuve Ouest - Montréal (QC) H3A 3L4
(514) 845-4650
ccbl@progression.net

Chambre de Commerce Canado-Suisse (Québec)
www.cccsqc.ca/fr
1572 Avenue Docteur Penfield - Montréal (QC) H3G 1C4
(514) 937-5822

LES ORGANISMES ET ASSOCIATIONS D'ÉTRANGERS FRANCOPHONES

France

La communauté française est tellement présente au Québec qu'il est aisé de trouver plusieurs associations et organismes dédiés aux Français du Québec. Qu'elles soient là pour aider les Français à s'intégrer, à trouver un emploi ou simplement pour faire du réseautage, ces organisations sont essentiellement regroupées à Montréal et à Québec.

Il y a les associations qui représentent les Français à l'étranger. Celles-ci ont pour but de défendre l'intérêt des Français, de leur apporter conseils et soutien si nécessaire, et surtout de les aider dans leur intégration au Québec.

Union Française de Montréal
www.unionfrancaisedemontreal.org

Français du monde – ADFE
Association démocratique des Français à l'étranger
francaisdumonde-quebec.org

UFE – Union des Français de l'étranger
www.ufeqm.ca

Pour ceux qui préféreraient une association franco-québécoise, il existe l'association Québec-France qui favorise depuis de nombreuses années les relations entre Français et Québécois dans toute la province, grâce à 19 « régionales » implantées un peu partout (Sherbrooke, Québec, Saguenay...).

Association Québec-France
www.quebecfrance.qc.ca

Côté emploi, vous pourrez bien sûr passer par les associations citées précédemment, qui ont toujours de bons conseils à donner, ou passer par la chambre de commerce française. Mais pour ceux qui possèdent un diplôme d'ingénieur en France et qui souhaitent se faire aider pour leur intégration professionnelle au Québec, il existe l'association Francogénie.

Francogénie
www.francogenie.com

Pour les diplômés des grandes écoles françaises, il y a l'AAGEFC qui peut être une bonne ressource de réseautage.

AAGEFC – Association des Anciens des Grandes Écoles Françaises au Canada
aagefc.com

Il existe de nombreuses autres associations (régionales, politiques...) qui peuvent être très spécialisées. Vous trouverez les principales sur les sites internet des consulats généraux à Québec et Montréal, listées dans la rubrique « Présence française ».

Belgique

La présence associative belge et suisse est importante, surtout à Montréal et sa région. Pour les organismes belges, on peut en trouver une liste sur le site du Consulat général de Belgique à Montréal, dans la section « Adresses ».

Consulat général de Belgique à Montréal
http://www.diplomatie.be/montrealfr

L'Union francophone des Belges à l'étranger s'adresse aux Belges qui veulent obtenir de l'aide, des conseils et du soutien sur de nombreux sujets comme l'emploi, l'administratif, la scolarité, etc.

Union francophone des Belges à l'étranger
www.ufbe.be

Pour les citoyens belges qui veulent développer leurs réseaux, il existe aussi le Cercle Esteler qui regroupe des gens d'affaires, particulièrement intéressés aux relations économiques entre la Belgique et le Québec.

Cercle Esteler
esteler.com

Suisse

Pour les Suisses, il faut se rendre sur le site du Consulat général de Suisse à Montréal, dans la section « Clubs suisses », pour trouver une liste de quelques associations au Québec.

Consulat général de Suisse à Montréal
http://www.eda.admin.ch/eda/fr/home/reps/nameri/vcan/canmon.html

Par exemple, la Société Suisse Romande est une organisation bien installée dans Montréal et sa banlieue, et elle propose régulièrement des activités de rencontre (et donc de réseautage).

Société Suisse Romande
www.societesuisseromande.org

Francophonie

Pour l'ensemble des francophones, il existe l'organisme Objectif Québec dont la mission est de favoriser l'insertion des immigrants francophones au Québec, en leur proposant essentiellement des sorties et des soirées, dont l'objectif est de faciliter les nouveaux contacts et de développer son réseau.

Objectif Québec
www.objectifquebec.org

CHAPITRE XI

TRAVAILLER

Il est évident que parmi les très nombreux immigrants qui arrivent chaque année dans la province, la plupart espèrent trouver un meilleur travail que ce qu'ils avaient chez eux. D'ailleurs, vous faites certainement partie de ceux-là, et peut-être même vous a-t-on dépeint le Québec comme un eldorado en ce qui concerne le secteur professionnel. Certes, la situation actuelle est plutôt bonne. Depuis le début des années 2010, le chômage tourne autour de 7 %. Parfois plus. Souvent moins. Pourtant, attention, tout n'est pas rose. Les conditions de travail sont différentes, les réglementations sont différentes, et, surtout, les relations de travail sont différentes, que ce soit avec ses collègues ou avec ses supérieurs. Souvent, trouver un emploi au Québec n'est pas un problème, mais s'adapter à cette nouvelle façon de travailler peut l'être.

LA SITUATION DE L'EMPLOI

Trouver un travail. Voilà l'une des raisons souvent données par les immigrés français (et les autres !) pour justifier leur envie de s'installer au Québec. Évidemment, on entend souvent que la crise de 2008 a en grande partie épargné le Québec, ce qui donne envie de venir tenter sa chance ! En moyenne, le chômage touche un peu moins de 8 % des Québécois et un peu plus de 10 % des moins de 30 ans. Des chiffres qui vont certainement faire tourner la tête des jeunes Européens, surtout quand on sait que ce taux tombe à environ 7 % à Sherbrooke ou Gatineau et de 5 % dans la ville de Québec.

Bien sûr, avoir un diplôme universitaire favorise nettement l'accession à l'emploi : ceux qui en possèdent un, connaissent un taux de chômage autour de 5 %. Ceux qui n'ont aucun diplôme (pas même du secondaire) doivent faire face à un taux de chômage deux fois plus élevé que la moyenne (autour de 16 %). Évidemment, si on est diplômé et qu'on possède de l'expérience dans l'un des secteurs professionnels considérés comme des secteurs d'avenir au Québec, la chance de trouver un emploi est encore plus élevée. On parle ici des domaines qui touchent à l'environnement, l'énergie, la sécurité, la santé mais aussi le transport ainsi que la gestion et le traitement de l'information (services informatiques, logiciel, multimédia...) : les secteurs économiques forts du Québec.

Côté salaires, il est difficile d'avoir une idée précise de ce que touchent les Québécois. Pour quelle raison ? Parce que comme en France ou ailleurs, tout le monde fait dire ce qu'il veut aux statistiques et aux sondages. Mais pour donner un semblant d'idée, le Québécois gagnerait un revenu annuel moyen situé dans une fourchette de 41 000 $ à 44 000 $, avant impôts. Ce qui après impôts, correspondrait à un salaire moyen autour de 30 000 $ annuels, soit 2 500 $ par mois ou plutôt, 1 150 $ toutes les deux semaines, parce qu'en règle générale, la rémunération se fait par intervalle de deux semaines. Dans la ville de Montréal, les chiffres sont à peu près du même ordre. Mais il faut savoir que, par rapport à la moyenne canadienne, le Québec est moins bien loti.

C'est le secteur de l'hébergement et des services de restauration qui paie le moins bien (autour de 21 000 $ bruts annuels). Mais le secteur de la restauration est, pour beaucoup de jeunes, un passage obligé pour faire ses classes. La preuve ? Un jeune de 15-24 ans sur cinq va travailler dans ce secteur. À l'inverse, ce sont les services publics (autour de 70 000 $ bruts) et l'administration publique (autour de 60 000 $ bruts) qui paient le mieux, sans oublier les secteurs forestier, minier, de l'extraction et de la pêche dont les salaires moyens sont encore plus élevés (presque 80 000 $ bruts).

Alors oui, le milieu du travail québécois est attractif, surtout pour des Européens en temps de crise. Les chiffres du chômage sont bas, le salaire moyen est vraiment correct et à vrai dire, le pouvoir d'achat est excellent. Mais derrière ces chiffres, tout n'est pas aussi simple que certains voudraient nous le faire croire.

Ce qu'on vous dit moins, c'est que même si le milieu du travail est plus souple et plus dynamique, il est à coup sûr, bien différent de ce que vous connaissez, surtout si vous avez déjà de nombreuses années d'expérience en Europe. Il ne sera donc pas toujours facile de s'y adapter, il faut vous y préparer mentalement.

LES CONDITIONS DE TRAVAIL

Que vous trouviez bon ou non le système de l'emploi québécois, cela n'est pas la question. Vous pouvez avoir votre avis mais une fois que vous vivez au Québec, vous n'avez plus d'autre choix que de vous adapter ! Et pour cela, rien de mieux que de commencer par connaître ces quelques règles principales qui régissent l'emploi québécois (et vos droits par la même occasion).

Le salaire minimum

Oui, il existe bel et bien un salaire minimum au Québec. Au 1er mai 2013, le taux général était de 10,15 $ bruts de l'heure. Et ce taux tombe à 8,75 $ pour les salariés au pourboire (serveurs dans les restaurants, barman...). En général, le taux est revu (légèrement) à la hausse chaque année.

Pour avoir les derniers taux mis à jour:
Commission des Normes du Travail – Salaire
www.cnt.gouv.qc.ca/salaire-paie-et-travail/salaire

Embauche et contrat de travail

Il est dit dans la loi que tout emploi est régi par un contrat de travail. Mais il est aussi précisé que celui-ci peut être écrit... ou non ! En clair, une poignée de main suffit et on peut être embauché du jour au lendemain, sans avoir rien signé. Par contre, faites bien attention, cela ne doit pas empêcher l'employeur de vous informer entre autres, sur vos tâches, votre salaire horaire, vos heures de travail, la durée de votre semaine normale de travail, etc.

Temps de travail, heures supplémentaires et repos hebdomadaire

Sauf exception, la semaine normale de travail est de 40 heures. Attention, ces 40 heures ne sont pas une limite à partir de laquelle on peut refuser de travailler mais elles permettent de déterminer à partir de quand un salarié fait des heures supplémentaires. À ce sujet, chaque heure supplémentaire au-delà de la semaine normale de travail, doit, en règle générale, être rémunérée avec une majoration de 50 % du taux horaire habituel. Enfin, sachez aussi que chaque semaine, un salarié a le droit à un repos de 32 heures consécutives au minimum. Mais rassurez-vous, vous aurez souvent le droit à bien mieux que ça.

Tenue vestimentaire particulière

Certains employeurs demanderont aux salariés de porter un vêtement particulier, tel qu'une casquette ou une chemise marquée par le logo de l'entreprise par exemple. Dans ces cas-là, l'employeur doit fournir gratuitement ce vêtement. Il n'a pas le droit de déduire le coût de ce vêtement du salaire, ni même d'exiger d'acheter des vêtements dont il fait commerce. En clair, si vous travaillez dans un magasin de vêtements, rien ne vous oblige à acheter et porter les vêtements vendus par ce magasin, à moins que l'employeur ne vous les fournisse gratuitement et vous demande de les porter comme tenue de travail.

Pause-café et repas

Après 5 heures de travail consécutives, un employé à le droit de prendre 30 minutes de pause non payées pour son repas. Dans le cas où il ne peut pas quitter son poste de travail, cette demi-heure devra être payée. En ce qui concerne la pause-café, il faut savoir qu'elle n'est absolument pas obligatoire même si beaucoup d'employeurs vont l'accorder. Mais ne vous faites pas avoir : cette pause, si elle vous est donnée par l'employeur, doit toujours être payée et comprise dans vos heures de travail.

Présence de 3 heures minimum

Un point très important concernant vos droits : un employeur ne peut vous faire venir pour moins de 3 heures de travail consécutives. Si jamais c'était le cas, il devra obligatoirement vous indemniser à hauteur de 3 heures de votre salaire habituel.

Vacances et jours fériés

Ce point sera certainement l'un des plus difficiles à avaler. Car sauf exception, le minimum de vacances auquel a droit un employé québécois se présente ainsi :
- Pour moins d'un an de service continu dans l'entreprise : 1 jour par mois complet de travail, avec un maximum de 2 semaines.

- Pour 1 an à moins de 5 ans de travail dans l'entreprise : 2 semaines de congé continues par an.
- Pour 5 ans et plus dans l'entreprise : 3 semaines continues par an.

Soyons clairs, dans la plupart des cas, vous n'aurez pas droit à plus de vacances que la loi le permet. Cependant, tout comme il vous arrivera peut-être de négocier votre salaire, vous pouvez négocier vos vacances, surtout lorsque vous aurez gagné en expérience et que vous pourrez faire valoir votre potentiel auprès d'un employeur. Par exemple, si l'employeur vous souligne qu'il ne peut satisfaire vos attentes salariales, il n'est pas impossible d'obtenir en échange une semaine de congés payés supplémentaires. Si un employeur vous veut et que vous avez les moyens de négocier, n'hésitez surtout pas à le faire !

Il faut savoir aussi qu'au niveau des jours fériés, le Québec n'en est pas avare. Et les employeurs qui font quand même travailler ces jours-ci devront offrir une indemnité ou bien un jour de congé compensatoire dans les 3 semaines avant ou après ce jour férié.

JOURS FÉRIÉS

1er janvier	Jour de l'An
Mars/Avril	Le Vendredi Saint ou le lundi de Pâques, au choix de l'employeur
Lundi qui précède le 25 mai	Journée nationale des patriotes
24 juin	Fête nationale du Québec
1er juillet	Fête du Canada (ou le 2 juillet, si le 1er est un dimanche)
1er lundi de septembre	Fête du Travail
2e lundi d'octobre	Action de grâce
25 décembre	Jour de Noël

Cessation d'emploi à l'initiative de l'employeur et démission

Lorsqu'on dit que le système du travail est plus souple et dynamique, cela se traduit évidemment par des règles en matière de cessation d'emploi et de démission plutôt dynamiques ! À vous de les connaître et de vous y préparer.

Pour moins de 3 mois de service continu dans une entreprise, l'employeur n'a pas à remettre d'avis de cessation d'emploi. En clair ? L'employeur peut se séparer de vous du jour au lendemain, sans préavis. Puis à partir de 3 mois et jusqu'à un an de travail continu, si l'employeur souhaite se séparer de l'employé, il devra remettre un avis au minimum une semaine à l'avance.

Ensuite, cela se présente ainsi :

1 à 5 ans de travail	=>	2 semaines de délai.
5 à 10 ans de travail	=>	4 semaines de délai.
10 à 15 ans de travail	=>	8 semaines de délai.

Mais sachez que la souplesse fonctionne dans les deux sens ! En effet, il n'y a pas de règle en ce qui concerne le préavis de départ pour le salarié. La loi demande seulement qu'un « délai raisonnable » soit donné par l'employé à l'employeur. Vous pouvez donc, très rapidement, lâcher un emploi qui ne vous convient pas ou partir pour un meilleur emploi. Cependant, essayez tout de même de démissionner dans les meilleures circonstances, afin de conserver une relation aussi bonne que possible avec votre ex-employeur. Il pourrait en effet être contacté comme référence par un futur employeur…

Des doutes, des interrogations ? Tout est là :

Commission des Normes du Travail – Québec

www.cnt.gouv.qc.ca.

TRAVAILLER AVEC LES QUÉBÉCOIS

S'habituer à de nouvelles règles de travail est une chose, mais il faudra surtout vous adapter à de nouvelles façons de travailler, essentiellement au niveau de la relation avec vos collègues et avec vos supérieurs. Une chose est certaine, la transition ne sera pas facile, surtout à cause des réflexes que vous aurez probablement pris lors de vos expériences passées. Par contre, ne pensez pas que tous ces changements seront désagréables, au contraire, c'est souvent l'inverse.

Bien sûr, il n'y a pas de règle et chaque entreprise, chaque équipe, chaque employeur aura sa personnalité et sa façon de travailler, et malheureusement, les mauvaises expériences ne sont pas à exclure. Mais généralement, vous serez d'abord surpris positivement par les relations entre collègues. Non pas qu'il n'y ait jamais d'accrochage ou de problème, mais le plus souvent, les relations seront chaleureuses dès votre premier jour. Il n'y aura pas, comme dans beaucoup d'entreprises françaises, la traditionnelle bise ou le serrage de main du matin. Mais vous serez quasi automatiquement tutoyé dès le début et un effort sera fait pour vous intégrer. Ainsi, il ne sera pas rare que vous soyez invité à aller boire une bière après le travail ou à un barbecue chez un collègue par exemple. Et même si vous avez envie de rentrer chez vous après une dure journée, un conseil, acceptez. Surtout lors des premières semaines, car ce type de socialisation extraprofessionnelle aidera à votre intégration au travail, mais aussi hors du travail.

Encore plus étonnant : les relations avec vos supérieurs sont très souvent d'égal à égal. Le poids de la hiérarchie est de ce fait presque effacé. Le tutoiement est encore une fois presque automatique, et souvent, votre boss sera aussi de la partie pour aller boire une bière après le travail ! C'est quelque chose qu'il faut apprendre à gérer parce qu'il n'en reste pas moins votre supérieur, ainsi, il n'est pas toujours facile d'accepter les ordres pendant la journée et de discuter autour d'une pinte de bière en soirée...

Au fur et à mesure des journées de travail et des sorties entre collègues, vous apprendrez les codes implicites de ces relations professionnelles. Essayez d'ailleurs de vous y adapter rapidement, au risque de transmettre un mauvais message à votre entourage professionnel. Par exemple, les Français vont souvent paraître froids et distants lorsqu'ils débarquent dans une entreprise québécoise : ce n'est peut-être pas véritablement le cas, mais c'est ce qui transparaîtra si les vieux réflexes ne sont pas remplacés !

Au-delà des relations professionnelles, vous remarquerez aussi que la plupart des employeurs vont prendre soin de respecter votre équilibre travail/vie privée. Ainsi, si la journée de travail est de 9 heures à 17 heures (plutôt commun), il est tout à fait normal qu'à 17 h 05, vous soyez déjà en train de prendre une bière avec vos collègues au bar d'à côté ! Plus sérieusement, si vous faites correctement votre travail, personne (et surtout pas votre boss) ne vous en voudra de respecter à la lettre vos horaires. Et surtout, plus besoin pour faire bonne figure, de rester au bureau sans rien faire en attendant que votre patron parte le premier !

Enfin, quand on dit que le milieu du travail québécois est dynamique, cela se traduit aussi par l'évolution dans l'entreprise. Et si vous êtes un travailleur motivé et sérieux, il vous sera possible de grimper les échelons relativement rapidement et ce, même si vous commencez tout en bas de l'échelle. En effet, le système québécois fonctionne plus volontiers sur le principe méritocratique que sur le principe d'ancienneté (comme on peut voir en France par exemple). En clair, si vous êtes bons et que vous savez le montrer, rien n'est impossible !

Mais attention, « être bon et savoir le montrer » ne veut pas dire qu'il vous faut accumuler les heures supplémentaires, faire trébucher vos collègues et lécher constamment les bottes de votre boss ! Il s'agit plutôt de bien faire votre travail en montrant vos talents, votre efficacité, votre prise d'initiative, et surtout en montrant votre motivation et votre envie d'aller plus haut. Contrairement à une certaine mentalité très française, sachez que le fait de bien faire votre travail ne sera pas vu comme un excès de zèle par vos collègues de bureau. Au contraire, vous serez plutôt félicité et encouragé, à condition que vous ne leur mettiez pas ouvertement votre succès dans la face pour les rabaisser, c'est évident !

LE BÉNÉVOLAT

Plus de 8 Québécois sur 10 donnent à une œuvre de charité. En fait, l'action bénévole ne se résume pas seulement à faire un don, et les Québécois le savent. En effet, plus d'un tiers des Québécois de plus de 15 ans vont consacrer une partie de leur temps libre à une œuvre de charité, bénévolement. Faire du bénévolat dans un organisme à but non lucratif est tellement répandu qu'on pourrait presque dire que c'est ancré dans la culture québécoise. Qu'on soit adolescent, jeune adulte ou même à la retraite, il est pour beaucoup normal de se dévouer pour une cause et de rendre ainsi à la société.

Faire du bénévolat, c'est aussi rencontrer beaucoup de monde qui vient de milieux bien différents. Ainsi, cela permet d'étendre son réseau, au niveau social mais aussi au niveau professionnel, tout en s'impliquant pour une bonne cause. De plus, le bénévolat apporte aux jeunes Québécois une expérience professionnelle qu'ils peuvent généralement valoriser lorsque viendra le temps de rentrer dans le milieu du travail et de chercher un emploi. Ici, le bénévolat est véritablement considéré par les employeurs comme une expérience concrète, qui aura permis de développer un certain sens de l'organisation ou du travail en équipe, pour ne citer que ces atouts.

Faire une différence dans la société et apporter votre aide, mieux vous intégrer, développer votre réseau et vous construire une expérience professionnelle au Québec : pour toutes ces raisons, le bénévolat est une excellente solution lorsque vous arrivez dans la Belle Province. Bien sûr, nous ne parlons pas de faire du bénévolat à temps plein. Vous pouvez y consacrer seulement une partie de votre temps, en parallèle de vos études si vous étudiez, ou même en parallèle de votre travail si vous en avez un. Et si vous n'avez pas de travail et que vous en cherchez, vous pourriez faire du bénévolat à côté de votre recherche d'emploi : ça occupera une partie de vos journées et vous fera sortir de chez vous pour rencontrer d'autres personnes !

Si vous décidez de faire du bénévolat, c'est vous qui allez choisir les causes qui vous tiennent à cœur et pour lesquelles vous souhaitez investir du temps. Et les organismes à but non lucratifs qui ont besoin de main-d'œuvre bénévole, ce n'est absolument pas ce qui manque au Québec. Vous pourrez donc choisir simplement une cause pour laquelle vous souhaitez vous battre (le cancer du sein, les aînés, la cause LGBT...) ou bien même une cause pour laquelle vous savez que votre formation professionnelle peut être utile (en droit, en médecine, en agronomie, en soins palliatifs...).

Pour en savoir plus sur le bénévolat au Québec et trouver des organismes dans lesquels vous pouvez vous impliquer, consultez ces sites internet :

Le Bénévolat au Québec
www.benevolat.gouv.qc.ca

Réseau de l'action bénévole du Québec
www.rabq.ca

Rencontre avec Anne-Sophie : de la vie étudiante au village de région

Anne-Sophie Jean-Charles a 25 ans. Elle est née et a grandi à Fort-de-France en Martinique. Adolescente, lors d'un voyage avec sa mère, elle passe par Montréal et s'y verrait bien étudiante. À 18 ans, elle débarque avec 20 kg de bagages dans la métropole québécoise pour faire un Baccalauréat en Science, Technologie et Société à l'UQAM (Université du Québec à Montréal). Anne-Sophie a maintenant trouvé son premier emploi sérieux dans son domaine et pour cela, elle a fait le choix de s'installer à Matagami, un petit village minier de 1 500 habitants, dans la région du Nord-du-Québec, à plus de neuf heures de route de Montréal.

Plante-nous un peu le décor de ton arrivée en tant qu'étudiante au Québec.

Je suis arrivée de Martinique en août 2006 avec un Visa étudiant pour faire un Baccalauréat (= licence) en Science, Technologie et Société à l'UQAM (programme de 3 années environ, correspondant à 90 crédits). Ce programme sert à étudier les impacts transversaux (économiques, environnementaux, politiques, philosophiques) de la science et de la technologie sur nos sociétés. J'ai passé ces trois premières années à Montréal pour valider mon Bac et dès le début, j'étais en résidence universitaire donc je me suis rapidement fait un cercle d'amis, presque tous étrangers. J'ai été dans l'ambiance universitaire tout de suite, avec beaucoup de soirées… Mais en même temps, il fallait travailler, être rigoureux et responsable.

Après trois ans, une fois le Baccalauréat en poche, il se passe quoi ?

Moi, j'ai demandé un permis de travail post-diplôme. Tu peux l'obtenir quand tu viens de finir un Baccalauréat au Canada. Puis avec ce permis, j'ai décidé d'aller à Toronto (en Ontario, à quelques heures de Montréal) pour y apprendre l'anglais.

J'avais 21 ans, je voulais prendre une année pour moi, mais faire quand même des petits boulots et suivre des cours d'anglais.
Je suis revenue à Montréal au bout d'un an, et comme j'avais le besoin de me spécialiser, j'ai repris les études pour faire un certificat en relations publiques (programme de 30 crédits, environ une année). C'est là que mon identité professionnelle s'est affinée, et en parallèle, j'ai commencé à m'impliquer bénévolement pour l'organisme « Relations Publiques Sans Frontières » (RPSF). Ça a été pour moi un point d'ancrage, et un levier au niveau social et professionnel. Je rencontrais des étudiants, des jeunes professionnels, des gens reconnus dans la profession et par la suite, ces personnes m'ont même accompagnée quand je suis rentrée sur le marché du travail.

Ensuite, tu t'es donc mise à travailler ?
Pas vraiment, en fait il y a eu une période assez difficile au cours de laquelle je devais attendre d'obtenir ma résidence permanente, dont j'avais fait la demande tout de suite après mon certificat. Ces neuf mois ont été durs parce que d'un côté, je n'étais plus aux études et de l'autre, je ne pouvais pas travailler sur le territoire canadien. Mais au moins, à 25 ans, quand j'ai eu ma résidence permanente, j'avais l'envie de rentrer dans le milieu du travail et mon idée professionnelle était claire : je voulais travailler dans le domaine du développement durable, de la protection de l'environnement et de l'acceptabilité sociale de projet. Par contre, j'ai tout de même fait le choix de commencer par un petit boulot dans un magasin de chaussures pour continuer ma recherche d'emploi en parallèle.

Pour quelles raisons tu as choisi de commencer par un petit job, malgré ton diplôme ?
J'avais passé plusieurs mois sans travailler, donc il arrive simplement un moment où on a envie d'être actif, puis il fallait aussi « faire rentrer un peu d'argent ». En tout cas, au Québec, personne ne va te regarder de haut parce que tu es diplômée et que tu fais un petit boulot. Au final, j'ai passé six mois dans ce magasin du centre-ville de Montréal, à apprendre l'art de la vente car toute expérience est bonne à prendre !

Et donc à côté, tu cherchais un emploi qui te correspondait ?
Oui, mais je n'ai pas trouvé tout de suite dans mon domaine. J'ai décidé de me faire aider par le « Club de recherche d'emploi » en suivant un atelier de trois semaines à temps plein, proposé aux Canadiens et aux résidents permanents. En fait, comme cela faisait plusieurs mois que je cherchais du travail, je me suis dit qu'il fallait élargir mon champ d'attaque dans le développement durable, les relations publiques mais aussi dans le social. Puis ça faisait quelque temps que l'envie de poursuivre

mon exploration du Québec était dans un coin de ma tête. Finalement, j'ai été recrutée par le « Groupe neurones », un OBNL (Organisme à But Non Lucratif) situé à Matagami, qui fait de la lutte contre le décrochage scolaire dans la région du Nord-du-Québec. L'emploi restait dans la logique du développement durable au niveau social et il me permettait de continuer l'exploration du Canada.

Est-ce que la décision de quitter Montréal a été facile à prendre ?
En réalité, je suis venue à Matagami une première fois pour passer l'entretien d'embauche. Je me souviens, c'était un vendredi matin et à la suite de l'entretien, ils m'ont dit qu'ils me recontacteraient dans l'après-midi pour me donner une réponse. Donc en attendant, je suis rentrée à mon hôtel. J'étais toute seule dans le restaurant car je n'avais plus accès à ma chambre, et je regardais dehors… C'était le mois de novembre, il faisait déjà très froid et une voiture passait toutes les demi-heures ! C'est à ce moment-là que je me suis demandé ce que je ferais si on m'embauchait. Mais sur le coup, je pensais que je ne serai pas prise et que c'était mieux ainsi, car ça aurait été trop dur. Pourtant, au fond de moi, je savais qu'il s'agissait justement du type d'expérience que j'avais envie de vivre. Au final, le recruteur m'a rappelée et il m'a dit qu'il voulait que je sois leur future agente de développement. Ils m'ont quand même laissé du temps pour donner une réponse, mais ma décision était déjà prise, donc en rentrant à Montréal, j'ai tout de suite envoyé des courriels à ma famille pour annoncer la nouvelle !

Je suppose que l'arrivée à Matagami a été dépaysante ?
En effet ! Le village est quand même à neuf heures de route de Montréal, donc déjà, c'est loin. Et en termes de rythme de vie, on est plutôt loin de Montréal aussi. Que ce soit à Montréal ou à Toronto, j'avais un rythme de vie assez similaire : le samedi soir par exemple, on sortait entre amis dans des bars, des clubs, des soirées privées… Là, pour le moment, ce n'est plus cette vie-là que je mène. Il faut s'adapter au fait qu'on n'est plus sollicité tous les soirs pour aller boire un verre, pour aller au cinéma… Mais en même temps ça me permet de faire autre chose, par exemple, j'ai recommencé à lire, j'aimerais recommencer à dessiner et peut-être même à écrire.

Et profiter de la nature, je suppose ?
Exactement ! À moins de quatre minutes à pied de chez moi, je suis dans une forêt qui donne sur un fleuve gelé en hiver donc on peut s'y arrêter et écouter le silence. Ces instants durant lesquels on est en paix, dans le silence, cela arrive rarement et ce sont des moments de très grande qualité.
J'ai aussi commencé à faire de la raquette et je vais peut-être me mettre au ski de

fond. Il y a quelque temps, j'ai même fait une randonnée nocturne en raquettes, avec des flambeaux : c'était une heure et demie vraiment féerique. Quand on marche, on a vraiment l'impression d'être petit face à l'immense nature.

Quels sont tes premiers ressentis par rapport à ton travail et ta vie sociale en région ?

En tant qu'agent de développement pour le « Groupe neurones », je vais travailler sur le terrain en région, puis rencontrer des gens dans le domaine des affaires et dans le domaine communautaire entre autres… J'aime rencontrer des gens différents, j'aime voyager, et je suis payée pour ça, donc c'est un peu un rêve qui se réalise ! Par contre c'est sûr, quand je suis partie de Montréal, j'ai quitté ma structure sociale, mon réseau d'amis que j'aime beaucoup, donc en clair, je suis repartie de zéro. Je l'avais déjà fait en partant de la Martinique, en quittant ma famille dont je suis très proche et en quittant mes amis d'enfance qui sont encore, plus que jamais, mes amis. Donc je sais un peu comment ça se passe, je vais rencontrer de nouvelles personnes qui ont une autre approche, une autre façon de faire, et c'est aussi ça qui va me nourrir. La seule différence, c'est qu'à Matagami, ma vie sociale n'est pas super développée pour l'instant, mais ça fait partie de l'expérience. En plus, mon approche personnelle est de prendre mon temps car ce n'est pas une grande ville, donc si je me fais des amitiés, ces personnes-là, je les reverrai toute l'année. C'est pour ça que je veux vraiment prendre le temps de rencontrer les gens, qu'on se laisse le temps de se découvrir, tout en restant sincère bien sûr !

Donc, si un nouvel arrivant s'installe au Québec et a du mal à trouver un emploi, est-ce que tu lui conseilles de franchir le pas et de partir en région ?

Oui absolument, je le conseille pour plusieurs raisons. D'abord, en région, il y a plein d'opportunités professionnelles, avec dans certains domaines, un intérêt financier pour attirer les travailleurs. Puis surtout, même si Montréal est une ville que j'aime énormément, le Québec ce n'est pas que ça ! Et quand on décide de faire l'expérience d'un pays étranger, pourquoi ne pas le vivre sous un angle qu'on ne connaît pas ? On sait qu'il y a peu d'habitants au Québec, que plus on va dans les régions moins il y a de monde. On le sait, mais on ne le vit pas. Pourtant c'est intéressant car c'est ça le Québec et ce n'est pas que le downtown et la nightlife de Montréal !

Pour finir, qu'est-ce que tu conseillerais à celui ou celle qui est en train de lire le livre, pour avoir une bonne expérience d'intégration ?

Je crois que quand tu arrives dans un pays qui n'est pas ton pays d'origine, tu vas peut-être voir des choses que tu trouveras surprenantes, drôles, désagréables ou peu importe, mais il faut savoir rester humble. Il ne faut pas prendre pour acquis que si les gens parlent français, alors les codes seront les mêmes. Puis on est dans un pays étranger donc on ne va pas nous accueillir comme le Messie… que nous ne sommes pas de toute façon ! Finalement, je crois qu'en combinant la curiosité, le respect et le désir d'aventure, tout est là au Québec pour qu'un séjour, court ou long, soit une expérience enrichissante et épanouissante.

Association des centres de recherche d'emploi du Québec
www.cre.qc.ca

CHAPITRE XII

RECHERCHER UN EMPLOI

Le secteur de l'emploi au Québec est dynamique, c'est certain. Mais il ne faut pas croire qu'il suffit de claquer des doigts pour que les employeurs accourent avec des offres d'emploi sur mesure (à vrai dire, c'est possible, mais uniquement pour ceux dont l'expérience ou la spécialité est véritablement rare et très recherchée). En règle générale, il sera nécessaire de faire un effort pour trouver un emploi. Beaucoup d'immigrés qui ont déjà vécu cette expérience diront que ce n'est pas si compliqué, mais plus on est difficile et plus on cherche quelque chose de précis, plus la recherche sera longue et complexe. Pour être très clair, si vous voulez trouver un emploi qui vous satisfait, il va falloir s'adapter au milieu professionnel québécois et surtout se poser les bonnes questions.

CONSTRUIRE SON RÉSEAU

Ce n'est un secret pour personne et tout le monde vous le dira et vous le répétera : au Québec, le plus important, professionnellement parlant, est de construire et développer son réseau. Pour comprendre l'importance d'avoir et de développer un réseau, il vous faut d'abord intégrer le principe du référencement, qui ici, est monnaie courante (pour ne pas dire systématique dans certains domaines).

Imaginons : votre employeur actuel cherche un nouveau graphiste pour sa compagnie. Ça tombe bien, une de vos connaissances, qui est un très bon graphiste, cherche présentement un emploi. Ni une, ni deux, vous allez voir votre boss et lui en glissez un mot. En parallèle, votre ami graphiste aura envoyé son C.V. et sa lettre de motivation. Si votre direction vous fait confiance (et c'est ce qui se passe habituellement) alors il y a de bonnes chances pour que le C.V. de votre connaissance se retrouve sur le haut de la pile, avec une bonne longueur d'avance sur ses concurrents.

En France, on appellerait ça du piston et ce serait plutôt mal vu. Ici, c'est du référencement, ou de la recommandation. Mais attention, il ne s'agit pas de référencer votre cousin éloigné parce que votre grand-tante du troisième degré vous a supplié. Il s'agit de conseiller la candidature de quelqu'un en qui vous avez confiance et dont vous connaissez la qualité du travail. Car si la personne référencée s'avère ne pas être à la hauteur, cela pourrait entacher la confiance de votre employeur envers vous. Sachez d'ailleurs, que beaucoup d'entreprises vont favoriser cette pratique, en encourageant leurs employés à référencer des personnes de leur entourage, en échange de primes de référencement si ces personnes, à leur tour, sont embauchées.

De ce fait, vous comprenez pourquoi l'importance de se construire un réseau prend tout son sens. Mais ce ne sera pas chose simple et ce sera long, surtout en tant que nouvel arrivant, car vous partez généralement de zéro. D'abord, lorsque vous réfléchirez à construire votre réseau, ne différenciez jamais le côté amical du côté professionnel. Un ami avec qui vous avez développé une relation de confiance et qui connaît votre sérieux pourrait vous référencer tout aussi bien qu'un ancien collègue de travail !

Aussi, n'hésitez pas à rencontrer du monde et à ne pas rester trop enfermé. Forcez-vous un peu si nécessaire, surtout au début, lorsque vous ne connaissez presque personne et que vous n'avez possiblement pas de travail.

5 à 7

Il existe des soirées de réseautage ou « 5 à 7 ». N'y voyez absolument aucun double sens, le 5 à 7 est généralement un cocktail où l'on vient discuter et rencontrer d'autres personnes. Il en existe beaucoup au niveau professionnel, dans des organismes comme les chambres de commerce par exemple, mais il en existe aussi qui sont simplement faits pour socialiser. Par exemple, vous pourrez jeter un œil aux principes de Meetup, d'Internations ou en cherchant simplement ce type de rencontres dans un moteur de recherche sur le Web.

Meetup
www.meetup.com

Internations
www.internations.org

Bien sûr, participer à des 5 à 7 devrait vous permettre de socialiser avec des gens venant de tous horizons. Cependant, il est vrai qu'il est rassurant pour un Français d'aller vers un Français, ou pour un Belge d'aller vers un Belge. Mais par rapport au développement de votre réseau, ce sera plus efficace et enrichissant d'aller vers les Québécois, ou même vers des gens venant d'ailleurs dans le monde. Le Québec est très multiculturel, surtout dans un grand centre comme Montréal donc ce serait dommage de ne pas profiter de cette richesse. En clair, préférez la diversité et l'intégration plutôt que de vous renfermer uniquement sur votre communauté d'origine.

Réseautage professionel

Enfin, le dernier conseil va peut-être vous faire sourire et pourtant, c'est le plus efficace : pour développer son réseau, le mieux est d'avoir un emploi ! Si vous cherchez en ce moment votre premier emploi au Québec, vous vous dites certainement que c'est le principe du serpent qui se mord la queue. Et pourtant, mettre un pied dans le milieu du travail est la meilleure façon de se faire de bons contacts professionnels.

Et dans le cas où vous cherchez un premier emploi et que vous avez les moyens financiers de patienter, n'hésitez pas à chercher un stage, même peu rémunéré. Vous pourrez ainsi entrer dans le milieu du travail et développer votre réseau, tout en construisant votre expérience professionnelle. Car oui, au Québec, un stage est considéré comme une véritable expérience. Dans la même veine, que vous soyez en recherche d'emploi ou que vous ayez déjà un job, vous pourriez faire du bénévolat. De nombreux organismes de charité recherchent de la main-d'œuvre volontaire, et cela vous fera développer vos contacts.

VALORISER SES DIPLÔMES ET SON EXPÉRIENCE

Bien que l'expérience soit quelque chose de primordial quand vous allez chercher un premier emploi en arrivant au Québec, vous vous rendrez compte que parfois, un diplôme est nécessaire. C'est probablement à cet instant précis que la galère commence, car niveau équivalence de diplômes, ce n'est pas toujours facile.

D'abord, les équivalences pures et simples n'existent pas réellement. Par cela, il faut comprendre que si vous avez obtenu une licence d'une université française, vous ne pourrez pas obtenir de diplôme équivalent d'une université québécoise sans repasser par la case départ ! En revanche, vous pourriez demander une évaluation comparative, qui est en fait une opinion d'expert officielle, que certains employeurs pourront éventuellement vous exiger et qui sera nécessaire si vous souhaitez postuler dans la fonction publique par exemple.

Immigration et Communautés culturelles
Obtenir une évaluation comparative
www.immigration-quebec.gouv.qc.ca/fr/education/evaluation-comparative

Mais bien sûr, cela va se corser encore un peu plus lorsque les médecins, architectes et autres ingénieurs vont vouloir faire reconnaître leurs diplômes afin de pouvoir exercer leur métier au Québec. Heureusement pour les Français, certains accords franco-québécois facilitent quelques démarches. Cependant, celles-ci restent longues et demandent généralement de passer des tests de compétences.

Pour toutes les démarches, commencez par trouver le site internet de l'ordre professionnel qui correspond à votre diplôme :

Office des professions
Fiches descriptives des ordres professionnels
www.opq.gouv.qc.ca/ordres-professionnels/fiches-descriptives-des-ordres-professionnels

Heureusement, les diplômes ne font pas tout. Et votre expérience professionnelle sera peut-être encore plus importante lors de votre recherche d'emploi au Québec, surtout si vous possédez un diplôme plus difficile à valoriser. Par conséquent, il est important que vous fassiez un point sur toutes vos expériences professionnelles et que vous appreniez à les mettre en valeur correctement afin de savoir convaincre un potentiel employeur québécois.

Pour cela, valorisez plus que les simples « titres ». C'est bien beau d'avoir été « responsable de je-ne-sais-quoi » mais un futur employeur au Québec va vous demander d'expliquer quelles étaient vos responsabilités et surtout, quelles ont été vos réalisations et résultats. Vous allez devoir parler de ce que vous êtes capable de faire aujourd'hui grâce à l'expérience que vous avez acquise hier, que ce soit ou non dans le même domaine professionnel. Et c'est essentiellement grâce à cela que vous donnerez à l'employeur l'envie de vous faire confiance.

Mais attention, même si vous devez montrer que c'est vous le meilleur dans ce que vous faites, ne tombez pas dans la vantardise et l'énumération sans fin de vos facultés exceptionnelles. L'important est de rester factuel, de vous baser sur des résultats tangibles et surtout, d'adapter tout ce que vous dites à la personne à qui vous vous adressez (et donc, à son entreprise et au poste qu'il souhaite combler).

Un autre conseil important : au Québec, un stage est considéré comme une véritable expérience professionnelle (à part si vous avez servi du café à votre boss pendant trois mois). Alors présentez-le toujours comme tel et valorisez-le autant que possible, surtout si vous n'avez que peu d'expérience.

Enfin, sachez que même les étudiants québécois fraîchement diplômés affichent souvent une expérience professionnelle déjà bien remplie car ils ont travaillé pendant leurs études, éventuellement fait des stages et du bénévolat. Si vous êtes encore étudiant en Europe ou au Québec, n'hésitez pas à développer votre expérience en trouvant un job en parallèle ou en faisant des stages durant vos vacances.

LES OUTILS DE RECHERCHE D'EMPLOI

Bien sûr, faire jouer votre réseau est souvent l'une des meilleures solutions. Mais en tant que nouvel arrivant, vous vous sentez peut-être un peu seul à ce niveau-là. Qu'à cela ne tienne, vous pouvez commencer par mobiliser vos contacts, même s'ils ne sont qu'en Europe ! Peut-être en utilisant les réseaux sociaux, vous pourriez trouver une ancienne connaissance ou bien l'ami d'un ami qui habite au Québec ? Peut-être pourriez-vous trouver dans l'annuaire de votre école un ancien élève qui a immigré ici il y a plusieurs années ? Tout commence souvent comme ça !

Évidemment, en dehors de votre réseau, vous avez aussi la recherche sur le Web. Beaucoup d'offres se trouvent sur la toile, alors que vous soyez encore sur le Vieux Continent ou que vous soyez déjà au Québec, la première étape de votre recherche d'emploi se fera souvent devant votre ordinateur. La plupart des sites offrent leurs services de bases gratuitement. N'hésitez surtout pas à fouiller !

i Ils s'appellent Jobboom.com, Monster.ca, Workopolis.com et bien d'autres...

Dans votre « recherche 2.0 », il y a deux choses à ne pas sous-estimer. La première, c'est que certaines pages Facebook et profils Twitter sont spécialisés dans les offres d'emploi (parfois même dans des secteurs précis) : alors cherchez-les ! La deuxième, c'est la recherche d'emploi en anglais : ne la négligez pas, surtout si vous êtes à Montréal où le bilinguisme est omniprésent.

En plus de rechercher des offres d'emploi, il est important d'oser la candidature spontanée. Une entreprise vous plaît ? Alors proposez-lui vos services en envoyant par courriel un CV et une lettre de présentation. Ce ne sera jamais mal vu, au contraire. Mais évidemment, soignez autant votre candidature que si vous répondiez à une offre d'emploi : n'envisagez pas ça comme une vulgaire bouteille à la mer !

Pour finir, selon le type d'emploi que vous recherchez, vous pouvez évidemment aller directement frapper aux portes (bars, restaurants, magasins...) car finalement, qui ne tente rien n'a rien !

ÊTRE RÉALISTE DANS SA RECHERCHE D'EMPLOI

Ici, il est plus simple qu'en Europe de passer d'un domaine à un autre. On ne vous regardera pas de travers : on va plutôt s'intéresser à votre parcours, à ce qui a fait que vous en êtes arrivé à ce choix. Par conséquent, osez sortir de votre domaine, sortir de ces fausses croyances que l'on vous a peut-être martelées durant vos études. Utilisez votre expérience professionnelle passée comme un outil pour aller où vous le souhaitez, que ce soit votre domaine de prédilection ou un domaine que vous avez envie de découvrir. Et même si, de prime abord, il semble que l'offre d'emploi ne s'adresse pas à vous mais qu'elle vous intéresse tout de même, tentez votre chance. Expliquez au recruteur pourquoi malgré tout, le meilleur choix, c'est vous et pas un autre !

Puis aussi, ouvrez-vous au reste de la province. Beaucoup de Québécois vous diront qu'il n'y a pas que Montréal, et ils n'ont pas tort ! Travailler en région, c'est-à-dire en dehors de grands centres tels que Montréal ou Québec, offre une bonne qualité de vie, des salaires dans la moyenne mais surtout un coût de la vie bien moins élevé. Et pour ceux et celles qui aiment la nature, le calme et les paysages de carte postale, c'est l'idéal.

Même si le marché du travail québécois est dynamique, il n'est pas toujours simple de trouver l'emploi idéal, celui qui correspond à son expérience, à son domaine ou simplement à ses attentes. Par conséquent, beaucoup de nouveaux arrivants qui n'ont pas les moyens d'attendre pour trouver un meilleur emploi ou qui ne veulent pas piocher dans leurs économies, vont diminuer leurs attentes, en acceptant un emploi qui n'est pas dans leur domaine, qui est moins bien payé ou qui est hiérarchiquement en dessous de ce qu'ils espéraient. Ce choix est difficile à faire, mais le moment viendra où vous devrez peut-être l'envisager. Dans ce cas, sachez que ceci peut s'avérer être une excellente solution. Pourquoi ? Il y a deux raisons principales.

La première raison, c'est que vous gagnerez de l'expérience dans le milieu du travail québécois (que vous découvrirez par la même occasion). Cette expérience, même si elle est courte, vous pourrez facilement la valoriser, en expliquant qu'au lieu d'attendre que vous tombe dessus l'emploi idéal, vous avez préféré commencer à vous construire une expérience dans le milieu professionnel québécois.

La deuxième raison, c'est que vous allez rencontrer du monde, développer vos contacts personnels et professionnels. Et ça, c'est parfait à la fois pour votre intégration et, vous l'aurez compris, pour construire votre réseau !

Mais attention, en faisant ce choix, vous courez le risque de vous enliser dans ce travail qui ne vous correspond pas et qui n'est pas à leur hauteur de vos attentes. Un conseil pour éviter ça : ne soyez jamais fataliste et ne restez jamais les bras croisés, à attendre un salut providentiel ou une intervention divine. Cette situation doit au contraire vous motiver à continuer la recherche d'un meilleur emploi, qui correspond à vos attentes et à ce que vous valez. En clair, vous pouvez oser diminuer vos attentes professionnelles pour ne pas rester chez vous les bras croisés et pour prendre le pouls du milieu de l'emploi québécois. Mais la condition implicite est que cette première expérience doit être un tremplin, un pied à l'étrier, un moyen pour vous intégrer… jamais une finalité.

C.V., LETTRE ET ENTRETIEN D'EMBAUCHE

Les trois étapes que sont le C.V., la lettre de motivation et l'entretien d'embauche, sont des passages obligés dans une recherche d'emploi. Mais ne vous laissez pas abuser par le côté générique de ces termes, parce que chacun d'entre eux renferme des petites différences qui font que vous allez devoir apprendre à tout refaire. En effet, un CV québécois change radicalement d'un CV français, une lettre de motivation ne s'écrit pas non plus de la même façon et l'entretien d'embauche est assurément surprenant tant il est différent de ce que vous avez certainement déjà vécu...

Le C.V. québécois

Il existe beaucoup de différences entre un C.V. français et un C.V. québécois. Alors le premier conseil est radical mais très important : recommencez-le de zéro, c'est plus raisonnable.

Au niveau de la forme, le C.V. québécois peut compter 2 à 3 pages, et sur chaque page, il est mieux de rappeler vos noms et coordonnées. Par contre, et c'est bien important, il ne doit y avoir aucune information personnelle telle que l'âge, l'origine, le statut marital... et pas de photo non plus ! Puis surtout, préférez quelque chose d'aéré, sans phrase longue et alambiquée, en présentant des points précis, clairs et factuels.

Au niveau du contenu, si vous faites un C.V. en français, il est important d'utiliser le vocabulaire québécois pour certains emplois ou diplômes. Par exemple, évitez d'écrire « Master » mais plutôt « Maîtrise », et au lieu de « Manager » ce sera souvent « Gérant ». Le mieux est de faire des recherches sur le Web pour trouver le bon vocabulaire professionnel qui vous correspond.

- Objectif de carrière/Emploi postulé
Comme une introduction a votre C.V., vous pouvez commencer par expliquer qui vous êtes et quel poste vous désirez. Une phrase, pas plus.

- Compétences
N'hésitez pas à inscrire quelques points listant des champs de compétence (Français, Anglais, capacité de gérer une équipe, maîtrise du Pack Office...).

- Expériences professionnelles
L'énumération simple n'est pas suffisante. Mettez plutôt en avant vos responsabilités et vos réalisations, sans pour autant écrire un roman. Il s'agit d'aller à l'essentiel, d'utiliser des verbes d'action pour montrer votre potentiel, vos talents, vos capacités. Et n'oubliez pas vos stages ! Par contre, pas nécessaire d'utiliser le mot « stage », c'est une expérience à part entière, souvenez-vous.

- Formation/Éducation
Toujours en restant concis et clair, n'hésitez pas à être quand même un minimum explicatif en ce qui concerne vos études, surtout si vos diplômes ont été obtenus en dehors du Canada.

- Centres d'intérêt
Vous pouvez ajouter une rubrique au sujet de vos centres d'intérêt à condition que cela apporte quelque chose de complémentaire et de véritablement nécessaire. Par exemple, évitez les banalités du genre : Cinéma, Lecture, Musique... Privilégiez ce qui montre un peu plus votre personnalité et vos compétences, c'est-à-dire ce qui peut faire la différence en fonction de votre poste (bénévolat, tour d'Europe à vélo, rédaction d'un blog, cours de piano que vous avez donné...)

- Références
Bien noter à la fin de votre C.V. : « Références disponibles sur demande ». Par références, on entend les coordonnées des anciens employeurs, parfois contactés pour confirmer votre expérience professionnelle.

> **Pour trouver un exemple de C.V. québécois,**
> **n'hésitez pas à faire un tour sur le blog : Attache Ta Tuque !**
> www.attache-ta-tuque.com/2014/01/le-cv-fait-au-quebec.html

La lettre de présentation

Première chose à savoir, au Québec, nous parlons d'une lettre de présentation et non pas d'une lettre de motivation comme on l'entend en France. Dans l'idée, c'est exactement le même principe et il faudra toujours en joindre une à son C.V.

Le squelette d'une lettre de présentation se présente généralement en trois parties :

1. Présentez-vous succinctement. Dites pour quel poste vous postulez (si c'est le cas) et expliquez comment vous avez pris connaissance de l'offre d'emploi.
2. Expliquez pourquoi vous êtes le meilleur choix pour ce poste. Que ce soit au niveau de vos qualifications (expérience, passion pour le métier ou le produit, travailleur d'équipe...) autant que de votre personnalité (souriant, sérieux, attentionné, réfléchi...).
3. Finissez toujours par remercier l'employeur de considérer votre demande et demandez bien sûr une entrevue.

Dix conseils pour une bonne lettre de présentation :

- La lettre doit tenir en une seule page maximum. Soyez concis, précis, droit au but. Soignez la présentation en faisant plusieurs paragraphes pour faciliter la lecture du recruteur qui va peut-être voir passer plusieurs lettres par jour.
- Rien ne sert de faire un paragraphe pour vanter l'entreprise. Préférez parler de vous et de vos compétences.
- Mettez-vous dans la tête que c'est vous le meilleur pour ce poste et surtout, justifiez-le (aucun intérêt de dire que vous êtes le meilleur sans expliquer pourquoi).
- Ne répétez pas point par point ce qu'il y a dans le CV : c'est inutile et on attend de vous que vous alliez plus loin que ça.
- Étudiez la demande d'emploi ainsi que la personnalité de l'entreprise, son style, ses valeurs... pour adapter ce que vous allez mettre en avant de votre expérience et de votre propre personnalité.
- Répondez à ce qu'on vous demande dans l'offre d'emploi (combien d'heures par semaine voulez-vous travailler, quels soirs de semaines êtes-vous libre pour travailler...)
- Essayez de trouver la personne à qui adresser la lettre : son nom, son prénom, son titre. C'est toujours mieux vu.
- Évitez les fautes d'orthographe, de grammaire, de syntaxe... Faites-vous relire si nécessaire.
- Écrivez votre lettre sur l'ordinateur, nul besoin qu'elle soit manuscrite. De toute façon la plupart des lettres et C.V. seront envoyés par e-mail.
- Enfin, l'important est de prendre le temps de vraiment personnaliser la lettre en fonction de l'emploi et de l'entreprise.

L'entrevue d'emploi

Oui, au Québec, vous entendrez plus souvent parler d'entrevue d'emploi ou d'entrevue d'embauche plutôt que d'entretien. Ne soyez pas surpris, cela veut dire la même chose.

D'abord, il est une particularité qui arrive parfois lors d'un processus d'embauche : il s'agit de l'entrevue téléphonique. En général, elle se fait après que vous ayez soumis votre C.V. mais avant l'entrevue d'embauche en personne. C'est un peu comme une présélection rapide par téléphone, où le recruteur va poser le même type de questions qu'il pourrait poser dans une entrevue en face-à-face. Par contre, ce n'est pas toujours le « bon moment » lorsque le recruteur vous appelle : dans ce cas, n'hésitez pas à lui demander poliment s'il est possible de vous rappeler une ou plusieurs heures plus tard. Ça permettra de vous préparer, de vous mettre dans un endroit calme et de déstresser un peu aussi !

Ensuite, lorsque vous arriverez à votre première entrevue d'emploi au Québec, vous risquez d'être vraiment surpris. Sur la forme, vous remarquerez surtout que l'ambiance est souvent chaleureuse voire carrément décontractée. Cela ne signifie pas automatiquement que vous serez embauché, mais simplement que l'interlocuteur veut vous mettre à l'aise pour mieux savoir qui vous êtes. Surtout, ne soyez pas trop décontracté non plus : cela reste tout de même une entrevue donc soignez votre vocabulaire, votre façon de vous tenir, etc.

Il est très probable que vous ayez affaire à plus d'un interlocuteur en même temps. Surtout, gardez le sourire et regardez toujours dans les yeux, la personne à qui vous parlez. Au cours de l'entrevue, évitez de hausser le ton ou de couper la parole, ce serait mal perçu. Enfin, ne passez pas votre temps à prendre des notes, ce serait vu comme un manque d'attention, mais lorsque prendre une note est vraiment nécessaire, n'hésitez pas à vous en excuser rapidement auprès de votre interlocuteur.

Sur le fond, il va falloir montrer que vous êtes confiant et que vous êtes le meilleur candidat. Ayez confiance en vous mais ne soyez pas arrogant. Restez simplement factuel, en utilisant des exemples concrets de vos accomplissements lors de vos expériences professionnelles précédentes. De plus, il faudra que vous sachiez détailler vos emplois passés et vos diplômes obtenus qui n'ont pas véritablement d'équivalence au Québec, afin que le recruteur puisse se faire une meilleure idée.

Au cours de l'entrevue, il est important que vous répondiez aux questions posées. Ne les détournez pas, personne n'est là pour vous piéger. Si on vous demande vos défauts, donnez-en de véritables et donnez par exemple des solutions pour les contrer. Si on vous pose la question du salaire, répondez franchement et ne tournez pas autour du pot. Par exemple, donnez une fourchette de salaire en disant qu'elle se base sur ce que vous savez du secteur mais aussi sur vos expériences et vos attentes.

Enfin, après l'entrevue, pensez à envoyer un rapide e-mail de remerciement au recruteur. Et si vous n'aviez pas de réponse dans la semaine qui suit, n'hésitez pas à le recontacter pour savoir où en sont les démarches, tout en réaffirmant votre intérêt pour le poste.

CHAPITRE XIII

CRÉER SON ENTREPRISE

Créer sa propre entreprise, voilà quelque chose qui fait rêver beaucoup de nouveaux arrivants. La liberté de faire ce que vous souhaitez, comme vous le souhaitez et quand vous le souhaitez… avec la volonté de rencontrer le succès bien sûr ! Comprenez-le tout de suite : ce ne sera pas facile. Cela vous demandera beaucoup de courage, de motivation, de temps et parfois d'argent, pour arriver à vos fins. Il faudra se donner une ligne de conduite stricte, bien se préparer et savoir bien s'entourer aussi. Mais sachez qu'au Québec, cette sensation du « rien n'est impossible » est palpable, et elle est véritablement grisante pour peu que vous ayez un minimum la fibre entrepreneuriale.

DÉMARRAGE ET FISCALITÉ

Vous avez d'ailleurs certainement entendu dire qu'ici, tout est plus simple en ce qui concerne la création d'entreprise. Et bien il faut l'avouer, même si cela demande quelques démarches administratives, il est possible de créer rapidement sa propre entreprise ! Bien sûr, certaines formes juridiques (comme l'entreprise individuelle par exemple) vont être plus rapides et moins onéreuses à mettre sur pied que d'autres (entreprise incorporée par exemple).

Il faut donc comprendre que l'immatriculation et la constitution d'une entreprise sont relativement simples et peu chères. Mais évidemment, côté organisation de l'entreprise, cela vous demandera certainement beaucoup plus de travail en fonction de votre cas : investir dans du matériel, se mettre au clair avec les normes et règlements, embaucher du personnel, trouver un local, etc.

Pour créer votre entreprise et choisir la forme qui conviendrait le mieux à votre projet, tout commence ici :

i **Services Québec-Entreprises**
http://www2.gouv.qc.ca/entreprises/portail/quebec

Au niveau de la fiscalité d'entreprise, ce sera un peu moins simple : paiement des taxes (TPS, TVQ...), déclaration d'impôts au provincial (Québec) et au fédéral (Canada), etc. Il n'est pas toujours facile d'y voir clair, surtout que cela va différer selon l'entreprise, sa forme juridique, la nature des revenus...

L'important est de toujours être au clair avec la fiscalité de son entreprise sans oublier de profiter des différents crédits d'impôts et déduction qui existent, comme la déduction des dépenses d'exploitation par exemple, ou encore le crédit d'impôt pour investissement. Surtout, ne négligez pas tout ça, et si vous ne vous sentez pas à l'aise pour le faire vous-même, trouvez un professionnel pour vous accompagner.

i **Revenu Québec**
Le démarrage d'entreprise et la fiscalité
www.revenuquebec.ca/fr/sepf/publications/in/in-307.aspx

ÊTRE ACCOMPAGNÉ

Créer une entreprise au Québec, bien que ce soit relativement « simple », ne s'improvise pas pour autant. Certes, vous allez pouvoir trouver beaucoup d'aide grâce aux sites Web des institutions officielles (un peu froids, mais très complets), mais surtout il faut savoir que vous n'êtes pas seul dans cette aventure ! De nombreux organismes sont là pour guider et épauler ceux qui souhaitent faire leurs premiers pas d'entrepreneurs au Québec. Ainsi, vous pourrez suivre nombre de formations (parfois gratuites) pour développer vos connaissances et construire pas à pas votre projet. Il existe des programmes qui peuvent, en plus de formations, vous donner un coup de pouce financier (par exemple, la Mesure Soutien au Travail Autonome ou STA, offert par le SAJE) ou encore les programmes de mentorat et même certaines bourses...

Les ressources les plus intéressantes sont le SAJE (Service d'aide aux jeunes entrepreneurs) mais aussi la CDEC de votre quartier ou de votre ville (Corporation de développement économique communautaire). D'une part, vous y serez toujours accueilli les bras ouverts. D'autre part, vous y trouverez toujours de bons conseils.

SAJE – Accompagnateur d'entrepreneurs
sajeenaffaires.org

CDEC du Québec
lescdec.org

À noter, le très intéressant « Atelier ImmigrAffaires », offert gracieusement aux nouveaux arrivants par le SAJE. Cette séance d'information, gratuite donc, est parfaite pour mettre le pied à l'étrier et se faire aiguiller lorsqu'on ne sait pas par quoi commencer. Profitez-en !

SAJE – Accompagnateur d'entrepreneurs
Atelier ImmigrAffaires
sajeenaffaires.org/immigraffaires.php

Un autre avantage de ces organismes ? Vous allez y rencontrer du monde pour développer votre réseau. Ces personnes pourraient, sait-on jamais, devenir des collaborateurs ou encore mieux, des clients.

TROUVER LES PARTENAIRES

Parlant de réseau, lorsque vous créez une entreprise (et surtout si vous êtes seul), il est primordial de bien vous entourer. En effet, viendra un moment où vous ne saurez peut-être pas tout faire par vous-même, et dans ces cas-là, mieux vaut connaître les bonnes personnes pour faire de votre entreprise un succès. Surtout, ne soyez jamais trop « fier » en pensant qu'il est aisé de tout gérer seul, et n'hésitez pas à faire des investissements utiles.

Par exemple ? Trouvez un (très) bon comptable spécialisé dans la fiscalité d'entreprise, et ce dans l'idéal, avant-même que votre entreprise soit créée. Il pourra entre autres vous conseiller dans le choix du statut juridique et s'occuper de gérer les déclarations de taxes et d'impôts afin que ce soit le plus avantageux pour vous et votre entreprise.

Enfin, ce comptable pourra aussi vous aider à préparer votre approche auprès des banques. Car au moment de la création de votre entreprise ou lorsque vous voudrez la faire évoluer, vous aurez éventuellement besoin de contracter un prêt auprès d'une institution bancaire. Ici comme ailleurs, elle ne vous prêtera que si elle est quasiment certaine de récupérer son argent (avec les intérêts s'il vous plaît !). Mettre toutes les chances de votre côté est primordial, à commencer par l'écriture d'un plan d'affaire (*business plan*) parfaitement monté et, évidemment, des prévisions budgétaires solides (que votre comptable peut vous aider à établir).

Beaucoup de choses sont faites pour encourager le nouvel entrepreneur, même s'il vient d'arriver au pays, et l'inciter à développer son business ici, au Québec. Peut-être est-ce pour cette raison que l'on voit autant d'immigrants avec des entreprises florissantes dans la province ? Entrepreneurs autonomes, petites entreprises ou grosses entreprises à succès : ces immigrants sont vraiment l'exemple que tout est possible, ou presque !

CHAPITRE XIV

ÉTUDIER

Vous venez de finir vos études secondaires ? Vous avez déjà un diplôme universitaire ? Vous êtes motivé pour reprendre vos études dans un nouveau domaine ? Bref, vous voulez continuer à étudier pour décrocher un diplôme et vous vous dites que le Québec pourrait être une solution ? Pourquoi pas ! Si vous êtes motivé, le Québec vous donnera cette sensation que rien n'est impossible. Quel que soit votre âge et quel que soit votre objectif, vous aurez la possibilité de suivre des études et de décrocher un diplôme québécois. Mais ne pensez pas pour autant que tout sera simple ! Suivre des études implique beaucoup de dépenses, de travail, de sérieux et d'organisation… Et le fait que vous soyez étranger s'ajoute aux difficultés.

DEC ET FORMATIONS DE COURTES DURÉES

Après leurs études secondaires, les Québécois ont généralement 16 ans et avant de pouvoir entrer à l'université, ils doivent passer par un cégep (Collèges d'enseignement général et professionnel) pour valider un DEC (diplôme d'études collégiales) de deux ans d'études générales. Mais certains DEC, étalés sur trois années, vont offrir un enseignement technique qui ouvrira les portes du marché du travail (en plus de celui des universités). Ainsi, quel que soit votre âge ou votre expérience, vous pourrez choisir de faire un de ces parcours professionnalisants qui vous ouvrira les portes de certains métiers techniques (ébénisterie, informatique, électrique, hygiène dentaire...).

Vous pouvez aussi trouver plusieurs types de formations de courtes durées, telles que les AEC (attestations d'études collégiales) et autres ateliers spécialisés de quelques heures qui vous permettront de vous perfectionner dans certains domaines précis.

Répertoire des cégeps du Québec
www.cegepsquebec.ca/fr/repertoire-des-cegeps2#.UzqJSq15NfU

Liste des programmes techniques au Québec
fr.wikipedia.org/wiki/Liste_des_programmes_techniques_au_Qu%C3%A9bec

LES UNIVERSITÉS QUÉBÉCOISES

Le Québec offre un excellent réseau universitaire. Ces universités sont basées essentiellement dans les régions de Montréal, de Sherbrooke et de Québec et offrent chacune un choix de programmes très étendu. De plus, la particularité du bilinguisme au Québec fait qu'il existe des universités où l'enseignement se fait principalement en anglais et d'autres où il se fait principalement en français.

Pour ne citer que quelques exemples :
- Université Laval ou UL (Québec, enseignement en français)
- Université de Montréal ou UdeM (Montréal, enseignement en français principalement). En tant qu'affilié à l'UdeM, il y a aussi HEC Montréal (Hautes Études Commerciales) ainsi que Polytechnique Montréal.
- Université de Sherbrooke ou UdeS (Sherbrooke, enseignement en français)
- Université du Québec ou UQ (enseignement en français) qui regroupe par exemple l'UQAM (Université du Québec à Montréal) et l'ETS (École de Technologie Supérieure, Montréal) parmi beaucoup d'autres…
- Université McGill (Montréal, enseignement en anglais). À noter qu'elle fait partie du Top 100 des meilleures universités du monde.
- Université Concordia (Montréal, enseignement en anglais).

Il ne faut pas hésiter à passer du temps sur les sites internet de chacune de ces universités pour découvrir la diversité de leurs programmes de 1er, 2e et 3e cycles. Par 1er cycle (90 à 120 crédits), comprenez trois à quatre ans d'études universitaires sanctionnées au final par ce qu'on appelle un baccalauréat (ou « bachelor » en anglais). Le 2e cycle (45 à 60 crédits) correspond quant à lui à deux années d'études après l'obtention d'un baccalauréat : vous obtiendrez ainsi une maîtrise (ou « master »). Enfin, le 3e cycle (90 crédits) vous mènera à un doctorat (ou « Ph.D. ») après trois à cinq années d'études supplémentaires. Il existe aussi ce que l'on appelle des « certificats » (30 crédits), c'est-à-dire des programmes spécialisés d'une année. Il est d'ailleurs possible de cumuler plusieurs de ces certificats pour obtenir un baccalauréat, mais sous certaines conditions seulement.

Peut-être venez-vous de tiquer sur le mot « baccalauréat » ? Non, au Québec, le terme de baccalauréat ne désigne pas le diplôme de fin d'études secondaires comme en France. Ici, le baccalauréat est le diplôme qui équivaut aux trois années de licence en France. Donc quand un jeune québécois de 22 ans exulte de joie en criant qu'il a « validé son Bac », ne croyez pas qu'il est en retard sur ses études ! Pour mettre les choses au clair, voici les correspondances exactes :

Québec	France
1er cycle = Baccalauréat (3 ans)	Licence (1re année) Licence (2e année) Licence (3e année)
2e cycle = Maîtrise (2 ans)	Master (1re année) Master (2e année)
3e cycle = Doctorat (3 ans)	Doctorat (3 ans)

L'année universitaire va ici se partager en trois sessions de 15 semaines. La session d'automne se tiendra de septembre à décembre, la session d'hiver de janvier à avril et la session d'été de mai à août. Ce n'est pas tout le monde qui va suivre une session d'été (et ce n'est pas possible pour tout le monde) mais cela permet en général de réduire le nombre de ses années d'études.

Côté enseignement, vous aurez le principe des cours « à la carte ». Chaque cours vaut un certain nombre de crédits qu'il faudra valider grâce à un contrôle continu (examens, travaux personnels, travaux de groupes...). Ce sera à vous de choisir vos cours en fonction de vos envies, du nombre de crédits à obtenir mais aussi en fonction de l'organisation de votre emploi du temps. Il faut savoir que 1 crédit équivaut à 15 heures de cours, qu'une session à temps plein compte 15 crédits maximum (en général) et que pour chaque heure de cours, on évalue qu'il vous faut compter 2 heures de travail personnel (ce n'est qu'une estimation bien sûr !).

Ainsi, en faisant un rapide calcul, pour une session à temps plein (soit 15 crédits), vous n'aurez qu'une quinzaine d'heures de cours par semaine mais vous devrez compter près de trente heures de travail personnel en parallèle (révision d'examens, travaux divers...). Vous l'aurez compris, le programme paraît léger et pourtant, cela représente tout de même une masse important de travail et une grosse dose d'autodiscipline pour pouvoir valider son diplôme dans des délais raisonnables.

FINANCER SES ÉTUDES

Crevons l'abcès tout de suite : oui, les frais de scolarité peuvent être très élevés. Surtout pour les étudiants étrangers qui doivent parfois payer un montant exorbitant par rapport aux étudiants québécois. Cependant, prenez le temps de consulter ces informations sur les sites internet des universités (ou des cégeps) et n'hésitez pas à les contacter pour discuter avec eux. En effet, dans certains cas, les frais de scolarités pourront être descendus au niveau des étudiants québécois. Par exemple, les citoyens français et les résidents permanents seront généralement avantagés du fait d'ententes spéciales, et ils paieront la même chose qu'un Québécois.

Pour donner une idée rapide et concrète des frais de scolarité, sachez qu'à l'Université du Québec à Montréal (UQAM), une session du 1er cycle (baccalauréat) ou du 2e cycle (maîtrise) coûtera à un résident du Québec aux alentours de 1 500 $ tout compris. En moyenne, un étudiant va prendre deux sessions par an, ce qui fera environ 3000 $ par année. Pour un étudiant qui n'est pas résident du Québec, le coût de la session grimpe à 8000 $, soit 16000 $ par an en moyenne !
Toujours bien assis ? Alors sachez que pour l'Université McGill (université anglophone à Montréal, réputée à l'échelle mondiale), un résident du Québec qui suivra des études de 1er cycle devra environ débourser 4000 $ par an (pour deux sessions donc). Si l'étudiant est canadien, non québécois, alors le tarif grimpe au-dessus des 8000 $ annuels. Et attention, si l'étudiant n'est pas canadien, alors l'ensemble des frais passe allègrement la barre des 30000 $ par année (soit 90000 $ minimum pour valider un baccalauréat !).

En plus des dépenses pour votre scolarité, vous devrez bien sûr compter les dépenses pour le matériel scolaire (livres et autres...) ainsi que les dépenses normales de la vie quotidienne. Par conséquent, une question viendra inévitablement : comment subvenir à vos besoins en parallèle à des études à temps plein ?

Passons rapidement sur la possibilité que vos parents – ou quelqu'un de votre famille – puissent vous aider à financer vos études, car dans ce cas, ce sera assurément plus facile. Si vous n'avez personne pour vous soutenir financièrement, vous pouvez vous renseigner pour les bourses. Il en existe peu pour les étudiants étrangers qui viennent étudier au Québec et elles sont plutôt éparses. Mais si vous êtes résident permanent, certains programmes gouvernementaux vous seront ouverts, dont le programme de prêts et bourses qui vous permet éventuellement d'emprunter de l'argent à taux avantageux.

Aide financière aux études
Programme de prêts et bourses: www.afe.gouv.qc.ca/fr/pretsBourses
Autres programmes: www.afe.gouv.qc.ca/fr/autresProgrammes/index.asp

Sachez aussi que certaines banques proposent des prêts dédiés aux étudiants mais il vous faudra être résident permanent, et sans historique de crédit, ce ne sera pas toujours facile à obtenir! C'est donc là que la vraie question se pose: voulez-vous vraiment vous endetter pour financier vos études?

Le seul autre choix qui vous reste est bien évidemment de travailler pour subvenir à vos besoins. Dans ce cas, vous pourrez commencer par vous renseigner au sein de l'établissement dans lequel vous étudiez: peut-être qu'ils pourront vous proposer des petits boulots en interne. Mais si vous n'êtes pas résident permanent, les choses sont tout de même plus ardues. Il vous faudra suivre des études à temps plein, dans un établissement admissible, et automatiquement avec votre permis d'études, vous obtiendrez un permis de travail qui vous permettra de ne travailler que 20 heures par semaine en dehors du campus. Faites attention, car ce ne sera peut-être pas assez pour couvrir toutes vos dépenses…

Si vous êtes résident permanent, vous aurez le droit de travailler autant de temps que vous le souhaitez pour financer votre vie d'étudiant. Cependant, adapter vos heures de travail à votre emploi du temps étudiant n'est pas simple et surtout, ça n'est pas de tout repos! Ça se traduit par des soirées et des fins de semaines entières passées au boulot, sans compter tous ces moments pendant lesquels il faut travailler chez soi.

Ainsi, vous risquez rapidement de vous trouver débordé et de ne pas avoir beaucoup de temps pour vos loisirs. Mais pour vous rassurer, sachez d'une part que beaucoup de Québécois font de même, et d'autre part que ce sera une expérience professionnelle que vous pourrez valoriser par la suite.

Gouvernement du Canada
Travailler pendant ses études
www.cic.gc.ca/francais/etudier/travailler.asp

Rencontre avec François : du PVT au retour aux études...

François Lebeau a 29 ans, il est français, originaire de Vendée. En France, il a suivi des études de ludothécaire et a travaillé dans ce domaine pendant un an avant de tout lâcher pour partir au Québec et vivre à Montréal avec un PVT. Aujourd'hui, François vit en colocation et il a repris des études d'ébénisterie à Montréal !

Qu'est-ce qui t'as poussé à venir au Québec et où en es-tu aujourd'hui au niveau de ton statut ?

J'ai demandé mon PVT pour le Québec en 2011. À cette époque-là, comme je n'étais jamais vraiment parti de chez moi, je ressentais le besoin d'aller voir autre chose et il fallait que je parte. J'ai choisi le Québec parce que je préférais un lieu où je ne serai pas trop perdu, et donc j'ai opté pour un pays de langue française. Puis avec le PVT, je trouvais ça bien de pouvoir travailler et/ou voyager.

Pendant mon PVT j'ai trouvé un emploi, donc par la suite, j'ai pu enchaîner avec un « Jeunes Pros » (programme « Jeunes Professionnels ») parce que je voulais rester là. En parallèle j'ai aussi commencé ma demande de résidence permanente, que je devrais finalement avoir, après plus d'un an d'attente. Et comme mon « Jeunes Pros » arrivait à terme et que je voulais recommencer des études, j'en ai profité pour prendre un Visa Étudiant en attendant ma résidence permanente.

Donc tu as choisi de reprendre tes études ici ?

Oui, ici je suis bien. J'avais envie de continuer de vivre au Québec et retourner en France n'est pas quelque chose qui me botte pour l'instant. Donc j'ai décidé de reprendre des études en ébénisterie : ça fait des années que j'y pensais et en France je ne l'ai jamais fait parce que j'étais embarqué dans d'autres projets. Là, ça faisait deux ans que je travaillais en garderie, puis je commençais vraiment à en avoir marre. J'ai senti qu'il me fallait un nouveau projet donc j'ai cherché une école et maintenant je fais un DEC en ébénisterie dans un cégep (c'est une formation technique sur trois ans).

Qu'est-ce qui te marque par rapport aux études au Québec ?

Premièrement, ce qui m'a fait bizarre au début, ce sont les cours « à la carte » que tu choisis comme un menu. Mais finalement, je trouve ça chouette de pouvoir adapter ton emploi du temps comme tu le souhaites !

Ensuite, en approchant la trentaine, je trouve ça spécial d'aller au cégep deux jours par semaine et de retourner dans un environnement de jeunes de 17-18 ans. En plus je dois refaire des cours de français et de philo… Ce n'est pas génial, mais il faut le faire, donc je le fais !

Enfin, je trouve que les études sont beaucoup plus relax, moins stressantes. Les professeurs sont ici pour nous aider et ils prennent vraiment le temps de bien expliquer les détails. Ils ont une pédagogie tournée vers l'encouragement plutôt que le rabaissement et ils vont toujours te pousser vers le positif, toujours t'encourager. J'ai même parfois l'impression qu'ils motivent les étudiants en notant plus généreusement, même si peut-être, ça nous pousse un peu moins à nous dépasser.

La question de l'argent inquiète beaucoup de Français qui veulent venir étudier ici, tu en penses quoi maintenant que tu vis ça de l'intérieur ?

En ce moment je suis justement en plein dans cette inquiétude car j'attends ma Résidence Permanente pour pouvoir travailler autant que je le souhaite. En fait, quand tu es étudiant, tu peux avoir un Visa qui te permet de travailler hors du campus pendant seulement 20 heures, et ce n'est pas toujours assez pour vivre correctement. De plus, dans mon cas, à partir de la deuxième session, je vais être au cégep et à l'école d'ébénisterie de 8 heures à 18 heures presque tous les jours. Donc pour travailler, je n'aurai que mes samedis, mes dimanches, et parfois le soir aussi. Du coup je pense que ça va être fatigant de travailler en parallèle, mais c'est un rythme à prendre.

En plus, j'ai aussi pensé à demander le programme de prêts et bourses, mais je ne pourrais faire la demande qu'en étant résident permanent. Quoi qu'il en soit, ça m'embête quand même de me mettre des prêts sur le dos…

Finalement, quand tu viens étudier ici, tu as intérêt d'avoir une petite réserve d'argent ou d'avoir des parents qui peuvent t'aider. Parce que venir sans rien puis te dire que tu vas travailler à côté de tes études, c'est compliqué. Par contre c'est aussi un choix : ou bien tu travailles, ou bien tu t'endettes !

Donc pour toi, au niveau des dépenses, comment ça se passe ?

Pour mes études, je paie 120 dollars par session seulement. Je leur ai dit que j'étais en train d'attendre ma Résidence Permanente puis finalement, les frais sont passés de presque 5 000 dollars la session (le prix pour les étrangers) à 120 $ (le prix pour les Québécois). Ensuite, pour le logement, j'ai choisi de vivre en colocation. J'aime la colocation parce qu'il y a toujours des gens avec qui parler, même deux minutes en rentrant le soir. Mais il faut aussi être prêt à accepter des choses qui vont t'énerver : c'est aussi ça la vie en groupe et j'aime ça. Au final, nous sommes trois colocataires et chacun paye 400 $ par mois, tout compris, loyer et charges.
Enfin, pour la vie quotidienne, la nourriture et les sorties, je compte moins de 400 dollars par mois. Donc je dirais qu'en tout, mon budget mensuel se situe entre 700 et 1 000 dollars, pour vivre normalement. C'est suffisant, par contre je ne suis pas du genre à sortir tous les soirs et aller dans les bars tout le temps.

Puis finalement, malgré ton emploi du temps chargé, tu te permets quand même des sorties, des voyages ?

Quand je suis arrivé au Québec, je me suis dit qu'avant toute chose j'allais faire deux à trois mois de balade. Par la suite, il y a de la famille et des amis qui sont venus me voir régulièrement, donc j'en profitais aussi pour me balader et sortir de la ville. Je suis surtout resté au Québec parce que franchement, j'aime ça. J'ai fait le long du Saint-Laurent sur les deux rives, jusqu'à Rimouski puis Tadoussac. J'ai aussi fait l'intérieur des Laurentides, puis un peu les cantons de l'est. Mais après, avec le rythme de la vie quotidienne, tu restes facilement dans la ville. En fait, pendant deux ans, je suis beaucoup sorti, je faisais plein de choses parce qu'il y a toujours plein de choses à faire en été comme en hiver à Montréal. Mais depuis quelque temps, j'ai moins le goût sortir, j'ai mon groupe d'amis, ma copine… Je suis plus posé et je commence à avoir mes petites habitudes !

Puisque tu parles de ça, au niveau social, ça se passe comment au Québec ?

En clair, il y a des Français qui choisissent la solution facile, qui trouvent facilement d'autres Français, qui se font facilement des amis français et ils restent facilement entre Français. Personnellement, je ne souhaitais pas tomber là-dedans car je trouve ça dommage de venir dans un autre pays pour finalement rester dans la même atmosphère culturelle que celle d'où tu viens.
Quand même, lorsque je suis arrivé au Québec, je me suis fait quelques amis fran-

çais avec qui j'ai gardé des liens. Mais après je me suis forcé à faire beaucoup de choses, comme du bénévolat, pour justement rencontrer des gens d'ici. Puis j'ai travaillé dans une garderie pendant presque un an et là, je me suis vraiment fait de bons amis québécois, qui m'ont à leur tour fait rencontrer d'autres gens ! Mais attention, ce ne sont pas les mêmes relations amicales non plus. Parfois, tu rencontres des gens avec qui tu peux passer une excellente soirée, et finalement tu ne reprends jamais contact. Les Québécois sont très faciles d'accès, mais après, il ne faut pas s'attendre aux mêmes relations qu'en France. C'est différent.

Au niveau des relations franco-québécoises justement, tu peux m'en dire plus ?
Au niveau des relations, je trouve que c'est beaucoup plus relax ici, surtout parce que les gens se cassent moins la tête et ne cherchent pas à avoir des discussions pour savoir qui a raison ou tort. C'est plus léger, c'est très ouvert et les Québécois sont surtout plus tolérants. Par exemple, en arrivant au Québec, je pensais que les Québécois en auraient marre des Français (ils en ont sûrement un peu marre d'ailleurs) mais pourtant, ils sont quand même très tolérants par rapport à nous !
Et puis franchement, depuis un an ou deux, j'ai beaucoup plus de mal avec la plupart des Français que je rencontre : au niveau relationnel, ça se passe moins bien. J'ai un peu l'impression que les Français sont trop fiers quand ils parlent, qu'ils sont trop sûrs d'eux et qu'ils se mettent un peu trop en avant. Ici c'est assez différent car les Québécois ne sont pas du tout comme ça.

Puis par rapport aux relations amoureuses, ça se passe comment ?
Dans mon cas, ça s'est toujours à peu près passé de la même manière qu'en France. Par contre, l'une des grosses différences dans le couple, c'est qu'ici, tu fais beaucoup moins de choses en fonction de l'autre. C'est plus individuel, donc au final, tu as plus de libertés. En fait, on est ensemble mais on a aussi chacun sa vie de son côté. C'est bien différent de mes expériences en France où quand l'un des deux ne voulait pas faire quelque chose, nous ne le faisions pas. Par exemple au niveau des amis, ma copine (qui est québécoise) rencontre souvent mes amis, mais elle ne va pas forcément venir à chaque fois que je vais les voir. Et c'est la même chose pour moi quand elle va voir ses amis : je ne vais pas y aller à chaque fois.

Après ces quelques années, est-ce qu'aujourd'hui, tu dirais que tu te sens intégré ?
Oui, je me sens intégré, je me sens bien au Québec et je veux y rester. Mais quand même, il y a toujours des petites choses qui te rappellent que tu n'es pas d'ici. En fait, depuis que je suis là, je commence à comprendre ce que c'est que d'être immigré, que ce soit au niveau des démarches administratives ou au niveau de ce que

tu entends sur les Français par exemple… Mais c'est tout à fait normal. Ce qui est vraiment étrange, c'est qu'à l'inverse, quand tu rentres en France pour des vacances, tu ne te sens plus trop français non plus !
Donc finalement, j'aime la vie ici et je me sens relax. Il y a moins de pression sociale par exemple, les relations entre les gens sont plus humaines, plus détendues et il y a moins d'attentes, moins d'exigences. En clair, tu vis ta vie et tu dépends beaucoup moins des autres. Puis je remarque aussi que les Québécois se plaignent moins, ou en tout cas pas de la même manière que les Français, et franchement, j'aime vraiment ça.

Qu'est-ce que tu conseillerais à celui ou celle qui est en train de lire le livre, pour avoir une bonne expérience d'intégration ?
Il faut se forcer à aller à la rencontre des gens d'ici, même si ça prend du temps. Dans mon cas, ça m'a pris environ deux ans pour avoir des amis québécois très proches. Beaucoup de Français que je rencontre me disent, au bout de quelques mois seulement, qu'ils rencontrent des Québécois sans vraiment pouvoir aller plus loin dans une relation amicale. Mais en fait, le processus est bien plus long, donc il faut se forcer à aller vers les gens et ne pas tomber dans la facilité de ne rencontrer uniquement des Français.
Il faut aussi arrêter de tout comparer, tout le temps. Je trouve que les Français qui arrivent au Québec et qui comparent tout, c'est vraiment quelque chose de fatigant. Il est normal de comparer un peu au début, on l'a tous fait, mais il ne faut pas le faire pendant des mois et des mois. En clair, il faut passer à autre chose et accepter les différences !
Un dernier conseil pour ceux qui veulent venir au Québec mais qui ne sont pas encore partis : visitez l'Europe avant ! Quand on est France, on se dit que le reste de l'Europe n'est pas loin et qu'on visitera tout ça un jour. Mais une fois que tu vis au Québec et que tu n'as pas l'intention de revenir habiter en France, c'est là que tu t'aperçois que tu aurais dû visiter le continent européen avant, car maintenant, c'est loin et surtout, c'est cher !

CHAPITRE XV

LOGEMENT

Si vous avez déjà l'expérience de la recherche d'un appartement à louer en France, avec les garants, les cautions, les loyers d'avance et autres garanties plus ou moins justifiées, alors vous arrivez peut-être jusqu'à ce chapitre en frissonnant à l'idée de savoir quelles difficultés vous allez rencontrer lorsque vous voudrez vous loger au Québec... Et bien relaxez-vous, car au Québec il n'est pas si compliqué de trouver un logement, surtout dans les grandes villes. Certes, cela reste souvent le poste de dépense le plus important pour un ménage et il faut tout de même prendre le temps de chercher un peu pour ne pas tomber malencontreusement sur un taudis.

LES APPARTEMENTS

D'abord, pour désigner le nombre de pièces d'un appartement, nous parlons de 1½, 2½, 3½, 4½, etc. En général, le chiffre entier représente le nombre de pièces fermées et le petit « ½ » représente la salle de bain. Concrètement, même s'il n'y a pas vraiment de règle, le 1½ est un studio, c'est-à-dire une grande pièce avec cuisinette. Le 2½ compte généralement une chambre fermée, un salon et une cuisinette et le 3½ ressemble au 2½ mais comprend, en principe, une cuisine complète. Enfin, le 4½ va compter une pièce supplémentaire (chambre, bureau...) et ainsi de suite plus les chiffres grimpent !

En revanche, avec cette fraction indiquée, la superficie n'est pas renseignée et il est possible qu'un 3½ soit plus grand qu'un 4½ par exemple. En fait, la superficie sera toujours indiquée en pieds carrés (p^2) et l'astuce la plus simple si vous voulez avoir une idée approximative et rapide de la taille en mètres carrés, c'est de prendre la surface en pieds carrés et de la diviser par 10 (même si la conversion exacte est 1 m^2 pour 10,76 p^2).

En ce qui concerne les services, sachez que l'eau froide est toujours comprise dans le loyer. Pourquoi ? Simplement parce qu'au Québec, elle est quasiment gratuite. En tout cas, pour le moment ! Pour le reste, cela doit être spécifié par le propriétaire : électricité, eau chaude, chauffage, gaz, mais aussi parfois certaines pièces de mobilier et certains électroménagers (machine à laver ou sèche-linge par exemple).

LES GARANTIES

Mettons les choses au clair tout de suite : un propriétaire n'a strictement pas le droit de vous demander de caution, ni de vous demander de loyers d'avance. C'est absolument interdit par la loi. Le maximum qu'il puisse vous demander à ce niveau-là est de payer le premier mois lors de la signature du bail. Un propriétaire vous demandera rarement d'avoir quelqu'un qui se porte garant pour vous. Ce n'est pas impossible mais c'est rare, et si vous n'avez pas de salaire par exemple, cela peut être demandé. Sachez d'ailleurs qu'ici, on appelle cela un « cosignataire ».

Le plus souvent, un propriétaire va vous demander :
- des références. Car comme pour un travail, il veut savoir ce qu'ont pensé de vous vos anciens propriétaires ;
- l'autorisation de faire une enquête de crédit. Simplement pour savoir si vous êtes un bon ou un mauvais payeur (en clair, si vous payez correctement vos factures). Sachez tout de même que, même si on vous demande l'autorisation, l'enquête de crédit n'est pas souvent faite. Premièrement, parce que le propriétaire doit payer des frais pour la faire et deuxièmement, si vous êtes un nouvel arrivant, il sait bien que vous n'avez aucun historique de crédit au Canada de toute façon.

Alors soignez la première impression ! C'est essentiellement sur ça que tout va se jouer. Surtout en tant que nouvel arrivant, mettez toutes les chances de votre côté et rassurez le propriétaire en montrant votre sérieux. Par exemple :
- Soyez poli et souriant, propre sur vous, évitez de sentir la cigarette si vous visitez un logement non-fumeur…
- Prenez éventuellement avec vous une copie de votre fiche de paie ou de votre contrat de travail, ou bien la preuve que vous touchez une bourse étudiante.
- N'hésitez pas à proposer tout de suite de payer le premier mois car cela montrera votre intérêt et votre bonne volonté.

i **En cas de problème et pour connaître les lois :**
Régie du Logement
www.rdl.gouv.qc.ca

LE BUDGET LOGEMENT

C'est certain, louer un logement sera l'une des dépenses les plus importantes (si ce n'est la plus importante) d'un budget. Le coût d'un logement dépendra surtout des besoins et des attentes : ville, taille, quartier, emplacement dans le quartier, services offerts, meublé ou non… Mais même dans une ville comme Montréal, vous pourrez encore trouver beaucoup d'appartements aux loyers très abordables ! Par exemple, si vous vivez seul, vous pouvez vous loger très convenablement pour 500 $ par mois.

Certes, vous paierez certainement moins cher à l'extérieur des grands centres comme Montréal ou Québec, mais même à l'intérieur de ces métropoles, il faut prendre soin de bien étudier tous les quartiers, et même la localisation dans un quartier. Car pour le même type d'appartement, les loyers peuvent grandement varier selon les quartiers. L'exemple le plus frappant est celui de Montréal où, si vous êtes proche d'une station de métro, les loyers vont monter en flèche, par contre, si vous êtes proche d'une ligne de bus qui vous emmène au métro en moins de 10 minutes, alors dans ce cas, les loyers baissent !

Pour pouvoir payer moins cher et avoir un bien meilleur appartement, vous pouvez aussi faire le choix de la colocation. Ce mode de vie est encore très à la mode dans les villes québécoises, aussi bien pour son côté économique que pour son côté socialisant.

Cependant, n'oubliez pas que le loyer ne fait pas tout ! En plus de cela, il faudra compter plusieurs dépenses obligatoirement liées au loyer. En effet, si elle n'est pas comprise dans le loyer, vous devrez d'abord payer l'électricité. L'eau chaude et le chauffage y seront souvent liés (sauf exceptions). Ainsi, vous devrez compter, pour un appartement moyen de type 3½ ou 4½, un budget d'environ 50 à 80 $ par mois. Mais évidemment, ce montant est très variable d'un mois sur l'autre en fonction de la saison (chauffage en hiver…), de l'appartement (isolation, fenestration/huisserie…), de votre matériel (ampoules basse consommation, climatiseurs en été…) et surtout de votre mode de vie.

En plus de l'électricité, vous devrez aussi compter l'assurance habitation (au minimum une vingtaine de dollars par mois), les dépenses éventuelles pour la machine à laver et le sèche-linge communs (existe dans certains blocs d'appartements et immeubles), mais surtout, l'une des plus grosses dépenses sera Internet et le téléphone fixe, dont le prix tournera autour de 70 $ à 100 $ pour avoir quelque chose de rapide avec un forfait correct.

Le budget mensuel approximatif à consacrer pour la location d'un logement pourrait se résumer ainsi :

	Loyer	(+ électricité)
Colocation	350 $	
Studio	450 $	(+ 40 $)
2 ½ (0-1 chambre)	550 $	(+ 40 $)
3 ½ (1 chambre)	600 $	(+ 50 $)
4 ½ (2 chambres)	750 $	(+ 80 $)
5 ½ (2-3 chambres)	1 000 $	(+ 100 $)

MONTRÉAL ET SES QUARTIERS

Plus des deux tiers des Français installés au Québec, habitent dans la ville de Montréal, et la majorité des nouveaux arrivants, qu'ils soient travailleurs, étudiants ou PVTistes, vont faire de même. En ce qui concerne le logement, il est intéressant de creuser un peu plus le sujet de la cité montréalaise, pour que vous sachiez vers où débuter vos recherches si vous vous installez à Montréal.

À noter que les quartiers évoqués ci-après sont les plus charismatiques de la ville mais surtout, ils restent à une distance raisonnable du centre-ville en transport en commun. Les prix indiqués ne sont que des moyennes, ils sont là pour vous donner une idée.

Ville-Marie (le centre-ville)

Centre névralgique de Montréal, l'arrondissement Ville-Marie propose majoritairement des appartements dont les loyers sont assez élevés, mais évidemment, la proximité du centre-ville se paie. Tous les quartiers qui constituent Ville-Marie sont très animés. Les rues calmes existent mais sont plus rares (et pas moins chères pour autant !). Les quartiers les plus populaires de Ville-Marie sont :
- Le Quartier Latin. Il se distingue par ses activités culturelles (cinémas, théâtres, bibliothèque...) et ses restaurants et bars.
- Le Village. C'est le quartier gay, historiquement plus pauvre mais malgré tout, les loyers ne sont pas beaucoup plus bas...
- Le Ghetto McGill. C'est un quartier très étudiant et international du fait de sa proximité avec l'université du même nom. Malgré cette population étudiante, cela reste relativement cher.
- Le Vieux Montréal. Il est connu pour son architecture, ses restaurants, ses activités, ses musées... C'est un quartier cher et assez chic.

Le 3½ : autour de 800-1 200 $
Le 4½ : autour de 900-1 400 $

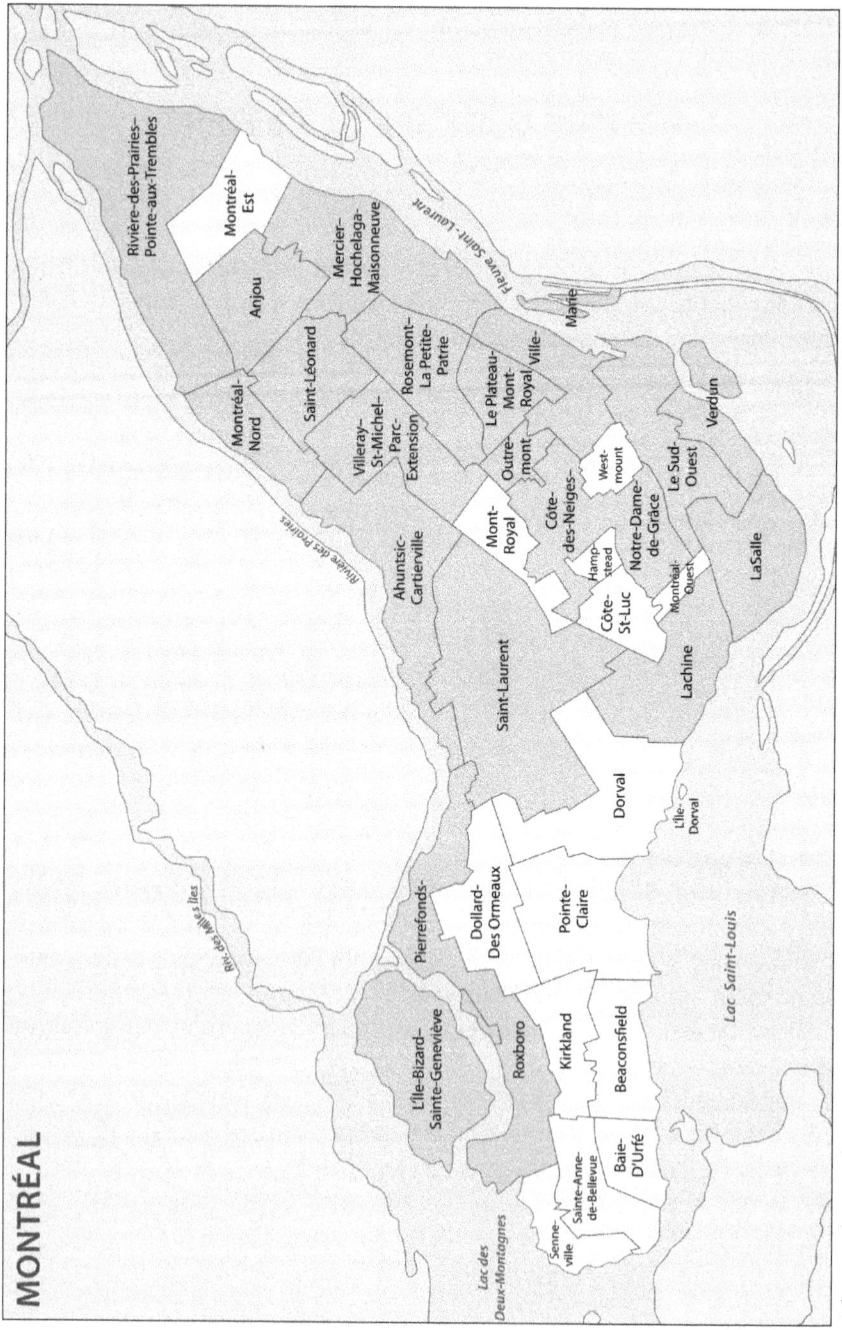
MONTRÉAL
Rivière-des-Prairies–Pointe-aux-Trembles
Montréal-Est
Anjou
Mercier–Hochelaga-Maisonneuve
Fleuve Saint-Laurent
Montréal-Nord
Saint-Léonard
Rosemont–La Petite-Patrie
Villeray–St-Michel–Parc-Extension
Le Plateau-Mont-Royal
Ville-Marie
Outremont
Westmount
Verdun
Le Sud-Ouest
Ahuntsic-Cartierville
Rivière des Prairies
Mont-Royal
Côte-des-Neiges–Notre-Dame-de-Grâce
Hampstead
Montréal-Ouest
Côte-St-Luc
LaSalle
Saint-Laurent
Lachine
Dorval
L'Île-Dorval
Pierrefonds-Roxboro
Dollard-Des Ormeaux
Pointe-Claire
Lac Saint-Louis
L'Île-Bizard–Sainte-Geneviève
Kirkland
Beaconsfield
Baie-D'Urfé
Sainte-Anne-de-Bellevue
Senneville
Lac des Deux-Montagnes

Griffintown

C'est un quartier du sud-ouest de la ville, anciennement industriel et qui connaît un renouveau fulgurant, surtout grâce à de nombreuses constructions d'appartements. Proche du Canal de Lachine, c'est un quartier de plus en plus à la mode et idéal pour les balades. Les loyers y sont tout de même chers alors que le quartier est moins actif, manque un peu de commerces et est un peu moins bien desservi par les transports en commun.
Le 3½ : autour de 1 000-1 200 $
Le 4½ : autour de 1 400-1 500 $

Outremont

Comme son nom l'indique, ce quartier se trouve juste de l'autre côté du Mont-Royal (versant nord). Très résidentiel et de plus en plus « bobo », Outremont offre des loyers un peu plus élevés que la moyenne. On y trouve certaines des meilleures écoles privées et publiques de la ville, ainsi que quelques artères commerciales (Van Horne, Bernard...) offrant un cadre très agréable à vivre (cafés, épiceries fines, petites boutiques...).
Le 3½ : autour de 600-900 $
Le 4½ : autour de 900-1 100 $

Le Plateau Mont-Royal

Considéré comme le quartier français par excellence, le Plateau Mont-Royal est l'un des plus actifs de Montréal, grâce à ses nombreux commerces, restaurants, bars... Vivre sur le Plateau, c'est vivre au cœur de l'action montréalaise, même si certaines petites rues calmes offrent des petits coins de paradis. Par contre les logements y sont chers, surtout s'ils sont proches des plus grandes artères, et ils sont souvent petits, vieux et parfois mal entretenus. À noter que le Plateau compte, dans sa partie nord-ouest, le quartier du Mile-End, dont les murs de briques rouges offrent un charme fou. Il est plus anglophone, un peu moins cher, et est connu pour son côté artistique, branché et de plus en plus moderne.
Le 3½ : autour de 700-900 $
Le 4½ : autour de 1 000-1 200 $

Rosemont – La-Petite-Patrie

Quartier francophone et familial, Rosemont offre en quelque sorte les avantages de la ville (activités, commerces…) sans ses inconvénients (bruit, stress…). Il est un peu le nouveau quartier en vogue car les prix y sont encore très abordables et il y fait bon vivre. En plein essor, les principales artères (Masson, Beaubien, Rosemont…) proposent de plus en plus de bars et de restaurants branchés.
Le 3½ : autour de 400-600 $
Le 4½ : autour de 600-800 $

Villeray et Parc-Extension

Au nord de Rosemont, les quartiers de Villeray et de « Parc-Ex » se démarquent par leurs côtés multiethnique et familial, à la fois calme (plus loin du centre-ville) et actif (marchés, restaurants…). De bons quartiers, pas trop chers, pour vivre un peu plus loin du centre-ville sans être trop excentré.
Le 3½ : autour de 500-700 $
Le 4½ : autour de 700-1 000 $

Hochelaga-Maisonneuve

À l'est du centre-ville, le quartier de « HoMa » est historiquement ouvrier donc plus pauvre. Mais c'est un quartier qui s'embourgeoise au fil des années, et dont les rues Hochelaga et Ontario, très actives, comptent de plus en plus de petits restaurants et bars branchés. Les jeunes et les étudiants investissent de plus en plus ce quartier dont les loyers restent encore bas.
Le 3½ : autour de 500-700 $
Le 4½ : autour de 600-800 $

Côte-des-Neiges – Notre-Dame-de-Grâce

Avec une population aux origines diverses, les quartiers de Côte-des-Neiges et de NDG (à prononcer à l'anglaise) sont un peu plus excentrés du centre-ville car de l'autre côté du Mont-Royal. Les étudiants sont très présents, du fait que l'UdeM se trouve dans le quartier. Les loyers sont dans la moyenne.
Le 3½ : autour de 600-800 $
Le 4½ : autour de 700-1 000 $

Anjou

Dans l'est, plus éloigné du centre-ville, le quartier d'Anjou reste relativement accessible avec les transports en communs. Connu surtout pour son activité commerciale importante (Galeries d'Anjou, Place Versailles…), il est un quartier familial, résidentiel et plutôt calme. Les loyers y sont relativement bas.
Le 3½ : autour de 500-800 $
Le 4½ : autour de 600-900 $

Verdun

Plus loin du centre-ville, au sud-ouest, le quartier de Verdun est réputé pour être calme, plus proche de la nature mais tout de même dynamique et jeune. Du fait des loyers relativement bas, certains étudiants ont investi ce quartier en plein renouveau.
Le 3½ : autour de 500-700 $
Le 4½ : autour de 600-900 $

LES OUTILS POUR CHERCHER UN LOGEMENT

Même si l'accession au logement est relativement facile et que les loyers restent pour l'instant tout à fait corrects, chercher un appartement ne sera peut-être pas de tout repos ! Sachez d'abord que si vous n'êtes pas encore sur place mais que vous aimeriez trouver un logement avant d'arriver au Québec, ce n'est pas impossible, et ce, grâce au Web évidemment.

Vous pouvez profiter par exemple de ce qu'on pourrait appeler le bouche-à-oreille 2.0 : branchez-vous sur votre Facebook, votre Twitter ou autre, et profitez de vos contacts, proches ou éloignés. On ne sait jamais, peut-être que l'ami d'un ami habite à Montréal et loue son logement ou cherche un colocataire ? Aujourd'hui, ce genre de hasard n'en est plus vraiment un, étant donné l'étendue des réseaux sociaux. Puis il y a les pages Facebook et autres forums qui vous permettent de laisser des messages. N'hésitez pas à y écrire ce que vous recherchez ! Enfin, il y a les sites spécialisés où s'affichent des dizaines de locations et colocations. Le préféré de beaucoup de Québécois (et l'un des plus actifs) et le site Kijiji, pour la diversité des annonces et leur grand nombre, quelle que soit la période de l'année.

i **Kijiji (section Immobiler)**
www.kijiji.ca

Vous pouvez aussi tenter votre chance sur le site DuProprio, dans la section Location.

i **DuProprio**
location.duproprio.com

Bien sûr, dans le cas où vous ne pouvez pas vous rendre sur place pour visiter, prenez un maximum de précautions. Demandez plusieurs photos, discutez avec les propriétaires ou les futurs colocataires (par courriel, par téléphone ou encore mieux par Skype ou FaceTime)... Bref, renseignez-vous et faites attention si on vous demande un dépôt d'argent, surtout si celui-ci semble excessif.

Si vous êtes sur place, par contre, la recherche sera plus aisée. Pour commencer, ne négligez pas le Web et les techniques précédentes car la plupart du temps, tout commence par ça. Cependant, le fait d'être sur place vous permettra de vous balader et c'est certainement l'une des meilleures techniques pour trouver un logement à louer ! Déterminez simplement la/les zone(s) où vous souhaitez habiter (en fonction de vos envies, votre travail, votre université…). Prenez votre smartphone (ou bien un plan de la ville, un stylo et un calepin...) et allez vous promener dans les quartiers que vous avez sélectionnés. En plus de vous faire découvrir la ville, vous allez rapidement apercevoir (ou spotter, comme on dit ici) des pancartes « À Louer » sur les balcons et les devantures. Il ne vous restera plus qu'à prendre des notes, passer des coups de téléphone et fixer des rendez-vous avec les loueurs !

DÉMÉNAGER ET SE MEUBLER

D'abord, vous devez savoir qu'il y a pas mal de chances que votre bail se termine (et donc recommence) un 1er juillet. Ce jour-là est ce qu'on appelle, au Québec, la « fête du déménagement ». N'y voyez pas quelconque loi mais plutôt un phénomène social empreint de traditions. Beaucoup vous diront que c'est pour marquer l'indifférence des Québécois envers la fête nationale du Canada, qui se trouve être le 1er juillet aussi, mais l'une des raisons, plus pragmatique, est d'éviter de faire changer les enfants d'école en cours d'année (et de ne pas déménager en plein hiver par 30 cm de neige !).

Quoi qu'il en soit, si vous devez déménager ce jour-là (ou durant cette période de l'année), préparez-vous à l'avance, surtout en ce qui concerne les déménageurs. Car en vous y prenant trop tard, vous risquez de vous retrouver à payer très cher, à avoir des déménageurs peut-être moins sérieux ou moins professionnels ou bien carrément à devoir vous débrouiller tout seul !

Pour vous meubler, si vous êtes dans une des grandes agglomérations du Québec, ce sera évidemment plus simple. Ceux qui ne veulent pas changer leurs habitudes européennes trouveront Ikea à Montréal. Mais ceux qui veulent avoir des meubles modernes, design et de bonne qualité sans pour autant payer excessivement cher, trouveront (surtout à Montréal et Québec) des magasins tels que EQ3, Zone ou encore Structube. Et en plus, ce sont des entreprises canadiennes !

Enfin, pour ceux qui ne veulent pas trop dépenser, il est possible de trouver du mobilier d'occasion. Les « marchés aux puces » ou les brocantes sont assez rares donc le mieux, pour dénicher de véritables affaires, ce sont des sites internet comme Kijiji ou Craigslit par exemple (le deuxième étant plus anglophone).

Kijiji (section Meubles)
www.kijiji.ca

Craigslist (section Meubles)
www.craigslist.ca

ACHETER UN LOGEMENT

Le marché de l'immobilier au Québec est très dynamique. Donc en ayant un emploi et un peu d'argent de côté, il est possible d'acheter un logement, bien plus facilement qu'en France par exemple. Après quelque temps sur le sol québécois, si vous décidez de vous y installer sérieusement, alors peut-être que vous voudrez aussi devenir propriétaire.

Mais même si cela semble plus aisé qu'en Europe, il y aura des questions à se poser, des conditions à réunir et des dépenses à prévoir. Alors pour vous éclairer sur ce sujet, rien de mieux que l'avis éclairé d'un professionnel aguerrit, spécialiste de la question de l'immobilier au Québec.

Rencontre avec Juan Pablo Saad, courtier immobilier agréé

Juan Pablo Saad est un courtier spécialisé en résidentiel et commercial chez Royal LePage, un réseau d'agences et de courtiers immobiliers.

Existe-t-il des aides pour favoriser l'accès à la propriété au Québec ?

Oui, il y a plusieurs programmes au niveau gouvernemental, qui facilitent l'accès à la propriété. Par exemple, le programme Accès Condo (condo = appartement en copropriété), ou encore le Régime d'accession à la propriété (RAP) qui permet de retirer des fonds de son Régime d'épargne et retraite (REER) sans payer d'impôts et avec la possibilité de « s'auto-rembourser » sur une période de 15 ans, sans intérêt.

Accès Condo
www.accescondos.org/fr/accueil

Régime d'accession à la propriété (RAP)
www.cra-arc.gc.ca/tx/ndvdls/tpcs/rrsp-reer/hbp-rap/menu-fra.html

Quelles sont les conditions à regrouper pour pouvoir acheter un bien immobilier ?

Quand on arrive au Québec, on n'est connu de personne, donc il va falloir aller chercher une banque où mettre son argent et transférer ses économies. Et surtout, il faut avoir tout de suite une carte de crédit car c'est la façon la plus simple et la plus rapide pour bâtir son historique de crédit : on dépense avec sa carte de crédit et on la rembourse toujours au complet à la fin du mois. Même si la limite de crédit est petite, ce n'est pas important, parce que le but est de montrer qu'on est un bon payeur. En fait, c'est la meilleure façon de commencer à « exister » pour le système.

La deuxième chose est qu'il faut une preuve de revenu constant. Il faut trouver un travail à temps plein ou à temps partiel, mais avec un contrat permanent. Dès qu'on commence à travailler, cela commence à nourrir l'historique de crédit et on devient quelqu'un avec une certaine stabilité, quelqu'un de solvable.

Tout cela peut prendre un peu de temps, mais après, il est possible de se faire « pré-évaluer » par une banque. En clair, elle va faire le calcul du ratio d'endettement, c'est-à-dire, déterminer la proportion des dépenses sur les revenus. Si le ratio dépasse les 32 à 34 % des revenus bruts, il est fort probable qu'une banque soit un peu réticente à octroyer un prêt hypothécaire pour acquérir une propriété. Mais tant et si longtemps qu'on conserve un ratio d'endettement en bas de 30 %, on pourra être éligible pour un prêt hypothécaire dont le montant dépendra, bien sûr, du niveau des revenus.

Une fois préqualifié par une banque, il va falloir quand même avoir un peu d'argent de côté pour payer la mise de fonds nécessaire, car les banques ne prêtent jamais la totalité de la valeur d'une propriété. Il est encore possible d'acheter avec une mise de fonds faible, mais uniquement dans certains cas très spécifiques. En général, cette mise de fonds sera au minimum de 10 % du prix d'achat, ou peut-être plus, tout dépendant de ce prix d'achat mais aussi du type d'immeuble et du profil de crédit de l'acheteur.

Au final, mon conseil est d'être patient et de ne pas acheter dans la première année de son arrivée au Québec. Il est mieux de monter correctement son historique de crédit, de se créer un réseau de contacts, de parler avec un courtier immobilier et avec un courtier hypothécaire. Puis surtout, il est important de parcourir la ville, de voir les différents secteurs, de connaître les prix du marché, le type de biens disponibles, etc. En plus cela permet aussi de démarrer son projet professionnel et de commencer à cotiser à son REER, pour éventuellement être en mesure de profiter du programme « Régime d'accession à la propriété » (RAP) dont nous parlions précédemment.

Pour un nouvel arrivant, est-ce qu'il vaut mieux faire affaire avec un courtier immobilier plutôt que de gérer ça tout seul, de particulier à particulier, sans intermédiaire ?

Au Québec, l'activité de courtage immobilier et très bien encadrée et réglementée. Tous les courtiers immobiliers doivent détenir un permis délivré par l'organisme d'autoréglementation du courtage immobilier du Québec (OACIQ). Pour savoir si le courtier qui vous sollicite ou que vous avez choisi détient un permis en règle, une simple consultation en ligne suffit.

Ceci étant dit, il est très important de demander l'aide d'un courtier immobilier, parce qu'il y a de nombreux pièges à éviter lorsqu'on achète, et beaucoup d'éléments qu'il faut vérifier et suivre pendant le processus d'achat. Par exemple, il faudra consulter l'historique des transactions de la propriété, faire une inspection pré-achat, négocier le prix, rédiger les contre-offres, vérifier la pertinence du certificat de localisation de la propriété, puis voir les factures de rénovation, la déclaration de copropriété (dans le cas d'un condo), les relevés de taxes municipales et scolaires, ou encore les dépenses courantes d'électricité et autres frais fixes…

En fait, un courtier immobilier va vous aider à valider et vérifier tous les éléments nécessaires à un bon déroulement de la transaction, avec le but principal d'assurer votre investissement. Il va aussi préparer une analyse de propriétés comparables vendues, pour être en mesure de proposer un prix d'achat juste. Un courtier peut voir qu'un prix est trop élevé et dire que c'est trop cher, ou encore voir qu'un prix est plus bas que la moyenne et chercher à savoir pourquoi. Le courtier va fouiller dans des informations auxquelles eux seuls ont accès.

Pour finir, il est important de savoir qu'au Québec, quand on désire acheter un bien, on ne paie rien pour obtenir les services d'un courtier immobilier, car c'est toujours le vendeur qui paie. Puis on peut librement choisir son courtier et si on n'aime pas son approche, ou bien, si on n'a pas de bonne connexion avec lui, on a toujours la possibilité d'en choisir un autre. Il est très important de se sentir à l'aise et en confiance avec son courtier, car il s'agit de quelqu'un qui va vous aider à faire l'une des transactions les plus importantes de votre vie.

Quelles sont les dépenses à prévoir lors de l'achat d'un bien immobilier?
Premièrement, il y a l'inspection pré-achat. Il s'agit d'une dépense de 400 $ à 900 $ (taxes incluses), tout dépendant de la taille du bien. Ainsi, s'il y a des problèmes majeurs, cette inspection permet à l'acheteur de se retirer de la transaction.

Deuxièmement, il y a le rapport d'évaluation de la banque. Normalement cela coûte autour de 200 $ à 300 $, mais souvent il s'agit d'une dépense assumée par les banques. Ce rapport est une brève inspection qui va confirmer que la propriété vaut au moins ce que l'acheteur est en train de payer. Car en fait, la banque accorde un prêt hypothécaire en prenant le bien immobilier en garantie, donc elle a besoin de savoir si le bien vaut effectivement l'argent demandé en hypothèque.

Troisièmement, il y a l'acte notarié, et dans la plupart des cas, c'est l'acheteur qui va choisir et payer le notaire qui interviendra dans la transaction. Le coût se situera entre 900 $ et 1 500 $ (taxes incluses).

Quatrièmement, il y a les répartitions de certaines dépenses fixes de la propriété, qui ont déjà été avancées par le vendeur. En fait, quand on est propriétaire au Québec, il y a deux dépenses obligatoires à payer chaque année : les taxes foncières et les taxes scolaires. Ainsi, lors de la vente, le vendeur a probablement déjà payé les taxes pour l'année au complet, donc la partie que l'acheteur doit payer (à partir de la date de l'acte de vente), il faut la rembourser au vendeur.

Cinquièmement, il existe la taxe de mutation immobilière, qui représente environ 1,5 % à 2 % de la valeur d'achat ou de la valeur municipale de l'immeuble (la plus élevée des deux).

Puis pour finir, il sera nécessaire de prendre une assurance pour la maison ou le condo, et celle-ci devra entrer en vigueur la journée de l'acte notarié.

Au niveau des condos à Montréal par exemple, est-ce qu'acheter sur plan ou acheter neuf est un bon choix ?

Acheter sur plan, contrairement à ce qu'on pense, n'est pas nécessairement moins cher. Dans le cas où un développeur de projet immobilier est vraiment en mauvaise posture, il va peut-être vendre ses condos moins chers, pour les vendre plus rapidement et pour financer son projet de construction. Mais il est rare qu'il sacrifie véritablement sa rentabilité donc il peut, par exemple, commencer à changer la qualité des matériaux. D'ailleurs, en général, dans le contrat de pré-achat il est souvent mentionné que le contracteur a le droit de changer certains matériaux pour diverses raisons, donc la qualité constatée dans une unité modèle par exemple, risque de ne pas être la même quand le condo sera livré.

Il faut aussi savoir qu'à Montréal, il y a beaucoup de zones argileuses. Ainsi, la nouvelle bâtisse risque de bouger un peu quand on y mettra le poids du déménagement de tout le monde et c'est tout à fait normal. Par conséquent, il peut apparaître des fissures qu'il faudra tout de suite réparer. Ce que je conseille généralement aux gens qui veulent acheter un bien neuf, c'est d'acheter un bien qui a été construit il y a 2 à 3 ans parce que la bâtisse a déjà sûrement bougé et tout est certainement déjà réparé.

Enfin, il faut prendre en compte que lorsque le bien est neuf (ou remodelé) il est nécessaire d'ajouter les taxes à la valeur de vente (TPS et TVQ, soit environ 15 % du prix hors taxes). Donc il y a un surplus de prix, même si dans certaines conditions, le gouvernement peut aider, à réduire cette dépense supplémentaire. Par contre, il faut savoir que les prochains acheteurs de la propriété, eux, n'auront plus à payer ces taxes ! Encore une fois, l'aide d'un courtier pour l'achat d'une propriété nouvellement construite, s'avère très importante.

Pour conclure, est-ce qu'au Québec, même dans une grande ville comme Montréal, une famille de la classe moyenne peut accéder facilement à la propriété ?
Oui, ce sera plus facile qu'ailleurs, surtout si dans la famille, vous êtes deux à avoir un travail car cela va véritablement améliorer le ratio d'endettement du ménage, et donc, faciliter l'accès à la propriété. Ce sera plus facile que d'acheter en Europe par exemple, parce que les banques prêtent plus facilement, du moment qu'on a un salaire constant et un bon historique de crédit. Bien sûr, pour une première fois, on ne s'achètera peut-être pas une propriété de 250 mètres carrés habitables, mais on pourra avoir accès à une unité d'environ 70-80 mètres carrés.

OACIQ
www.oaciq.com

jsaad@royallepage.ca

CHAPITRE XVI

ARGENT

Gérer son argent est évidemment très important, au Québec comme ailleurs. Mais vous allez vite comprendre qu'ici, cela prend une dimension plus importante et assurément différente de ce dont vous avez l'habitude. Gérer son argent détermine ici votre avenir, votre possibilité de louer un appartement sans problème, d'acheter une voiture à crédit ou d'obtenir une hypothèque pour devenir propriétaire d'un appartement. Si vous êtes considéré comme un « mauvais payeur » parce que vous êtes en retard sur vos paiements, alors les portes vont se fermer une à une ! À l'inverse, si vous êtes un « bon payeur », vos projets verront plus facilement le jour et les banques vous suivront plus volontiers. À vous d'assurer votre avenir en prenant soin de bien gérer vos finances dès votre arrivée au Québec.

LE DOLLAR CANADIEN

Au Québec, comme dans l'ensemble du Canada, c'est le dollar canadien qui a cours. Vous le verrez écrit avec le symbole $ ou bien « CAD », « $ CAN » ou « $ CA ». Attention, la valeur du dollar canadien n'est pas la même que celle du dollar américain et elle fluctue au jour le jour. Certaines boutiques québécoises acceptent tout de même le dollar américain, mais elles le prendront généralement au taux de « 1 $ US = 1 $ CAN » car c'est souvent plus avantageux ainsi (le dollar américain valant généralement plus cher que le canadien). Concernant la valeur du dollar canadien par rapport à l'euro, elle fluctue aussi quotidiennement. Notons que depuis la création de la monnaie européenne, le dollar canadien a toujours été plus faible que l'euro.

Pour les pièces de monnaies, on retrouve tout le temps Élisabeth II sur le côté face, et ce sera ainsi au moins jusqu'à ce qu'elle ne soit plus Reine d'Angleterre (et donc « à la tête » du gouvernement canadien).

Les pièces se déclinent ainsi :
2 $ – La plus grande pièce, bicolore (argenté sur les côtés, doré au centre).
1 $ – Entièrement dorée.
50 cents – Produite mais pas en circulation (plutôt pour les collectionneurs).
25 cents – La plus grande pièce argentée.
10 cents – La plus petite pièce argentée.
5 cents – La taille de cette pièce argentée se situe entre le 10 et le 25 cents, attention aux confusions !
Enfin, la pièce de 1 cent a été retirée de la circulation à partir de début 2013 pour des raisons économiques. Maintenant, toutes les transactions en espèce sont arrondies.

Côté billets, vous trouverez :
Le 5 $, de couleur bleue.
Le 10 $, de couleur mauve.
Le 20 $, de couleur verte.
Le 50 $, de couleur rouge.
Le 100 $, de couleur brune.

Aujourd'hui, les billets sont fabriqués en polymère (un peu comme du papier plastifié), ce qui les rend plus robustes. On peut même les oublier dans une poche de son pantalon et les passer à la machine à laver sans les détruire ! En revanche, il est possible que vous tombiez sur des billets en papier encore en circulation.

À noter qu'au Québec, un dollar est aussi appelé « piastre » et vous entendrez souvent dire « pièce » ou « piasse ».
Pour les cents, on parle plus communément de « sous » ou de « cenne » (la pièce de 1 centime était aussi appelée le « sou noir »). Ainsi, on dit plus souvent « Ça m'a coûté 10 pièces et 50 sous » plutôt que « Ça m'a coûté 10 dollars et 50 cents »).
Côté anglophone, vous entendrez peut-être parler de « *toonie* » pour la pièce de 2 $ et de « *loonie* » pour la pièce de 1 $.

Dans ce livre, lorsqu'il est fait mention du dollar, il s'agit bien du dollar canadien. Dans le cas contraire, il est précisé « dollar américain ».

OUVRIR UN COMPTE

Ouvrir un compte en banque dans une institution financière au Québec est une étape importante de votre expérience de nouvel arrivant. Mais ce n'est pas vraiment nécessaire pour les étudiants en échange (quelques mois) ou pour ceux qui feraient un court stage non rémunéré. De toute façon, dans ces cas précis, il devient assez complexe de convaincre la banque. Par contre, dès que vous venez ici pour un plus long séjour, que ce soit comme étudiant ou travailleur, vous allez avoir besoin d'ouvrir un compte et de comprendre comment fonctionne le système.

Pour commencer, vous devez choisir l'institution bancaire sur laquelle vous allez jeter votre dévolu. Un conseil, ne prenez pas simplement celle qui est au coin de la rue sans vraiment y réfléchir. Faites comme si vous alliez magasiner une nouvelle paire de chaussures: trouvez celle qui propose le meilleur service et les meilleurs produits, au meilleur prix. Il y a un choix important d'institutions bancaires, mais certaines banques vont vous proposer des solutions spécialement adaptées aux nouveaux arrivants, avec l'ouverture d'un compte chèque, d'un compte épargne et même avec un accès à une carte de crédit (selon les banques, les offres et votre situation).

En voici quelques-unes dont les solutions sont adaptées, claires et intéressantes.
Desjardin : www.desjardins.com/particuliers/vous-etes/nouveaux-arrivants-canada/offre-bienvenue
Banque Scotia : www.scotiabank.com/ca/fr/0,,3474,00.html
BMO – Banque de Montréal : www.bmo.com/newstart/french.html
RBC – Banque Royale : www.rbc.com/francais/canada/forfaits-bancaires

Ensuite, il faut comprendre comment fonctionne le principe des cartes de débit et des cartes de crédit. En fait, lorsque vous ouvrirez un compte chèque, il vous sera automatiquement remis une carte de débit liée à ce compte. Vous pourrez utiliser cette carte dans la plupart des commerces ou bien pour retirer de l'argent liquide. Quand vous payez/retirez par carte de débit, l'argent sera instantanément prélevé de votre compte, au risque, dans certains cas, de vous retrouver à découvert si vous n'avez pas assez de fonds. Il est relativement facile d'ouvrir un compte chèque, par contre, les frais peuvent être assez importants : plus on effectue d'opérations bancaires (retraits, paiements, virements...), plus on paye de frais.

À côté de ça, vous pourrez faire la demande d'une carte de crédit (Visa, MasterCard, American Express) et avec cette carte viendra une marge de crédit, c'est-à-dire un montant défini qui sera attaché à cette carte. Par exemple, certaines banques proposent de commencer par une marge de crédit de 1 000 $. Ainsi, vous pourrez dépenser tout ou partie de ces 1 000 $ en utilisant votre carte de crédit, mais il vous faudra les rembourser par la suite. En règle générale, vous aurez un « délai de grâce » de 21 jours qui vous permettra de rembourser l'argent sans aucun intérêt (via Internet par exemple). Mais après ces 21 jours, sachez que les intérêts peuvent être très élevés !

Logiquement, la banque sera donc plus frileuse à offrir une carte de crédit à un nouvel arrivant si elle ne sait pas s'il est un « payeur sérieux » ou non. Quelques banques (mais pas toutes !) vous demanderont donc une garantie (une avance en argent) équivalente à votre marge de crédit et parfois même, plus grande. Ainsi elles sont sûres de retrouver leur argent si vous n'êtes pas dans la capacité de les rembourser.

Mais alors, quel est l'intérêt d'utiliser une carte de crédit ? Le premier intérêt, c'est évidemment de pouvoir utiliser de l'argent que vous n'avez pas encore. Comme ça, vous pouvez quand même vous payer ce beau manteau d'hiver à 600 $ tout de suite, et vous le rembourserez la semaine prochaine avec l'arrivée de votre paye (très intéressant, surtout s'il fait -20 °C et que vous ne souhaitez pas vous geler pendant une semaine). Plus sérieusement, le deuxième intérêt d'une carte de crédit, c'est que vous allez alimenter votre dossier de crédit. Si vous utilisez souvent votre carte et que vous remboursez toujours dans les temps, alors votre dossier de crédit sera bon. Ce qui vous sera bénéfique par après, lorsque vous aurez besoin d'un prêt pour une voiture, une maison ou même pour créer une entreprise.

Avec le temps, si vous avez une paye qui rentre régulièrement, si vous remboursez correctement votre carte de crédit et vos autres factures, et que votre dossier de crédit reste bon, vous aurez la possibilité de demander de nouvelles cartes de crédit mais aussi d'augmenter votre marge de crédit sur chacune de ces cartes. Mais n'exagérez pas. Côté cartes de crédit, en avoir deux est amplement suffisant. Côté marge, privilégiez le bon sens : si vous ne pouvez pas rembourser 10 000 $ en 21 jours (délai de grâce), rien ne sert de demander 10 000 $ de marge ! Pire, voir trop grand pourrait être néfaste pour votre dossier de crédit, alors faites attention.

Pour conclure, deux conseils :
- Premièrement, sachez que dans beaucoup de magasins, on vous proposera des cartes de crédit qui vous rapporteront des points ou bien qui vous offriront des avantages de paiement. Réfléchissez bien avant d'accepter quoi que ce soit car le seul fait de faire une demande pour voir si vous êtes éligible peut diminuer votre pointage de crédit.
- Deuxièmement, surveillez très régulièrement vos cartes de crédit et vos comptes (chaque semaine, au minimum). Avec Internet, c'est facile à gérer, et ça vous évitera les mauvaises surprises qui peuvent rapidement mal tourner.

VOTRE DOSSIER FINANCIER

Peut-être que ces termes vous ont fait lever un sourcil (ou même les deux !) lorsque vous les avez lus précédemment. Et pourtant, ces notions de dossier et de pointage de crédit, vous allez devoir les comprendre et apprendre à les gérer au mieux, car ce sera votre « carte d'identité financière ».

Ainsi, lorsque vous obtiendrez votre première carte de crédit au Québec, la façon dont vous utilisez et remboursez votre carte de crédit va être observée, notée et renseignée dans votre dossier de crédit. Ce sera la même chose avec votre fournisseur de forfait pour téléphone portable par exemple ou lorsque vous prendrez un petit crédit pour acheter une voiture. Par conséquent, votre dossier de crédit montre si oui ou non, vous êtes un « payeur sérieux » auquel il est possible de faire confiance.

Dans ce dossier de crédit, vous trouverez les cotes de crédit. Ce sont des codes qui représentent les évaluations que font les prêteurs sur votre situation et votre manière de rembourser. Par exemple, les côtes les plus courantes commencent par la lettre R pour indiquer un crédit « renouvelable » (tel une carte de crédit). Ensuite, vous trouverez aussi le pointage de crédit. Celui-ci se situe entre 300 et 900, et sachez que plus il est élevé, meilleur il est.

Pourquoi est-ce si important d'avoir un bon dossier de crédit ? Parce que ce sera la façon de montrer patte blanche à une institution financière pour faire accepter une demande de crédit, que ce soit pour payer des électroménagers, une voiture, un appartement ou même pour créer une entreprise ! En plus, le dossier et le pointage de crédit peuvent être consultés légalement dans plusieurs autres situations comme par un futur employeur ou même un futur propriétaire avant d'accepter de louer son logement.

En résumé, un bon dossier de crédit vous ouvre des portes alors qu'un mauvais vous les fermera.

C'est pour cette raison que dès votre arrivée au Québec, il est nécessaire de commencer par une demande de carte de crédit puis de l'utiliser le plus souvent possible afin de vous construire votre historique de crédit. Ensuite, quelques bonnes pratiques vous permettront de conserver un bon dossier.
- Payez vos dettes et vos crédits en temps et en heure, c'est le plus important. Si vous avez des difficultés, prenez contact avec le prêteur au plus vite pour essayer de trouver une solution avec lui.
- Consultez votre dossier de crédit au moins une fois par an. Des organismes comme Equifax ou TransUnion vous permettront cela, gratuitement par la poste ou moyennant quelques dollars par Internet. Cette consultation préventive vous permettra de corriger d'éventuelles erreurs sur vos informations personnelles et même de déceler un vol d'identité.
- Évitez de cumuler trop de prêts et de cartes de crédit. Car même si vous êtes un bon payeur, cela ferait descendre votre pointage.

Prenez tout cela très au sérieux car si vous avez des projets d'acheter un appartement ou de créer une entreprise et que vous ne pouvez pas payer l'intégralité par vous-même, c'est votre dossier de crédit qui décidera de l'avenir de ces projets. Le système est discutable, mais il est ainsi alors autant que vous sachiez le maîtriser dès votre arrivée !

Pour en savoir davantage, l'information la plus à jour par le gouvernement du Canada
Comprendre votre dossier de crédit et votre pointage de crédit
www.fcac-acfc.gc.ca/Fra/ressources/publications/creditPrets/Pages/Understa-Comprend.aspx

L'ÉPARGNE

Concernant les solutions d'épargne, vous allez pouvoir trouver de nombreux choix plus ou moins rémunérateurs. Mais si vous travaillez et payez des impôts ici, il est certain que vous allez rapidement entendre parler de deux possibilités d'épargne assez importantes : le REER et le CELI.

Le REER (à prononcer « ré-aire ») est l'abréviation de Régime enregistré d'épargne-retraite. C'est un compte d'épargne qui vous permettra d'économiser pour votre retraite ou bien dans lequel vous pourrez piocher, selon certaines conditions, pour un achat immobilier ou pour reprendre vos études par exemple. Plusieurs règles régissent le REER, mais ce qu'il faut surtout comprendre, c'est que l'argent versé à votre REER est déductible d'impôt, tout comme les intérêts engrangés grâce à cet argent. C'est uniquement lorsque vous retirerez cet argent que vous devrez payer de l'impôt car cela correspondra à un revenu. D'où l'utilité de le retirer à la retraite, lorsque nos revenus sont moins élevés (on paie moins d'impôt dessus).

Pour plus de détails au sujet du REER
Agence du Revenu du Canada
www.cra-arc.gc.ca/tx/ndvdls/tpcs/rrsp-reer/menu-fra.html

Le CELI (à prononcer « céli ») est l'abréviation de Compte d'épargne libre d'impôt. C'est un compte d'épargne dont les intérêts engrangés ne sont pas soumis à l'impôt sur le revenu. Au sein d'un CELI, il existe plusieurs solutions de placements plus ou moins risquées et plus ou moins avantageuses, qu'il sera bon de discuter avec votre banquier. Vous pouvez cotiser et retirer de l'argent de votre CELI à tout moment, par contre, il y a un plafond de cotisation annuel qui est assez bas et qu'il ne faut pas dépasser (il était de 5 500 $ en 2013 et 2014 par exemple).

Pour plus de détails au sujet du CELI :
Agence du Revenu du Canada
www.cra-arc.gc.ca/tx/ndvdls/tpcs/tfsa-celi/menu-fra.html

L'IMPÔT SUR LE REVENU

Beaucoup de Québécois ne se prennent pas vraiment la tête avec leur impôt sur le revenu : lorsque vient le moment de produire leur déclaration annuelle (entre janvier et mars), ils la confient à un comptable qui s'en occupera généralement pour quelques dizaines de dollars !

D'abord, il est important de savoir qu'une partie de l'impôt sur le revenu sera déjà déduite de votre salaire (si vous êtes salarié, évidemment). Par exemple, si vous touchez 1 000 $ bruts toutes les deux semaines, alors environ 70 $ seront prélevés pour l'impôt provincial et 60 $ pour l'impôt fédéral. Mais n'y voyez pas là une règle, car ce prélèvement dépendra de la hauteur de votre salaire.

Sachez aussi que d'autres déductions à la source sont faites sur le salaire :
- Pour le Régime des rentes du Québec (pour poursuivre l'exemple précédent, 45 $ seraient prélevés). Le RRQ est l'organisme qui se charge, entre autres, de la rente de retraite, des prestations invalidité, des prestations de survivants, etc.
- Pour le Régime québécois d'assurance parentale (environ 6 $ pour continuer l'exemple). Le RQAP est l'organisme qui va s'occuper des prestations parentales.

Au final, si vous touchez un salaire brut de 1 000 $ toutes les deux semaines, vous ne toucherez en fait que 820 $ environ. Donc si on ramène cela à l'année, un salaire brut de 26 000 $ correspondra à un salaire net d'un peu plus de 21 000 $.

Pour faire vos estimations des déductions, un petit outil très utile se trouve sur le site Impot.net.
Impot.net
Calcul des déductions à la source
http://www.impot.net/fr/entreprises/das/index.html

Lors de votre première déclaration d'impôt sur le revenu, une partie de cet impôt aura déjà été prélevée sur votre salaire. Ainsi, il est rare que vous ayez beaucoup d'impôt à payer lorsque vous faites votre déclaration donc c'est moins douloureux !

Mieux encore, il se peut que trop d'impôt ait été prélevé sur votre paye durant l'année, par rapport à ce que vous devez réellement payer à l'État. Par conséquent, vous serez peut-être amené à recevoir un remboursement et lorsque ça arrive (généralement en avril/mai), c'est franchement agréable pour le début du printemps !

Par contre, si vous décidez de faire votre déclaration par vous-même, alors vous aurez deux fois plus de travail ! Pourquoi ? Parce qu'il n'y a pas une, mais bien deux déclarations d'impôts à produire. La première sera provinciale (pour le Québec donc) et la seconde sera fédérale (pour le Canada). Même si les deux se ressemblent beaucoup, il y a tout de même plusieurs différences, donc en clair, cela prend deux fois plus de temps.

Dernière petite chose qu'il est important de clarifier : ne pensez venir au Québec dans l'optique de payer moins d'impôts sur le revenu. Dans la plupart des situations, ce ne sera pas le cas ! C'est relativement comparable à la France ou à la Belgique. Les tranches évoluent d'années en année mais si vous êtes dans la tranche d'imposition la plus basse, vous devrez payer 16 % de votre revenu total au provincial, et 15 % au fédéral. Bien sûr, c'est sans compter les divers crédits d'impôt dont vous pourrez profiter et qui réduiront la facture.

Revenu Québec
Déclaration de revenus : www.revenuquebec.ca/fr/citoyen/impots
Taux d'imposition : www.revenuquebec.ca/fr/citoyen/impots/rens_comp/taux.aspx

Agence du revenu du Canada
Déclaration de revenus : www.cra-arc.gc.ca/tx/ndvdls/tpcs/ncm-tx/menu-fra.html
Taux d'imposition : www.cra-arc.gc.ca/tx/ndvdls/fq/txrts-fra.html

CHAPITRE XVII

SANTÉ

Il est certain que vous avez entendu tout et son contraire au sujet du système de santé québécois. On vous a peut-être prévenu que cela coûtait cher, que rien n'était remboursé, qu'il était impossible de se faire soigner rapidement… Bref, oubliez tout ce qu'on vous a dit car il y a du vrai mais aussi beaucoup de faux.

Oui, il existe un système de santé au Québec. Non, il n'est absolument pas parfait et il y a beaucoup de différences avec la « Sécurité Sociale » française. Pour autant, il a tout de même ses bons côtés et il est loin d'être catastrophique. L'essentiel est de comprendre un peu mieux comment tout cela se passe et ce à quoi on a droit.

LA CARTE SOLEIL

Une fois au Québec, vous devez demander votre carte d'assurance maladie en vous rendant à la Régie d'Assurance Maladie du Québec, communément appelée RAMQ (pour vous faire comprendre, prononcez « Ram-Cu »). Cette carte est appelée « carte Soleil », parce que l'arrière-plan de la carte représente un coucher de soleil!
Cependant, vous n'y aurez droit que si:
- vous vous établissez au Québec de façon permanente,
- vous séjournez au Québec temporairement pour y travailler (hors PVT),
- vous avez reçu une bourse d'étude ou de stage.
Y ont droit aussi:
- le conjoint du travailleur ou du boursier,
- les personnes à charge (enfants, par exemple),
- les étudiants, s'ils sont originaires de pays qui ont une entente de sécurité sociale avec le Québec (la France et la Belgique en font partie).

Attention, il est important de rappeler que les PVTistes n'auront pas le droit d'accéder aux services de l'assurance maladie du Québec. Un des critères d'admissibilité du PVT est d'ailleurs, de souscrire à une assurance privée avant-même le départ.

Régie de l'Assurance Maladie du Québec
Admissibilité au régime d'assurance maladie
www.ramq.gouv.qc.ca/fr/citoyens/assurance-maladie/inscription/Pages/admissibilite.aspx

Pour la plupart des immigrés, il va exister un délai de carence (jusqu'à 3 mois!) avant de pouvoir être couvert par la RAMQ. Mais si vous êtes Français ou Belge, vous pourrez réduire à néant ce délai de carence. Pour cela, il faudra que vous ayez en main un formulaire délivré par la caisse d'assurance maladie de votre pays d'origine (pour les Français, consultez le chapitre « Préparer son départ »).

Marche à suivre et documents nécessaires selon votre cas:
Régie de l'Assurance Maladie du Québec - Ententes avec d'autres pays
www.ramq.gouv.qc.ca/fr/citoyens/assurance-maladie/inscription/Pages/ententes-autres-pays.aspx

LA MÉDECINE

Dans son principe, le système de santé québécois est assez comparable au système français. La Régie d'Assurance Maladie du Québec (RAMQ) vous permet de ne pas payer certains services médicaux ou de n'en payer qu'une partie. Pour cela, il vous suffit de présenter votre carte d'assurance maladie.

Bien sûr, tout n'est pas couvert par la « carte Soleil ». Par exemple, ne seront pas couverts la plupart des soins habituels chez un dentiste et chez un optométriste (professionnel de la santé de l'œil, qui regroupe en quelque sorte les fonctions d'ophtalmologue et d'opticien). Par contre, même dans ces domaines, la couverture fonctionne pour certaines urgences et autres exceptions. Mais en général, ne soyez pas étonné, certains soins de santé représenteront un budget parfois important.

Pour la liste complète des services médicaux couverts :
Régie de l'assurance maladie – Soins
www.ramq.gouv.qc.ca/fr/citoyens/assurance-maladie/soins

Sachez que les services couverts le seront et ce, quel que soit le lieu où ils sont rendus (à quelques rares exceptions près). Pour les urgences, il y a bien sûr les grands centres hospitaliers, par contre pour la plupart des problèmes de santé (qui ne sont pas si urgents finalement), vous pourrez vous rendre à une clinique médicale. Certaines de ces cliniques, qui sont appelées dans le jargon des « cliniques-réseau », sont sans rendez-vous. Il suffit de vous y présenter avec votre « carte Soleil » et les consultations y sont gratuites. Malgré tout, essayez d'y aller dès l'ouverture, car les files d'attentes sont souvent longues !

Liste des cliniques-réseau
À Montréal : www.santemontreal.qc.ca/chercher-une-adresse/#cr
À Québec : www.consulfrance-quebec.org/Liste-des-cliniques-reseaux

Au sujet des soins, vous allez rapidement entendre parler de médecin de famille. En fait, le médecin de famille est un peu une combinaison entre le « médecin traitant » et le « médecin référent » dont vous avez l'habitude si vous êtes français (et qui d'ailleurs, est souvent la même personne). Au Québec, un médecin de famille est un médecin généraliste qui s'occupe de vous et votre famille, des enfants aux personnes âgées. Il connaît votre dossier, vous suit et établit avec vous une relation de confiance généralement durable. Un patient choisi son médecin de famille mais c'est ce dernier qui aura le dernier mot. Avec ce médecin, il sera possible de prendre rendez-vous et si cela est nécessaire, c'est lui qui vous aiguillera vers des spécialistes pour des consultations approfondies.

Pour trouver un médecin de famille au Québec, vous pouvez vous faire référer un médecin par un ami par exemple, ou bien le chercher par vous-même. Ou encore, il est possible de se faire aider par un Centre de Santé et de Services Sociaux (CSSS) proche de chez vous, mais les listes d'attentes sont longues et les médecins surchargés.

En ce qui concerne les médecins spécialistes, on ne peut pas avoir de rendez-vous direct avec eux sans passer par un médecin généraliste au préalable. Celui-ci, si cela s'avère nécessaire, vous autorisera à consulter un spécialiste, mais ne vous inquiétez pas si vous n'avez pas de médecin de famille pour cela. En effet, un médecin généraliste dans une clinique médicale, pourra aussi le faire. Par contre, les médecins spécialistes ont souvent des emplois du temps très chargés ainsi vous devrez certainement attendre pendant plusieurs semaines ou plusieurs mois avant d'avoir un rendez-vous !

Pour finir, en cas de petits bobos, vous pouvez contacter le 8-1-1, le service « Info Santé » qui vous mettra en relation avec une infirmière à toute heure du jour ou de la nuit, sept jours sur sept. Elle pourra vous donner des conseils éclairés. Par contre, en cas de grosse urgence (accident, malaise cardiaque, vie en danger...) vous pouvez bien sûr composer le 9-1-1 sur n'importe quel téléphone. Lorsque vous appelez le 9-1-1, un intervenant va vous demander l'adresse et poser plusieurs questions pour ainsi, prévenir les secours (pompiers, policiers, ambulanciers...) en fonction de la situation. Surtout ne raccrochez pas tant que l'intervenant ne vous y a pas invité. En effet, il se peut qu'il vous donne des conseils (quant aux premiers gestes par exemple) en attendant que les secours se rendent sur place. Une dernière chose importante à savoir : au Québec, un transport en ambulance est privé, et de fait, il n'est pas gratuit. De plus, il sera encore plus cher si vous n'êtes pas résident canadien ! Par contre, il existe quelques exceptions, par exemple si vous avez plus de 65 ans ou que vous êtes victime d'un accident de la route ou d'un accident du travail...

PHARMACIES ET MÉDICAMENTS

Oubliez la grande croix verte plantée au sommet des pharmacies ! Ici, ce symbole est très rarement mis en avant... Si vous voulez des médicaments, qu'ils soient prescrits par le médecin ou que ce soit pour soigner un petit rhume ou des allergies saisonnières, il vous faudra vous rendre dans des enseignes comme Uniprix, Familiprix, Pharmaprix ou Jean Coutu. Et attention, vous risquez d'être grandement surpris lors de votre première visite dans une de ces pharmacies, qui sont bien loin de ce que vous connaissez en Europe.

Au Québec (comme dans le reste de l'Amérique du Nord), ces établissements s'apparentent plus à des épiceries, excepté qu'il n'y a aucun produit frais. Vous y trouverez de la parapharmacie, des cosmétiques, des produits d'hygiène, des produits alimentaires (biscuits, chocolat, chips...) et bien d'autres choses. Difficile de croire que les sucreries et les bouteilles de soda sont vendues à quelques rayons des médicaments, et pourtant, c'est le cas ! Car en effet, plusieurs rayons sont dédiés à des médicaments sans ordonnance tels que des gélules contre le rhume, des sirops contre la toux, des antihistaminiques... Ils sont en libre-service, vendus comme des produits de grande consommation et souvent même, ils sont en promotion. Un petit conseil en passant : surveillez ces promotions. C'est étrange à dire car nous parlons quand même de médicaments, mais ça peut vous faire économiser gros.

Bien évidemment, si vous souhaitez des médicaments plus spécifiques ou bien sur ordonnance, alors il faudra vous rendre généralement au fond du magasin, dans une section dédiée qui ressemble à l'idée que vous vous faites certainement de la pharmacie « traditionnelle ». Là, un pharmacien sera présent derrière un comptoir pour vous servir et pour vous conseiller. Les pharmaciens (ou leurs assistants) sont toujours très accueillants et vous conseilleront si vous avez des petites questions concernant votre santé et les médicaments à prendre.

Côté assurance, il faut savoir qu'au Québec, tout le monde doit être couvert par une assurance médicaments. Il existe deux types de régimes d'assurances médicaments : un régime public (donc s'occupe la RAMQ) et un régime privé (auquel vous pouvez souscrire ou que pourra par exemple vous offrir votre employeur, ou celui de votre conjoint(e)...).

En arrivant au Québec (excepté pour ceux qui n'ont pas droit à l'assurance maladie du Québec), lorsque vous vous rendrez à la RAMQ pour vous y inscrire pour la première fois, vous serez automatiquement inscrit au régime public de l'assurance médicaments. Cependant, au moment où vous êtes admissible à un régime privé, grâce à votre emploi ou celui de votre conjoint(e) par exemple, vous êtes obligé d'y souscrire et de vous désinscrire du régime public (par téléphone ou Internet).

Attention, le régime public d'assurance médicaments ne vous offrira pas la gratuité des médicaments, sauf pour les enfants, les plus de 65 ans et quelques autres exceptions. Mais cela permettra tout de même de réduire les coûts des médicaments couverts. Enfin, si vous êtes couvert par le régime public, vous devrez payer une prime annuelle via votre déclaration annuelle d'impôts sur le revenu. Cette prime dépend du revenu familial et se situe autour de 600 $ au maximum.

En ce qui concerne les régimes privés, ils vous offriront des possibilités de remboursement plus intéressantes que les assurances santé et médicaments publiques (au niveau dentaire et optique par exemple). Plusieurs compagnies privées vont vous proposer des assurances plus ou moins intéressantes et relativement chères, selon les options désirées. Ces compagnies s'appellent Croix Bleue, Sunlife, Manuvie, SSQ et autres... Vous pouvez souscrire par vous-même à certains de ces régimes, mais en règle générale, selon l'entreprise dans laquelle vous travaillez, il se peut que votre employeur vous l'offre, comme un avantage social ou bien à prix préférentiel. À noter que cela pourra même couvrir votre conjoint(e) et vos enfants le cas échéant.

Régie de l'assurance maladie – Assurance médicaments
www.ramq.gouv.qc.ca/fr/citoyens/assurance-medicaments/Pages/description.aspx

CHAPITRE XVIII

ASSURANCE SOCIALE

La « Sécu » en France est une institution qui dépasse les questions de l'assurance maladie. Au Québec, l'assurance maladie est gérée par la RAMQ (Régie d'assurance maladie du Québec). Mais pour travailler ou recevoir certaines prestations sociales, ce sera l'assurance sociale. Par conséquent, le numéro d'assurance sociale (NAS) est le sésame qu'il faudra obtenir obligatoirement. La démarche est relativement simple et rapide, c'est l'une des premières que vous entreprendrez en arrivant au Québec. Car, comme aux États-Unis, le NAS est un peu votre numéro d'identité qui vous sera utile dans de nombreuses occasions.

LE NUMÉRO D'ASSURANCE SOCIALE (NAS)

Votre numéro d'assurance sociale ou NAS (pour vous faire comprendre, prononcez « nasse ») est un numéro unique à 9 chiffres. Pour le gouvernement canadien, ce numéro est comme une carte d'identité ou plutôt une identification, rien de moins.

Vidéo de présentation du NAS et des démarches à effectuer proposée par le site Vivre au Canada
www.youtube.com/watch?v=oZhNes12Xfo

Pour l'obtenir, il vous suffit de vous rendre dans l'un des bureaux de Service Canada et d'y présenter les documents d'identité nécessaires en fonction de votre situation. Normalement, votre numéro vous est délivré rapidement (généralement en moins d'une heure, sur place) et votre carte d'assurance sociale vous sera acheminée dans les jours qui suivent par la poste.

Service Canada
Comprendre ce qu'est le NAS
www.servicecanada.gc.ca/fra/sc/nas/

Service Canada
Trouver un bureau de Service Canada
www.servicecanada.gc.ca/cgi-bin/sc-srch.cgi?app=hme&ln=fra

Service Canada
NAS – renseignements/documents nécessaires
www.servicecanada.gc.ca/fra/nas/demande/preuve.shtml

Une fois le numéro d'assurance sociale en poche, il faut considérer que celui-ci est véritablement confidentiel. Il est important de le protéger pour éviter que n'importe qui puisse avoir accès à vos renseignements personnels, ou pire, voler votre identité. Cela semble peut-être alarmiste, mais ce genre de situation n'est malheureusement pas impossible et se révélerait particulièrement handicapant.

La règle n° 1 pour protéger son NAS est de ne jamais garder sa carte d'assurance sociale avec soi et surtout, de ne jamais l'utiliser comme pièce d'identité. De toute façon, le NAS n'est absolument pas une pièce d'identité valide. C'est simple, laissez simplement la carte chez vous, avec vos documents confidentiels et importants, et ne la sortez que si c'est véritablement nécessaire. La meilleure chose à faire, c'est d'apprendre son NAS par cœur (comme vous avez probablement appris votre numéro de Sécu ou votre numéro de compte bancaire français par cœur), de ne jamais le donner à n'importe qui et faire preuve de bon sens. Évitez de laisser traîner des documents où le NAS serait renseigné (comme les formulaires d'impôts...) ou encore éviter de le communiquer par téléphone ou courriel sans être certain de l'identité de l'interlocuteur. Dans tous les cas, il est nécessaire d'être toujours très prudent avec son NAS.

Dans certaines situations, il sera évidemment nécessaire de communiquer le NAS à une tierce personne. Dans ces cas-là, mieux vaut savoir à qui et dans quelles situations, il est normal de donner ce numéro. Les situations principales sont les suivantes.

- Lors de l'embauche, à son employeur, qui en a besoin pour la paie. Important : vous n'êtes pas tenu de le fournir lors d'une simple candidature d'emploi.

- Lors de la déclaration de revenus annuelle, que ce soit pour au fédéral (Canada) comme au provincial (Québec).

- Aux banques et autres institutions financières dans lesquelles on possède un compte avec intérêts ou revenus.

- Pour obtenir des prestations gouvernementales telles que l'assurance-emploi, les prêts d'études, l'aide sociale, la subvention pour l'épargne-étude et d'autres encore...

Dans toute autre situation que celles décrites ci-dessus, vous n'êtes absolument pas tenu de communiquer votre numéro d'assurance sociale. En cas de doute, il faut contacter les autorités en charge, ou au moins, consulter les sites officiels du gouvernement.

Service Canada
Votre NAS : une responsabilité partagée. Protégez-le.
www.servicecanada.gc.ca/fra/nas/info/votrenas.shtml

CHAPITRE XIX
SÉCURITÉ

Dès le moment où vous aurez posé vos valises au Québec, vous vous rendrez compte qu'on se sent véritablement en sécurité. Il n'est pas rare, même en centre-ville de Montréal, qu'une personne vous demande de lui garder ses affaires le temps qu'elle aille aux toilettes. Cette attitude vous paraîtra certainement étonnante la première fois, surtout si vous avez l'habitude, comme beaucoup de Français, de vous agripper à votre sac pour être certain que personne ne vous le vole… Mais à l'inverse, si vous ouvrez un journal ou regardez le téléjournal (journal télévisé), vous tomberez inévitablement sur des meurtres, des règlements de compte, des fusillades en tout genre… Car les médias sont friands de ce genre d'histoires. La vérité se situe entre les deux. Oui, on se sent en sécurité, même à Montréal. Mais les vols à l'arraché, les agressions, les cambriolages, tout cela existe également, plutôt dans les grandes villes. Néanmoins, depuis le début des années 2000, la criminalité au Québec a fortement chuté. La ville de Québec est l'une des plus sûres du Canada et Montréal fait figure de bonne élève par rapport aux villes nord-américaines de même taille.

ALLÔ, LA POLICE ?

Au Québec, les services de police sont parfois durement jugés par la population et les médias, qui mettent régulièrement en avant les problèmes de brutalité et des bavures, surtout lors des manifestations (comme durant la grève étudiante du printemps 2012 par exemple). Certes, tout n'est pas parfait sur bien des points, mais en règle générale, vous pourrez avoir confiance dans les services de police québécois.

Quatre corps de police existent :

- Ceux que vous croiserez le plus souvent sont les corps de police municipale. Par exemple, à Montréal il s'agit du SPVM (Service de police de la ville de Montréal) et à Québec du SPVQ (Service de police de la ville de Québec). Ils dépendent des autorités municipales et maintiennent la paix et l'ordre en ville.

- La SQ (Sûreté du Québec), corps de police provincial, assumera souvent un rôle complémentaire au corps municipal. Sous l'ordre du ministre de la Sécurité publique du Québec, la SQ va s'occuper de services généraux (aide des citoyens, prévention du crime...) en plus de services plus spécialisés (lutte contre le terrorisme, contre le crime organisé...).

- La GRC (Gendarmerie royale du Canada) que l'on appelle populairement la « police montée », relève de « Sécurité Publique Canada » (SP). Au Québec, la GRC a un mandat uniquement national, c'est-à-dire qu'elle fait appliquer les lois fédérales, c'est la SQ qui s'occupe du provincial. À noter que dans les autres provinces (sauf l'Ontario), la GRC peut fonctionner sous contrat pour faire appliquer les lois provinciales, voire municipales.

- Enfin, il y a les corps de police autochtones qui desservent les communautés autochtones du Québec. Leur rôle est proche des corps de police municipaux et la SQ est là pour assurer un rôle complémentaire.

Pour une urgence qui nécessiterait l'intervention de la police, il vous faut composer le 911. Le centre d'appel s'occupera de prévenir en urgence le (ou les) service(s) concerné(s).

Urgence : 911

Pour porter plainte ou poser des questions, vous pouvez vous adresser au service de police de votre ville. Si vous êtes à Montréal, trouvez le poste de quartier (PDQ) le plus proche de chez vous :

Service de police de la Ville de Montréal
Bottin des PDQ
www.spvm.qc.ca/fr/pdq/2_2_identifiezpdq.asp

SYSTÈME JUDICIAIRE ET PÉNITENTIAIRE

Au Québec, pour déposer une plainte (un « recours »), cela passe d'abord par un tribunal de première instance. Par tribunal de première instance, on entend :

- des tribunaux administratifs qui sont chargés d'appliquer une ou plusieurs lois. Il en existe plusieurs, tels que le Tribunal administratif du Québec (le plus important) ou encore la Régie du logement du Québec, la Commission des relations du travail, etc. ;

- des cours municipales, qui se chargent d'entendre les litiges sur le droit municipal ainsi que certaines causes criminelles ;

- la Cour du Québec, qui s'occupe de beaucoup de recours civils et criminels avec un litige d'un montant inférieur à 70 000 $. Elle est constituée de la Chambre de la jeunesse (pour les mineurs), de la Chambre criminelle et pénale (vols, agressions…) et de la Chambre civile, qui comprend la Division des petites créances (procédures simplifiées pour des litiges de moins de 7 000 $).

- la Cour supérieure, qui entend les causes dont le litige dépasse les 70 000 $. À noter que cette cour, gérée par le Québec mais dont les juges sont nommés par le gouvernement fédéral, a une compétence exclusive sur certaines questions telles que le divorce mais aussi la garde des enfants, la pension alimentaire, etc.

Après le tribunal de première instance, une décision de justice pourrait être portée en appel à la Cour d'appel, le plus haut tribunal de la province (dont les juges sont aussi nommés par le gouvernement fédéral).

Enfin, toutes les décisions de la Cour d'appel peuvent être portées devant la Cour suprême du Canada, le plus haut tribunal du pays, qui a le droit d'interpréter la Constitution canadienne autant que les lois fédérales et provinciales. La totalité des décisions prises par la Cour suprême du Canada est définitive.

Au niveau du système pénitentiaire, le ministère de la Sécurité publique du Québec gère les prisons. Ces établissements de détention administrés par le gouvernement provincial sont réservés aux personnes condamnées à purger une peine allant jusqu'à deux ans maximum. Ceux condamnés à une peine de deux ans ou plus, sont envoyés au pénitencier. Contrairement aux prisons, les pénitenciers sont gérés par le Service correctionnel du Canada (gouvernement fédéral). Il en existe plusieurs au Québec, avec des niveaux de sécurités différents, et un seul est destiné aux femmes.

Pour en savoir plus sur le système judiciaire québécois:
Ministère de la Justice du Québec
www.justice.gouv.qc.ca

CHAPITRE XX

ENFANTS

Le système de crèche existe-t-il ? Comment faire si mon enfant est malade ? Comment se déroule la scolarité ? Autant de questions auxquelles ce chapitre va tenter d'apporter des réponses. Sur le plan de la place de l'enfant dans la société, le Québec ressemble beaucoup à ce que nous connaissons en Europe. En revanche, des différences existent pour la santé ou la scolarité.

GROSSESSE ET ACCOUCHEMENT

Le Québec a une démographie plus dynamique que le reste du Canada. En 2012, on y faisait 1,68 enfant par femme. Un chiffre légèrement inférieur à la France, mais qui reste fort pour le pays. La province dispose de nombreuses infrastructures pour accueillir les mamans et les futures mamans.

Une fois la grossesse confirmée, vous aurez un premier choix à faire : celui du professionnel qui suivra la grossesse et l'accouchement.

Au Québec, trois possibilités s'offrent à la future maman.
- Être accompagnée par le médecin de famille s'il s'occupe de suivis prénataux. Au Québec, il est appelé « accoucheur » et il suivra la grossesse, la naissance puis l'enfant sur le long terme, dans une optique de suivi familial et d'humanisation des soins.
- La deuxième option est l'obstétricien-gynécologue. Experts, ces médecins sont plutôt recommandés lorsque la grossesse et l'accouchement peuvent présenter des risques. Un peu plus de la moitié des femmes au Québec décident de passer par lui, même si la grossesse est généralement normale et sans complication.
- La sage-femme. Très peu de femmes savent encore que les sages-femmes québécoises peuvent suivre les mamans, pendant la grossesse, à l'accouchement et jusqu'à six semaines après l'accouchement. Les sages-femmes sont les spécialistes de l'accouchement dit « naturel » et pratiquent souvent l'accouchement à la maison, si la mère le désire.

Ensuite, toutes les femmes sont différentes donc toutes les grossesses le sont aussi. Mais la plupart du temps, les étapes se dérouleront de la façon suivante.
Avant la fin du premier trimestre de grossesse, la maman aura un premier rendez-vous avec questionnaire et examen complet, afin de s'assurer que tout se déroule bien et que la grossesse ne présentera pas de difficulté. Un peu après cette première rencontre, la mère pourra, si elle le souhaite, passer une première échographie pour pouvoir détecter certaines anomalies chromosomiques, ou bien une grossesse gémellaire par exemple.

À partir du deuxième trimestre, un deuxième rendez-vous sera planifié afin de procéder à un examen de routine. Ensuite, un rendez-vous sera prévu à peu près tous les mois pour assurer le suivi de la grossesse et être certain que tout se déroule correctement. C'est au début du deuxième trimestre que l'amniocentèse peut être proposée éventuellement, puis c'est autour de la 20e semaine que l'échographie obligatoire prendra place, pour vérifier l'état de santé du fœtus et éventuellement, savoir son sexe !

Le dernier trimestre verra les visites médicales se multiplier au fur et à mesure que la date d'accouchement prévue approche. Éventuellement, une dernière échographie pourra être suggérée, essentiellement pour vérifier la position du bébé.

Enfin, l'accouchement pourra se faire :
- soit à l'hôpital, dans une chambre d'accouchement ou une chambre privée, avec l'assistance d'une équipe médicale ;
- soit à l'hôpital, mais avec une sage-femme ;
- soit hors de l'hôpital, avec une sage-femme, dans une maison de naissance ;
- soit carrément à la maison, avec une sage-femme (et le futur papa éventuellement !).

CONGÉS PARENTAUX

Au Québec, la mère comme le père peuvent bénéficier de congés pour la naissance de leur enfant. Mais attention, le terme de « congé » ne signifie pas nécessairement que la mère ou le père va continuer à être rémunéré pendant cette période.

Les mamans auront le droit à un congé maternité de 18 semaines sans solde, qui peuvent être prises à partir de la 16e semaine avant la date prévue d'accouchement et jusqu'à la 18e semaine après l'accouchement. Les indemnisations, qui représenteront 70 % du salaire normal, seront versées par le RQAP (Régime québécois d'assurance parentale), à condition que la maman y ait cotisé (via son emploi), qu'elle soit résidente du Québec, qu'elle ait touché au moins 2 000 $ dans l'année précédente et qu'elle ait subi une perte de salaire de plus de 40 %. À noter qu'il est possible de faire un choix entre le régime de base (décrit précédemment) et le régime particulier, pour lequel le congé sera de 15 semaines maximum mais l'indemnisation de 75 % du salaire.

Les papas quant à eux, pourront prendre un congé parental de 5 semaines sans solde, à partir de la naissance de bébé et jusqu'à la 52e semaine après. Les conditions d'indemnisation par la RQAP sont exactement les mêmes que pour le congé maternité (avec le même choix entre régime de base ou particulier).

Le congé parental s'ajoute aux congés maternité et paternité. Il est de 32 semaines (pour le régime de base) ou de 25 semaines (régime particulier) et il peut être partagé entre les deux parents, comme ils le souhaitent. Les conditions de rémunération sont les même que pour less deux autres congés, par contre, pour le régime de base, seules les sept premières semaines seront indemnisées à 70 %, les 25 autres étant indemnisées à 55 % du salaire moyen (pour le régime particulier, c'est 75 % pendant les 25 semaines).

Enfin, il est important de noter pour la maman que son employeur sera obligé de lui donner des journées de congé (non rémunérées, certes), pour passer les examens nécessaires et pour les visites médicales, pendant la grossesse (et avant le congé maternité).

Pour en savoir plus sur les congés parentaux, les aides financières et autres, n'hésitez pas à faire un tour sur le portail « Devenir parent » proposé par le gouvernement du Québec.

www4.gouv.qc.ca/FR/Portail/Citoyens/Evenements/DevenirParent/Pages/accueil.aspx

LA SANTÉ DES ENFANTS

La question à se poser, avant même que bébé naisse, est celle du professionnel de santé qu'il faut choisir pour l'enfant : médecin de famille ou pédiatre ? En général, un médecin de famille pourra très bien s'occuper du nouveau-né et du jeune enfant au jour le jour, puis si les problèmes de santé sont plus graves, il dirigera la famille vers un pédiatre. En effet, le pédiatre sera plutôt là pour régler un problème important et précis, qui nécessitera un suivi.

En règle générale, le premier rendez-vous avec le professionnel de santé aura lieu environ une semaine après la naissance, puis tous les deux à trois mois la première année. Ensuite, ce sera chaque six mois la deuxième année, puis chaque année entre l'âge de deux et cinq ans. Par la suite, une visite de routine tous les ans ou tous les deux ans devrait suffire.

Pour trouver un pédiatre
Association des pédiatres du Québec
pediatres.ca

Concernant la vaccination, il faut savoir qu'elle n'est pas obligatoire au Québec mais évidemment, fortement conseillée. Les premières vaccinations du nouveau-né commencent à l'âge de deux mois (diphtérie, coqueluche, tétanos...). Pour cela, il faudra prendre rendez-vous chez le professionnel de la santé choisi ou bien même dans un CLSC proche de la maison (centre local de services communautaires, qu'il est possible de contacter pour plus de renseignements à ce sujet).

Calendrier régulier de vaccination
www.msss.gouv.qc.ca/sujets/santepub/vaccination/index.php?calendrier_de_vaccination

Au jour le jour, si l'enfant se fait de petits bobos ou développe des symptômes bénins, il est possible d'appeler le 8-1-1, le service « Info-Santé », pour parler à une infirmière (24h/24 et 7j/7). Elle indiquera quoi faire et si nécessaire, conseillera d'aller voir un médecin. Si le médecin de famille qui suit l'enfant n'est pas disponible ou bien si la famille n'en a simplement pas, il est tout à fait possible de se rendre, comme pour les adultes, dans la clinique du quartier sans rendez-vous, où des médecins généralistes feront aussi très bien leur travail (par contre il est évident que l'attente pourra être relativement longue).

Enfin, pour les urgences et les problèmes graves, il est possible d'emmener son enfant à l'hôpital. Pour ne citer que cet exemple, sachez que Montréal compte des hôpitaux pour enfants reconnus et dont les soins sont de grande qualité.

Hôpital de Montréal pour enfants (appelé aussi « le Children »)
www.hopitalpourenfants.com

CHU Saint-Justine
www.chu-sainte-justine.org/Accueil/default.aspx

Par rapport aux dépenses, la RAMQ couvre la plupart des soins pour l'enfant. Les vaccins recommandés sont gratuits, les consultations chez le médecin aussi, les soins dentaires jusqu'à l'âge de 10 ans le sont presque tous, tout comme plusieurs types d'examens chez l'optométriste. Dans le cas du régime public de l'assurance médicament, les médicaments pour l'enfant (jusqu'à 18 ans) sont gratuits. À noter qu'il en sera de même pour les 18-25 ans dans certaines conditions très particulières (étudiants à temps plein domiciliés chez les parents...).

Voir les détails sur le site de la RAMQ : www.ramq.gouv.qc.ca

LES GARDES D'ENFANT

La plupart des services de garde au Québec sont réservés aux enfants de moins de 5 ans. Après cet âge-là, si l'enfant est à l'école, il peut bénéficier de certains de ces services de garde après l'école (qui finit généralement assez tôt dans l'après-midi).

Les garderies sont une possibilité pour confier son enfant. Certaines seront subventionnées par l'État et offriront des places à 7 $ par jour (un tarif de base qui est sujet à augmentation). Les autres appliqueront leurs propres tarifs. Ensuite, il existe les centres de la petite enfance (ou CPE) qui sont des organismes à but non lucratif et qui proposent uniquement des places à 7 $ par jour. Enfin, il y a les services de garde dans des résidences privées, dits « en milieu familial » qui, s'ils sont subventionnés, offrent des places à 7 $ par jour (sinon, ils déterminent leurs tarifs eux-mêmes). Tous ces services possèdent un permis et sont régis par le ministère de la Famille. Il est aussi légal de faire garder l'enfant dans un service de garde non régi (avec un maximum de six enfants) mais ce sera aux parents de s'assurer de la qualité des services donnés (sécurité, santé...). Enfin, il est important de savoir qu'un contrat devra être signé entre les parents et un CPE ou un service de garde en milieu familial, et qu'un paiement en un seul versement ne peut être exigé (car c'est interdit).

i **Pour trouver un service de garde**
www.mfa.gouv.qc.ca

Pour information, il est possible dans certains cas d'obtenir des aides financières supplémentaires, allant jusqu'au remboursement total des frais de garde (évidemment, ce sont dans des conditions très précises pour les familles à faibles revenus). De plus, des crédits d'impôts et autres déductions d'impôts sont envisageables, que ce soit au provincial comme au fédéral, et ce, même dans le cas où la famille n'a pas pu faire garder son enfant dans un service de garde subventionné (à 7 $ par jour). Dans ces cas-là, demandez conseil à votre comptable ou simplement renseignez-vous sur Internet.

i **Revenu Québec :** www.revenuquebec.ca

i **Agence du revenu du Canada (ARC):** www.cra-arc.gc.ca

SYSTÈME ÉDUCATIF ET ÉCOLES FRANÇAISES

Le système éducatif québécois est différent de ce qui existe en Europe, surtout à la fin du secondaire (même si le reste se rapproche du système belge). Si tout se passe « bien », une éducation classique se déroule ainsi :

Âge	Québec	Loyer (pour comparaison)
5 ans	Maternelle	Maternelle (grande section)
6 ans	1ère année (primaire)	CP
7 ans	2e année (primaire)	CE1
8 ans	3e année (primaire)	CE2
9 ans	4e année (primaire)	CM1
10 ans	5e année (primaire)	CM2
11 ans	6e année (primaire)	6e (collège)
12 ans	Secondaire 1	5e (collège)
13 ans	Secondaire 2	4e (collège)
14 ans	Secondaire 3	3e (collège)
15 ans	Secondaire 4	Seconde (lycée)
16 ans	Secondaire 5	Première (lycée)
17 ans	CEGEP 1ère année	Terminale (lycée)
18 ans	CEGEP 2e année	Université
19 ans	Université ou CEGEP 3e année	

La particularité québécoise réside principalement dans le CEGEP (écrit et prononcé « cégep » en général) c'est-à-dire le Collège d'enseignement général et professionnel. Avant de pouvoir aller à l'université, les Québécois devront faire deux années de CEGEP, soit quatre sessions, pour valider un DEC (diplôme d'études collégiales). Certains pourront valider un DEC sur trois ans afin de pouvoir entrer directement sur le marché du travail ensuite (formations professionnalisantes).

Au niveau du rythme scolaire, la semaine de travail est de cinq jours complets, du lundi au vendredi. Les horaires varient un peu selon les écoles mais en général, les cours débutent aux alentours de 8 heures et se terminent vers 15 heures/15h30, avec une pause pour le dîner d'environ une heure (en général, il n'y a pas de système de cantine à proprement parler). Pour les plus jeunes, il existe des services de garde (ou d'aide aux devoirs), payant, le matin avant le début des cours et le soir après la fin des cours (jusqu'à 18 heures environ).

En plus des vacances d'été, qui vont s'étaler de la fin juin à la fin août, les élèves pourront profiter de deux semaines de vacances pour la période des fêtes (fin décembre – début janvier) ainsi que d'une semaine de vacances début mars, que l'on appelle « la semaine de relâche ». Rien de plus, si ce n'est plusieurs jours fériés durant l'année (Vendredi Saint, Action de grâce...).

Au Québec, le français est une langue officielle, la plupart des écoles, de la maternelle jusqu'au CEGEP, dispensent une éducation en français. La majorité des nouveaux arrivants francophones choisissent de mettre leurs enfants dans une école québécoise, dans l'optique généralement de favoriser leur intégration. Cependant, il existe la possibilité, à Montréal et à Québec, de mettre son enfant dans une école française.

Il n'existe que deux établissements français : le collège Stanislas (à Montréal ou à Québec) et le collège international Marie de France (à Montréal uniquement). Chacun de ces deux établissements propose un enseignement élémentaire (maternelle et primaire), un enseignement secondaire (de la sixième à la seconde) et un enseignement dit « collégial » (de la première à la terminale) avant de présenter les élèves à l'examen du baccalauréat français, dont les résultats au collège Stanislas par exemple, frôle les 100 % chaque année (avec plus de 70 % de mentions).

L'admission dans ces deux établissements français, quel que soit le niveau, est soumise à un examen d'entrée, et l'inscription demande des frais de scolarité plutôt élevés. De la maternelle au CM1, ces frais tournent autour de 4000 $ par an. Pour le CM2, ce sera plus de 6000 $ et pour le secondaire et le collégial, entre 4000 $ et 5000 $ par an. Bien sûr, des systèmes de prêts avantageux et de bourses sont disponibles, mais pas accessibles à tous.

i **Collège Stanislas :** www.stanislas.qc.ca

i **Collège international Marie de France :** www.cimf.ca

LES LOISIRS POUR LES ENFANTS

Si, comme beaucoup de Français, vous vivez dans les environs de Montréal ou de Québec, alors les activités à faire avec les enfants (en plus, certaines sont gratuites !) ne manqueront pas. Dans ces grandes villes, tout est fait pour satisfaire les plus jeunes tout au long de l'année. Voici quelques exemples.

Activités sportives

Hockey sur glace, soccer (football), tennis ou encore *cheerleading* (pom-pom girl) et bien d'autres… Si l'enfant veut pratiquer une activité sportive dans un club, il n'aura que l'embarras du choix, surtout à Montréal. De plus, il faut savoir que certaines de ces activités sportives sont éligibles à un crédit d'impôt fédéral, alors pourquoi s'en priver ? Pour les parents qui veulent envoyer leurs enfants en camps pendant les vacances, il en existe une multitude qui met en avant l'activité sportive !

Pour vous donner une idée des activités sportives pour les enfants à Montréal :
Pour les 0-5 ans : www.sportsmontreal.com/fr/activites-bebes.aspx
Pour les 6-11 ans : www.sportsmontreal.com/fr/activites-enfants.aspx
Pour les 12-15 ans : www.sportsmontreal.com/fr/activites-ados.aspx

Activités culturelles

Cours de chants, chorales pour enfants, cours de théâtre, cours de piano ou de guitare… Tout est possible pour que l'enfant s'instruise en s'amusant. Il y a aussi de nombreux musées, dont certains sont particulièrement adaptés pour les enfants (ou certaines sections au moins).

Centre des Sciences de Montréal : www.centredessciencesdemontreal.com

Biodôme, insectarium, jardin botanique, planétarium (à Montréal)
https://espacepourlavie.ca

Aquarium du Québec (à Québec) : www.sepaq.com/ct/paq

Activités extérieures

Outre toutes les balades qu'il est possible de faire dans la nature, pas si loin des grands centres, il existe aussi de nombreuses activités extérieures dédiées aux enfants, gratuites ou payantes, un peu partout au Québec. En hiver, les patinoires et les pistes de glissade (luge) ouvrent leurs portes, pour le plus grand bonheur des plus jeunes. Alors qu'en été, il s'agira plutôt de canoë, de vélo et de parcours d'arbre en arbre.

Centre de la nature de Laval
www.laval.ca/Pages/Fr/Activites/centre-de-la-nature.aspx

D'arbre en arbre
www.parcsarbreenarbre.com

Parc de la Chute-Montmorency (Québec)
www.sepaq.com/ct/pcm/index.dot

Les événements

Il existe de nombreux événements qui reviennent chaque année et qui sont en partie (ou en totalité) destinés aux plus jeunes. Et ce, en hiver comme en été !

Fête des neiges de Montréal
www.parcjeandrapeau.com/evenements/fete-des-neiges-de-montreal

Carnaval de Québec
carnaval.qc.ca

Fête des enfants de Montréal
www.parcjeandrapeau.com/evenements/fete-des-enfants-de-montreal

Festival international du film pour enfants de Montréal
www.fifem.com

Activités « pour le fun »

Bien évidemment, de nombreuses autres activités destinées au divertissement pur et simple des enfants existent. Ce sera uniquement « pour le fun » comme on dit ici, à commencer par les parcs d'attractions :

Méga Parc des Galeries de la Capitale (parc intérieur, ouvert toute l'année)
www.mega-parc.com

La Ronde (à Montréal, pour les enfants et les adultes !)
www.laronde.com

Au Québec, pour tout savoir sur la grossesse, les enfants, la famille, les activités à faire, toutes les actualités sur ces sujets et bien d'autres informations aussi utiles les unes que les autres (en plus de forums d'échanges), vous pouvez consulter ces deux blogs très complets :

Maman pour la vie
www.mamanpourlavie.com

Enfants Québec
enfantsquebec.com

Rencontre avec Nadia : être entrepreneuse et maman

Nadia Hadji est une mère célibataire dans la jeune trentaine. Avec Mady, sa fille de 7 ans dont elle a la garde partagée, elle vit à Montréal, sur le Plateau Mont-Royal, dans un loft dont elle est propriétaire. Nadia travaille à son compte en tant que développeur Web depuis quelques années.

Comment se sont passés ton départ de France et ton arrivée au Québec ?
Nous avons commencé notre processus de Résidence Permanente à trois : moi, mon ex-conjoint et notre fille Mady. En fait, au bout de trois mois, nous avions déjà obtenu notre Certificat de Sélection du Québec (CSQ) et après, ça nous a pris un peu plus de temps pour préparer tous les papiers pour la Résidence Permanente. Mais globalement, une fois que nous les avions envoyés, ça a pris une année complète. Du coup, nous avons même trouvé que tout cela arrivait vite, mais finalement, nous sommes quand même partis.
Pour notre déménagement, en 2009, nous avons pris un petit container dans un avion-cargo. C'était plutôt pour garder quelques souvenirs parce qu'en réalité, matériellement, nous avons tout donné. Nous avons quand même récupéré quelques affaires de ma fille et gardé ses petites choses, parce qu'un déménagement à deux ans et demi, c'était difficile. Donc, quand on a récupéré nos affaires en arrivant au Québec, Mady a retrouvé tous ses doudous et tous ses jouets : finalement, elle était déjà un peu chez elle !

Puis une fois sur place, à Montréal, comment ça s'est passé ?
Quand nous sommes arrivés, c'était la fin de l'hiver, nous cherchions un appartement et ça ne nous a pris qu'une semaine pour en trouver un. Le propriétaire a demandé des références, discuté un peu, puis c'était réglé. Après, mon ex-conjoint a commencé le travail donc nous avions vraiment un décalage de vie. Je m'ennuyais un peu et je n'avais pas beaucoup d'amis : en fait je ne connaissais qu'une seule personne, une très bonne amie, mais qui travaillait aussi.
Finalement, quelque temps après, mon ex-conjoint et moi nous sommes séparés, puis je me suis ressaisie et j'ai décidé de prendre un cours intensif d'anglais d'un mois car je trouvais que c'était un handicap de ne pas parler assez bien l'anglais à Montréal. Donc entre ce cours et aussi mon amie qui me présentait d'autres personnes (qui sont par la suite, elles-mêmes devenues des amies), cela m'a permis de développer ma vie sociale.

Donc c'est à ce moment-là que tu as décidé de recommencer à travailler ?
Exactement. Cela faisait déjà dix mois que je ne travaillais pas donc je me suis dit qu'il fallait que je cherche un travail. Tout cela ne m'a pris que trois semaines à partir du moment où j'ai envoyé mon premier CV, et en réalité, j'ai même eu le choix entre plusieurs employeurs ! Finalement, je suis arrivée dans une entreprise de marketing Web et ce que j'ai tout de suite remarqué, c'est qu'au Québec, on va plus facilement valoriser ton bon travail. J'ai même été augmentée régulièrement sans jamais rien demander ! En tout cas, je ne connais personne qui est bosseur et qui n'arrive pas à trouver du travail ici.
En fait, à partir de là, ma vie a complètement changé : mon état d'esprit, ma manière de voir les choses... C'est comme si j'avais repris ma vie en main ! D'abord, j'ai acheté un appartement et être propriétaire, c'est véritablement un choix que le Québec m'a donné. En France j'ai travaillé sept ans chez BNP Paribas, j'étais en quelque sorte « de l'autre côté », et c'est moi qui autorisais des crédits pour les clients. Donc je sais comment ça se passe et franchement, mon propre profil, je ne l'aurais jamais accepté. Mais ici, à Montréal, ça a été bien plus facile avec la banque, et il m'a suffi d'avoir un travail et un bon historique de crédit.

Quand est-ce que tu as pris la décision de travailler à ton compte ?
En fait, au bout d'un moment, je sentais que travailler dans une entreprise n'était plus fait pour moi. Parfois, je n'arrivais plus à me lever le matin pour aller travailler et comme je faisais déjà des petits travaux de développement Web pour arrondir les fins de mois, j'ai pris la décision de me mettre à mon compte. C'est assez facile, en allant sur Internet, ça prend quelques heures ! Tout est indiqué sur les sites

du gouvernement, donc j'ai pu rapidement ouvrir une compagnie pour seulement 300 $. J'ai choisi une compagnie incorporée parce que c'était une manière de moins payer d'impôts et maintenant, je peux déduire beaucoup de choses, comme une partie de mes frais d'appartement, de mon Internet, mais aussi le matériel que j'achète au nom de la compagnie par exemple. Ça me permet de déclarer un revenu mensuel pour moi personnellement, mais aussi d'avoir de l'argent pour développer ma compagnie.

Ce n'est pas trop compliqué au niveau de la gestion d'une entreprise en étant toute seule ?

En réalité, je n'ai pas beaucoup de gestion, mais j'ai quand même un comptable que je vois une fois par an. À la fin de chaque trimestre, je dois payer mes taxes, parce qu'à partir de 30 000 $ de revenus par an, tu es assujettie à la TPS et la TVQ (taxe sur les produits et services, et taxe de vente du Québec, que l'on facture aux clients). C'est la seule chose que je fais pour l'instant, et en plus, je le fais par Internet donc c'est facile. En ce qui concerne les déductions, il faut que je garde toutes mes factures (entre autres) et c'est là où je ne suis pas encore assez rigoureuse car je ne garde pas tout, mais je commence à suivre une ligne de conduite pour y arriver !

Pour trouver des clients, quel est le secret ?

Honnêtement, il n'y a pas vraiment de secret. D'abord, il y a le premier client et lui, tu as plutôt intérêt à bien t'en occuper parce qu'il va certainement te ramener un autre client par la suite. En réalité, c'est exactement ce qui s'est passé pour moi !
Ensuite, j'ai aussi embauché une graphiste, que j'ai payée 400 $ pour faire le design de mes cartes d'affaires, et une fois mes cartes d'affaires en main, j'ai beaucoup participé à des « 5 à 7 » (rencontres professionnelles de réseautage). Il existe plein de sites pour en trouver, mais personnellement, la plupart du temps j'utilise Eventbrite et je trouve les « 5 à 7 » qui m'intéressent.
Ces événements professionnels m'ont permis de rencontrer du monde, par contre j'ai dû apprendre à aller vers les autres, parce que si tu ne vas pas vers les autres, tu vas rester toute seule à boire ton verre ! Lors de ces « 5 à 7 », j'essayais de repérer les gens de mon secteur ou des gens complémentaires à mon travail. Les retombées de ces rencontres-là ne sont peut-être pas instantanées, mais si cela se passe bien, ça fini toujours par retomber. En réalité, ce qui m'a amené des clients, c'est vraiment le réseautage et jusqu'à présent, les gens qui ont demandé mes services, m'ont dit que je leur avais été référée !
Maintenant, je suis débordée de travail, je ne suis pas encore arrivée à des niveaux de salaire de plein-temps mais je gagne quand même bien ma vie. Par contre, au

début, il est important de tenir le coup, de ne pas avoir peur et de bosser dur car le succès n'est pas gratuit. Aujourd'hui, je dirais que pour moi, c'est un peu comme le « rêve américain » !

Avec ce travail très prenant, comment tu gères la vie avec une enfant de 7 ans ?

Déjà, il faut savoir que je suis quand même en garde partagée. En fait, Mady a 7 ans, elle est actuellement en 2e année, c'est-à-dire l'équivalent du CE1 français. J'ai l'habitude de la déposer le matin à 8 heures, parce que la classe commence à 8 heures, puis souvent je la récupère vers 17 heures au service de garde (la classe se termine généralement vers 15 heures). De mon côté, je m'arrange pour travailler entre ces heures-là. Ensuite, entre 17 heures et 20 h 30 je suis avec ma fille et puis là, nous faisons à manger, les devoirs… C'est la petite routine du soir ! Enfin, une fois qu'elle est couchée, si je peux travailler, je vais le faire.

Il faut savoir qu'avant, en France, je travaillais à Paris puis j'habitais en banlieue. Donc je déposais ma gamine à 7h45 puis je venais la reprendre à 17h45, ce qui faisait quand même des grosses journées en plus des 45 minutes de transport le matin et le soir. En clair, j'étais fatiguée ! Alors qu'aujourd'hui, je suis en pleine forme quand je vais chercher ma fille et en plus, on sort beaucoup, on voit du monde, on fait des activités… Des fois j'ai même un peu honte devant les autres parents quand elle me demande « Mais on va où Maman ce soir ? » Ils doivent se dire que je traîne ma gamine partout… ce qui est un peu le cas parce qu'on peut dire que je n'ai pas vraiment une vie familiale très « classique ».

Par rapport à l'école, ça se passe comment avec Mady ?

En arrivant au Québec, on m'a dit que l'éducation publique n'y était pas excellente, mais moi, habitant sur le Plateau Mont-Royal et avec l'école primaire en face de l'appartement, je me suis dit que j'allais quand même faire l'expérience de la maternelle pour Mady.

Le problème, c'est que Mady est née un 1er octobre donc elle ne pouvait pas entrer en maternelle avant l'année suivante, car pour l'inscription, il fallait être né avant le 29 septembre. Du coup, j'ai dû faire une demande de dérogation pour qu'elle entre quand même en maternelle cette année-là, et un psychologue l'a rencontrée, ce qui m'a quand même coûté environ 500 $. Finalement elle est entrée à l'école maternelle et elle y a même appris à lire ! J'étais très contente alors je me suis demandé pour quelles raisons je sortirais ma fille d'un système qui visiblement fonctionne.

Mais c'est sûr qu'à partir de l'équivalent de la 6e (secondaire 1, au Québec), je vais envisager une autre solution. Ce ne sera pas forcément une école privée car il y a plein de très bonnes écoles publiques, dont beaucoup sont sur concours. Je pense à l'École internationale de Montréal par exemple.

Et dans ce système, les écoles françaises, tu en penses quoi?
J'ai des amis qui ont mis leurs enfants au collège Marie de France et au collège Stanislas aussi, donc je connais un peu les deux, mais franchement, je ne pense pas mettre Mady dans ces écoles.
En plus, ce ne sont pas les meilleures du Québec: il y a d'autres écoles avec des niveaux d'excellence plus élevés et qui sont moins chères. Parce qu'en effet, il faut dire que l'école française est quand même très chère, donc finalement ce serait mon dernier recours si Mady n'est acceptée nulle part.

Peux-tu me parler de ton expérience avec Mady par rapport au système de santé?
À dire vrai, j'ai de la chance d'avoir une enfant rarement malade et qui n'a jamais eu de gros problèmes de santé. Mais en général, quand elle a quelque chose, je téléphone d'abord au 8-1-1. J'explique à une infirmière les symptômes de mon enfant et elle me donne des conseils. C'est à partir de là, si le 8-1-1 n'est pas suffisant, que je vais à la clinique.
Dans ce cas, je m'arrange toujours pour aller à la clinique à côté de chez nous. En plus, dans cette clinique, je prends un ticket et grâce à une application sur le téléphone, je ne reviens qu'au moment où on appelle mon ticket! C'est vrai, j'attends parfois deux à trois heures, mais on s'entend que même en France, j'ai déjà attendu autant.
Concernant les frais, tout a toujours été gratuit, et pour les médicaments c'est pareil. En clair, je n'ai jamais déboursé un centime pour Mady à ce niveau-là, il suffit que je donne la carte de la RAMQ (Régie d'Assurance Maladie du Québec) et puis c'est tout! Pour le dentiste, c'est la même chose, je vais à la clinique dentaire à côté de l'appartement et deux jours après, j'ai un rendez-vous pour Mady, avec un très bon service en plus.
Par contre au Québec, on ne peut pas prendre rendez-vous chez le médecin, sauf si on a un médecin de famille. Tout le monde dit qu'il en faut un, mais personnellement je m'en passe, et de toute façon ils sont surbookés. Par exemple, j'ai une amie dont le médecin de famille l'a « virée » et remplacée, simplement parce qu'elle n'était pas allée chez lui avec sa fille depuis un an! Le plus embêtant finalement, c'est surtout quand on a besoin d'une consultation chez un spécialiste parce que là, il faut passer par un médecin à la clinique, pour ensuite prendre un rendez-vous chez le spécialiste, et ça, ça prend du temps.

Au niveau de la santé, tu n'as pas pris d'assurance privée supplémentaire?
Non, je suis couverte par la RAMQ et c'est tout. Cela me coûte à peu près 500 $ par an, que je paie avec ma déclaration de revenus. En plus, franchement, les assurances privées sont très chères et je ne voulais pas payer 100 $ à 150 $ par mois pour Mady et moi.

Est-ce qu'au final, tu dirais qu'un enfant au Québec, ça coûte cher?
Non, franchement, cela ne coûte pas si cher. Par exemple, Mady, je l'habille à l'Aubainerie, c'est un peu comme les Kiabi en France, et on y trouve toujours notre compte. En réalité, le manteau d'hiver est le seul gros investissement que j'ai fait à part. Puis je fais quand même beaucoup d'activités avec elle : on fait du ski aux États-Unis, elle fait du théâtre et du piano, etc. Je dirais qu'ici, à Montréal, au niveau des activités, l'enfant est roi : en hiver on va à la Fête des Neiges, puis on va aussi au musée, au planétarium... Au final, chaque activité me coûte 20 $ à 30 $, et j'essaie d'en faire au moins une dans le week-end.

Après ces quelques années, est-ce qu'aujourd'hui, tu dirais que tu te sens intégrée au Québec?
Oui, complètement! C'est drôle parce qu'étant enfant d'immigrée, je ne me suis jamais sentie particulièrement française en France. Mais ici, je me sens française et les Québécois m'ont intégré en tant que Française. J'ai toujours un bon échange avec eux et à chaque fois que je parle avec quelqu'un, je ne sens pas que la personne roule des yeux en se disant « Encore une Française! ». En fait, le plus difficile n'est pas l'intégration mais plutôt le manque familial et certaines petites choses comme la nourriture... Mais finalement, on s'habitue, on trouve ses petites adresses, puis on fait comme tout le monde!
Ce qui m'a le plus agréablement surprise, c'est le fait que les gens s'entraident. Par exemple, les quelques fois où j'ai dû déneiger ma voiture, il y a souvent un Québécois ou une Québécoise qui s'est arrêté, qui a pris la pelle et qui m'a aidé. Ce ne sont pas des blagues, ça m'est arrivé trois fois en trois ans! Puis bien sûr, j'apprécie aussi le respect des Québécois au quotidien, avec par exemple, les gens qui font la queue en attendant le bus.

Pour finir, qu'est-ce que tu conseillerais à celui ou celle qui est en train de lire ce livre, pour avoir une bonne expérience d'intégration?
D'abord, il ne faut pas se sentir supérieur aux autres et il faut être tolérant aussi. Il faut avoir beaucoup d'humilité car quand tu arrives au Québec, c'est toi l'étranger et c'est leur pays. Si tu arrives à respecter ça, tu vas t'intégrer et à partir du moment

où tu considères que tu n'es pas en terrain conquis, tu vas être plus à même de découvrir beaucoup de choses sur le Québec, que ce soit à travers les gens rencontrés, leurs coutumes ou leurs expressions. Aussi, il faut faire l'effort de poser des questions, parce que quand on est ouvert, cela ne va pas seulement s'arrêter à une simple explication : le Québécois va toujours te donner un petit truc en plus qui va te permettre de mieux comprendre les gens !

Eventbrite
www.eventbrite.ca

CHAPITRE XXI

MAGASINER ET FAIRE L'ÉPICERIE

«J'achète donc je suis». Voilà une devise qui pourrait coller parfaitement au système de consommation québécois, très proche de l'image que projette l'Amérique du Nord dans ce domaine. Mais cette invitation à consommer encore et toujours, est-elle si différente de la France avec ses immenses hypermarchés, centres commerciaux et ses périodes de soldes toujours plus folles? Pas vraiment. Ce qui donne cette impression de consommation à outrance, réside peut-être dans le fait qu'au Québec, comme dans le reste de l'Amérique du Nord, tout est souvent «plus grand»: les centres commerciaux, les magasins, les soldes, les pharmacies où l'on trouve de tout... Et ce sentiment est probablement renforcé par l'utilisation de la carte de crédit et cette possibilité de dépenser «l'argent que l'on n'a pas encore». Mais pourtant, dans la vie de tous les jours au Québec, on ne vous poussera pas à surconsommer plus qu'en Europe. D'ailleurs au Québec, une loi interdit la publicité à but commercial destinée aux enfants de moins de 13 ans. Voilà un fait intéressant pour nous Européens, qui dès notre plus jeune âge, avons été soumis à des publicités qui nous incitaient à demander à nos parents d'acheter tel jouet, ou telle marque de céréales!

COMPRENDRE LES TAXES : TPS ET TVQ

Lors de vos premiers achats au Québec, vous risquez d'être surpris car les prix, si rien n'est spécifié, sont généralement indiqués hors taxes. Ainsi, en plus du prix affiché, vous devrez payer des taxes à la consommation, l'équivalent de la TVA européenne, que vous retrouverez sur la plupart des tickets de caisses, sous les abréviations TPS et TVQ.

La TPS, ou taxe sur les produits et services, affiche depuis 2008 un taux de 5 %. C'est la taxe sur la vente imposée par le Canada, à un niveau fédéral. Elle est, dans son fonctionnement, très comparable à la TVA européenne, et va directement dans les caisses de l'État fédéral.

La TVQ, ou taxe de vente du Québec, affiche un taux à 9,975 % depuis 2013. C'est la taxe de vente que vous devrez payer au Québec, en plus de la TPS. La TVQ, quant à elle, est perçue par le gouvernement du Québec.

Chacune de ces deux taxes se calcule sur le prix de vente hors taxes, ce qui, quand elles doivent être appliquées toutes les deux, correspond à un taux global de 14,975 %. Par exemple, si vous souhaitez acheter une paire de gants affichée en magasin à 10 $, alors en arrivant à la caisse, vous devrez payer 11,50 $, soit 1 $ pour la TVQ et 50 centimes pour la TPS.

En revanche, au Québec, plusieurs produits sont exonérés de taxes. Par exemple, la plupart des produits alimentaires de base, que vous retrouverez dans votre épicerie, seront détaxés (légumes, viande, céréales, œufs, pain, yogourt...). Puis sans être exhaustif, vous ne paierez pas non plus de taxes sur vos médicaments sous ordonnance, sur votre loyer, sur la plupart des services de santé... et les amateurs de lecture ne paieront pas de TVQ sur les livres.

FAIRE SON ÉPICERIE ET ALLER AU DÉPANNEUR

Au Québec, vous direz plus facilement « aller faire l'épicerie » plutôt qu'« aller faire les courses » mais c'est à peu près la même chose. Ainsi, pour aller faire votre épicerie, vous pourrez compter sur de nombreuses enseignes de supermarchés, plus ou moins grandes et avec plus ou moins de choix. En voici une liste non exhaustive :
Les plus grands magasins sont Maxi & Cie, Loblaws, Walmart…
Les plus économiques sont Costco, Super C…
Les plus proches de chez vous, parce que de taille réduite, sont Provigo, IGA…
Les magasins de quartier, très petits, sont Intermarché, le Marché Richelieu…

Bien sûr, vous pourrez aussi aller chez vos commerçants de quartier (fruitier, charcutier, fromager, boucher…). D'ailleurs, en ville, certains petits commerçants comme les fruitiers par exemple, sont souvent moins chers que les grandes enseignes de supermarchés !

Pour vous donner une idée, voici quelques prix trouvés en supermarché. N'y voyez pas une étude poussée, ce sont juste des échelles de prix pour vous donner un point de comparaison.

1 kg de bœuf haché (frais emballé)	8 - 10 $
250 g de jambon cuit (à la coupe)	4 - 5 $
1 kg de saumon (filet, frais emballé)	17 - 20 $
1 kg de pommes McIntosh	3 - 4 $
2 litres de lait (toujours au frais)	3 - 4 $
1,75 litre de jus d'orange (au frais)	3 - 4 $
1 baguette de pain	2 - 3 $
1 camembert	6 - 10 $
1 boîte de thon	1,50 - 2 $
1 boîte de céréales Kellog's (450 g environ)	3 - 4 $
2 litres de Coca-Cola	2 $
1 pizza surgelée « Toute Garnie »	4 - 6 $
200 g de fromage râpé	3 - 4 $

Pour les petits achats ou les besoins de dernière minute, vous aurez souvent affaire au « dépanneur ». Le dépanneur est une particularité très québécoise. C'est une toute petite épicerie que l'on trouve au coin de la rue et qui ne vend pas de produits frais mais de nombreux produits d'épicerie qui pourraient vous « dépanner » si vous n'avez pas le temps ou pas envie d'aller au supermarché (un paquet de chips, une bouteille de soda, une boîte de biscuit...).

En général, vous y trouverez aussi de la bière et des cigarettes, vous pourrez y valider une grille de Loto ou acheter un billet à gratter, et vous pourrez même parfois y recharger votre carte de transports en commun. Beaucoup de ces dépanneurs vont fermer tard ou même rester ouverts toute la nuit. Souvent, les dépanneurs sont des magasins indépendants mais vous pourrez trouver des grandes enseignes à l'échelle du Québec, telles que les magasins « Couche-Tard » par exemple.

ACHETER DE L'ALCOOL

Au Québec, le commerce de l'alcool est géré par une société d'État appelée la Société des alcools du Québec ou plus communément, SAQ (prononcez toutes les lettres). Ses origines remontent à la Commission des liqueurs du Québec créée dans les années 1920 pour gérer le commerce des vins et liqueurs, ainsi que l'émission des permis d'alcool dans les hôtels et restaurants. Aujourd'hui, c'est la Régie des alcools, des courses et des jeux du Québec qui gère les permis, et la gestion des alcools revient toujours à la SAQ.

La Société des alcools du Québec possède le monopole des importations d'alcool. Que l'alcool provienne d'un autre pays ou même d'une autre province canadienne, il passera obligatoirement par la SAQ. Ensuite, la SAQ est le seul et unique grossiste qui va approvisionner les différents réseaux, tels que les épiceries, les dépanneurs et autres détenteurs d'un permis (restaurants, bars, hôtels…). En clair, en dehors de la bière domestique (c'est-à-dire produite au Québec), tout l'alcool doit passer par la SAQ, qui va appliquer et collecter une « majoration ».

Mais ce n'est pas tout : la SAQ possède aussi son propre réseau de distribution qui prend la forme de centaines de magasins libre-service à travers l'ensemble de la province. Elle a donc une position éminemment dominante sur le marché puisqu'en plus, c'est elle qui décide des conditions de vente d'alcool dans les épiceries et les dépanneurs, ainsi que de la gamme des vins et bières qui y seront vendus.

Par conséquent, si vous souhaitez acheter de l'alcool, vous pourrez donc trouver un peu partout des magasins de la SAQ ouverts entre 8 heures et 23 heures selon les succursales. Et, évidemment, vous pouvez aussi acheter de la bière et du vin dans les supermarchés et les dépanneurs, avant 23 heures. Même s'ils sont souvent moins chers, en règle générale, les vins trouvés dans les épiceries et dépanneurs sont considérés comme étant de moins bonne qualité. Pourquoi ? Parce que la SAQ n'autorise la vente que d'une certaine gamme de produits dans les épiceries et dépanneurs : une gamme moins chère et, par conséquent, souvent de moins bonne qualité…

Rappelons que la vente d'alcool est interdite aux moins de 18 ans. Alors, si vous avez moins de 30 ans n'oubliez pas d'avoir toujours une carte d'identité avec photo à portée de main, car une règle non écrite veut que le caissier vous demande une pièce d'identité si vous avez l'air d'avoir moins de 25 ans (pour être certains que vous n'êtes pas mineur). Vous faire « carter », comme on dit ici, arrive très souvent. De plus, il faut savoir qu'il est strictement interdit de boire de l'alcool dans un lieu public (rue, parc…) ou même dans une voiture, au risque de se voir infliger une amende.

Sachez enfin qu'après 23 heures, la vente d'alcool est interdite au Québec, à part dans les bars, dont l'autorisation de vente court jusqu'à 3 heures du matin.

Voici une petite liste pour vous donner une idée des prix (taxes incluses) :

Bière (12 bouteilles)	moins de 15 $ (dans un supermarché ou dépanneur)
Vin (75 cl)	minimum 12-15 $ (en dessous, pas sûr qu'il soit buvable)
Champagne (75 cl)	minimum 50 $
Vin mousseux (75 cl)	moins de 15 $
Vodka (75 cl)	minimum 20 $
Tequila (75 cl)	minimum 30 $
Rhum (75 cl)	minimum 20 $
Whisky (75 cl)	minimum 25 $

MAGASINER

À partir du moment où vous êtes au Québec, vous n'allez plus « faire du shopping », en effet, l'utilisation du mot « shopping » est très rare chez les Québécois francophones. À la limite, vous entendrez peut-être dire que quelqu'un est allé « faire les magasins », mais le plus souvent, les Québécois vont « magasiner » lorsqu'il s'agit d'aller acheter des vêtements, de l'électronique, des choses pour la maison, de la décoration... Vous remarquerez très rapidement qu'au Québec, la consommation est reine. D'ailleurs, faites attention, car vous pourrez facilement faire chauffer votre carte de crédit !

Selon les enseignes, difficile de dire si vous paierez plus cher ou moins cher qu'en Europe. La première différence, c'est que vous trouverez évidemment de très bons vêtements et chaussures d'hiver. Ce ne sera peut-être pas moins cher qu'en Europe, mais ce sera souvent de bien meilleure qualité pour lutter contre les températures négatives extrêmes. La deuxième différence notable est qu'ici, il n'y a pas de périodes de soldes réglementées. C'est-à-dire que tout au long de l'année, vous trouverez des articles soldés, ainsi, vous pouvez toujours tomber sur « la bonne affaire » au détour d'un magasin. À vous de surveiller en fonction de ce dont vous avez besoin. Un conseil : trouvez les versions « entrepôt » de certains magasins de vêtements, vous y trouverez toujours de très bonnes affaires (Rudsak Atelier, Le Château Entrepôt, Aldo Entrepôt...).

Concernant les promotions, vous remarquerez la folie qui s'empare des consommateurs et des magasins lors des fameux Black Friday et Boxing Day. Le Black Friday est le lendemain de la fête de Thanksgiving américaine (quatrième jeudi du mois de novembre). Et le Boxing Day est le lendemain du jour de Noël. Ces deux journées sont l'occasion pour les magasins de faire des soldes souvent exceptionnelles... ou se voulant exceptionnelles ! En effet, ce ne sont parfois pas les meilleures offres de l'année mais l'engouement des consommateurs est tel que les enseignes en profitent quelquefois...

À noter aussi l'apparition depuis quelques années du Cyber Monday, le lundi suivant le Black Friday. Il s'agit finalement d'une déclinaison du Black Friday sur le

Web. Toutes les boutiques en ligne vont proposer des soldes très importantes et vous permettre de magasiner, sans même bouger de chez vous !

Concernant le Web justement, vous remarquerez vite que magasiner y est facile. La quasi-totalité des grandes enseignes qui ont pignon sur rue vous proposeront une version Internet, avec des frais de livraison souvent gratuits pour un certain montant d'achat. Par contre, au niveau épicerie, seul IGA proposait une version Web de son supermarché jusqu'alors. Ainsi, pour faire votre épicerie, il vous faudra certainement encore sortir de chez vous !

CONSOMMER QUÉBÉCOIS ET CANADIEN

N'hésitez pas à consommer québécois ou canadien, que ce soit pour vos produits frais ou vos vêtements par exemple. Certes, pour trouver de vrais bons fromages québécois ou de la bonne charcuterie québécoise, ce sera encore un peu difficile dans les supermarchés (mais ça commence). À ce moment-là, préférez les magasins de quartier (charcutiers, bouchers, fromagers...) ou mieux encore, les marchés. Vous pourrez trouver des produits délicieux et souvent moins chers que les importations européennes.

Côté vêtements, il est important de le dire une fois encore, s'habiller québécois ou canadien, c'est s'assurer de passer un bon hiver (sans rire). Mais c'est aussi profiter d'une mode différente de toutes ces marques internationales que tout le monde porte.

Pour citer quelques enseignes :
La Maison Simons ou Le Château – Des vêtements pour tous
Rudsak ou m0581 – Pour le cuir (manteaux, sacs, chaussures, gants, etc.)
Aldo – Pour des chaussures vraiment peu chères
Garage – Des vêtements pour les adolescentes
Dynamite – Des vêtements pour les femmes

Un bon plan pour finir : surveillez la venue de la Grande Braderie de Mode Québécoise ! Elle a lieu deux fois par an, à Québec et à Montréal.

La Grande Braderie de Mode Québécoise
www.braderiedemodequebecoise.com

CHAPITRE XXII

RESTER CONNECTÉ

Si vous avez l'habitude de payer votre forfait de téléphone portable moins de vingt euros et votre combo Internet-TV-téléphone moins de trente euros par mois, alors vous risquez d'être véritablement surpris en arrivant au Québec... et malheureusement, cette fois, ce ne sera pas dans le bon sens ! En arrivant ici, vous pouvez tout de suite prévoir un budget conséquent pour tout ce qui touche aux télécommunications parce que, oui, c'est cher, voire très cher. Et le service offert n'est pas aussi excellent que le prix pourrait le laisser croire. Même les Québécois se plaignent de ces tarifs élevés, mais l'absence réelle de choix (et de concurrence ?) fait que les choses ont beaucoup de mal à bouger. Vous pourrez toujours prendre en un stylo, une feuille, et écrire une lettre... Même si les timbres ne sont pas donnés non plus !

LES TÉLÉCOMMUNICATIONS

Sur le marché de l'Internet résidentiel au Québec, deux gros acteurs se partagent le marché : Bell et Vidéotron. Aujourd'hui, la concurrence existe et s'appelle Distributel, ElectronicBox et autres... Mais elle peine encore à se démarquer, que ce soit par les prix ou par les services qu'elle propose. Par conséquent, les prix sont relativement élevés, surtout si vous souhaitez profiter d'un Internet « très grande vitesse » ou d'un plafond de consommation convenable. Parce que oui, vous avez bien lu, la plupart des forfaits sont encore plafonnés ! Quelques forfaits illimités existent mais pour l'instant, rien d'optimal, ni au niveau du débit, ni au niveau des prix. Donc pour avoir quelque chose de correct, surtout si vous utilisez beaucoup Internet et aimez bien télécharger des films (légalement, c'est évident) alors il vous faudra compter un budget d'environ 80 $ par mois.

C'est dur à avaler ? Et on ne parle là que d'Internet ! Si vous souhaitez rajouter la télévision ou le téléphone résidentiel, les prix s'envolent ! Avec ces forfaits, ne pensez pas pouvoir téléphoner sans frais ailleurs qu'au Canada...

La claque est douloureuse ? Alors, tendez l'autre joue ! Car, en effet, sur le marché de la téléphonie cellulaire, vous retrouverez quelques grosses compagnies comme Vidéotron, Bell, Rogers et Telus, puis des petits nouveaux comme Virgin Mobile qui essaient, sans grand effort, de changer la donne. En clair, à quelques dollars et avantages prêts, vous retrouverez les mêmes forfaits et les mêmes prix d'un concurrent à un autre. Heureusement, l'illimité s'installe dans la plupart des forfaits, sauf en ce qui concerne l'Internet cellulaire qui reste encore très limité et très cher. Ainsi, selon vos besoins et si vous souhaitez un téléphone intelligent (Samsung Galaxy, iPhone...) alors vous allez devoir prévoir un budget de 80 $ par mois voire plus. Par contre si vous avez déjà un téléphone ou bien que les téléphones intelligents ne sont pas votre truc, cela réduira la facture !

À savoir:

Les numéros de téléphone se présentent ainsi: XXX XXX-XXXX.

- Les trois premiers chiffres représentent l'indicatif régional. 514 pour Montréal, 450 pour la banlieue de Montréal, 418 pour la ville de Québec, etc.
- Depuis l'international, il faut ajouter l'indicatif « +1 » devant le numéro de téléphone.
- Il n'y a pas de différence de tarif, que vous appeliez un téléphone fixe ou un téléphone cellulaire.
- En général, vous entendrez parler «d'appel entrant» c'est-à-dire qu'on paye lorsque quelqu'un nous appelle (et non l'inverse). Aujourd'hui beaucoup de forfaits vous proposent de l'illimité, donc on en entend de moins en moins parler.

POSTES CANADA

Nous sommes d'accord, envoyer une lettre ou un colis est devenu plus rare. Mais vous pourriez encore en avoir besoin de temps à autre. Pour cela, vous pouvez utiliser les services de Postes Canada. La société Postes Canada est une société de la Couronne, c'est-à-dire que l'État en est le seul actionnaire mais que sa gestion se fait comme une société indépendante. Depuis le début des années 2010, avec la diminution du courrier traditionnel, la société canadienne a de plus en plus de mal à joindre les deux bouts, ce qui se traduit par des augmentations de prix régulières et des restructurations importantes.

Pour trouver un bureau de poste, sachez qu'ils ne ressemblent pas tous à ce dont vous avez l'habitude de voir. Quelques bureaux de Postes Canada ont encore pignon sur rue, mais une très grande partie des bureaux sont inclus dans des épiceries et pharmacies de quartier, par exemple, sous les toits de certains magasins Jean Coutu ou Pharmaprix. Côté prix, les augmentations sont constantes, mais pour avoir une idée, une simple lettre envoyée au Canada coûtera près de 1 $. Pour l'international, le prix sera le double (aux alentours de 2 $ la lettre).

À savoir:

Une adresse canadienne se présente ainsi:

1000, boulevard St-Michel, appartement 101
Montréal (Qc) H1H 1H1
Canada

La province est entre parenthèses, en abrégé ou non.
Le code postal s'écrit toujours après la ville et la province.
Le pays n'est pas nécessaire si vous écrivez du Canada vers le Canada.

CHAPITRE XXIII

CONDUIRE AU QUÉBEC

Au Québec, la voiture occupe tout de même une place importante : elle est grosse, puissante et elle consomme beaucoup... Même si ce constat est lentement en train de changer, surtout du fait de l'augmentation du coût de l'essence. Si vous vivez dans la ville de Québec ou à Montréal, il est plus facile de vivre sans voiture. Sauf si, bien évidemment, votre travail se trouve beaucoup trop loin ou s'il est inaccessible en transports en commun. Ailleurs, que ce soit en banlieue des grandes villes ou bien en campagne, il devient difficile de se passer d'une voiture. Et si vous souhaitez visiter un peu la province, alors la voiture devient carrément indispensable. Ceci ne veut pas dire que vous devrez obligatoirement acheter une voiture personnelle, d'autant plus que l'achat et l'entretien d'une voiture demandent généralement de grosses dépenses. Mais au minimum, il sera recommandé d'avoir un permis valide et en règle.

L'ÉCHANGE DE PERMIS

Moins de 6 mois - Étudiants - Stagiaires

Si vous restez moins de 6 mois consécutifs, le permis de votre pays d'origine est valide. Et si vous êtes étudiant ou stagiaire, alors votre permis d'origine sera valide durant la période de vos études ou de votre stage. Dans ces deux cas, aucune démarche n'est nécessaire.

Il n'est pas nécessaire d'avoir un permis international, car celui-ci est surtout conseillé si votre permis d'origine n'est pas rédigé en français ou anglais. Donc dans votre cas, cela ne devrait poser aucun problème !

i **Société de l'Assurance Automobile du Québec**
Permis de Conduire : Titulaires de permis de conduire étrangers
www.saaq.gouv.qc.ca/permis/echange/residents_temporaires.php

Nouveaux résidents & PVTistes

Dans le cas où vous venez au Québec comme travailleur, que ce soit comme résident temporaire, résident permanent ou encore comme PVTiste, vous avez aussi l'autorisation de conduire pendant 6 mois avec le permis de conduire de votre pays d'origine. Mais passé ce délai, il faut obligatoirement avoir obtenu un permis de conduire délivré par la Société de l'Assurance Automobile du Québec appelée SAAQ (prononcez chaque lettre).

Grâce à une entente signée entre le Québec et plusieurs pays, il sera possible pour les Français (mais aussi les Belges et les Suisses entre autres), de bénéficier de l'échange de permis, sans passer d'examen de conduite. Pour faire une demande d'échange de permis, vous avez un délai de 12 mois après votre installation. Mieux vaut le faire au plus tôt, car ce serait dommage d'être pris au dépourvu lorsque par exemple, vous souhaiterez louer une voiture pour une fin de semaine dans un chalet. Pire, il vous faudrait repasser des examens de conduite parce que vous avez dépassé le délai depuis trop longtemps. Les démarches d'échange sont simples et rapides.

Société de l'Assurance Automobile du Québec
Permis de Conduire : Nouveaux Résidents et titulaires de permis de conduire étrangers
www.saaq.gouv.qc.ca/permis/echange/index.php.

PASSER SON PERMIS

Si vous êtes résident permanent au Québec et que vous n'avez pas de permis de conduire, alors vous pourrez, si nécessaire, le passer sur place. L'âge minimal pour commencer les cours de conduite est de 16 ans. En règle générale, vous pourrez choisir d'apprendre à conduire sur une voiture à boîte automatique ou une voiture à boîte manuelle. Sachez que les voitures à boîtes automatiques sont les plus communes au Québec. Au niveau des cours, vous aurez 12 cours théoriques de deux heures (ce que les Français appellent « le code ») ainsi que 15 cours pratiques qui sont des sorties sur route de 55 minutes chacune.

Par la suite, il vous faudra avoir (et conserver !) un permis d'apprenti conducteur. C'est-à-dire que vous ne pourrez conduire qu'en étant accompagné de quelqu'un qui a son permis depuis deux ans au minimum. Ce n'est qu'après 10 mois de permis d'apprenti conducteur que vous pourrez passer l'examen théorique et après 12 mois pour l'examen pratique (si vous avez réussi le théorique bien sûr).

Enfin, si vous passez tout cela, vous pourrez avoir un permis probatoire pendant 24 mois et ce n'est qu'après que vous aurez votre « véritable » permis de conduire.

i **Société de l'assurance automobile du Québec**
Mon premier permis
www.saaq.gouv.qc.ca/conduistavie/permis-conduire

PERMIS À POINTS ET ASSURANCES

Première chose à savoir : la SAAQ applique un système de points d'inaptitudes. Mais ici, au lieu de perdre des points, vous gagnez des points ! Cool ? Pas vraiment... Chaque infraction conduira à l'accumulation de points d'inaptitudes. Ainsi, pour le conducteur de plus de 25 ans titulaire d'un permis de conduire « normal », il y aura un maximum de 15 points d'inaptitudes avant de subir, par exemple, un retrait de permis. Pour les 23 et 24 ans, ce sera 12 points. Pour les moins de 23 ans, ce ne sera que 8 points. Enfin, pour les permis d'apprenti et le permis probatoire, ce sera 4 points maximum ! Pour l'exemple, si vous roulez à 130 km/h sur une autoroute québécoise (limitée à 100 km/h) alors vous courrez le risque de perdre 2 points d'inaptitude.

Deuxième particularité : chaque année, à votre date d'anniversaire, il vous faudra impérativement payer des frais pour pouvoir renouveler votre permis de conduire (montant revu chaque année, un peu moins de 100 $). Ces frais sont fonction de vos points d'inaptitude : plus vous en avez, plus vous payez cher.

Ces frais sont en réalité une contribution obligatoire à une police d'assurance pour dommages corporels. Ainsi, que vous soyez victime d'un accident de la route en étant conducteur, passager, piéton, cycliste ou autre, vous serez couvert automatiquement par cette assurance, même si l'accident a lieu à l'extérieur du Québec. Ce régime d'assurance pour dommages corporels est public et obligatoire.

En ce qui concerne l'assurance contre les dommages matériels, vous serez obligé de vous en procurer une si vous êtes propriétaire d'un véhicule. Ce régime d'assurance privé et obligatoire vous protégera si vous blessez quelqu'un ou si vous endommagez des biens qui ne vous appartiennent pas. Les compagnies qui proposent ces régimes privés sont nombreuses : BelairDirect, La Capitale, Industrielle Alliance, TD assurances, Desjardins ...

Pour retrouver toutes les informations officielles :
Société de l'assurance automobile du Québec
www.saaq.gouv.qc.ca/permis/index.php

LE CODE DE LA ROUTE

C'est en forgeant qu'on devient forgeron, dit-on. Vous n'apprendrez jamais mieux le code de la route québécois qu'en conduisant sur les routes de la province. Heureusement, peu de différences existent avec l'Europe, et le plus important, c'est qu'on roule à droite.

Cependant, quelques différences notables sont intéressantes à connaître avant de prendre le volant au Québec. D'abord, un feu tricolore ne se trouve pas avant une intersection, comme vous en avez certainement l'habitude, mais après une intersection ! Alors faites bien attention de toujours vous arrêter avant l'intersection et non au pied du feu tricolore, au risque sinon de vous retrouver en plein milieu de l'intersection. Aussi étrange que cela puisse paraître, vous remarquerez vite que cet agencement est bien plus confortable pour le chauffeur : plus besoin de vous pencher vers l'avant pour voir si le feu est vert, puisqu'il est en face de vous, dans votre champ de vision.

Autre particularité, en dehors de l'île de Montréal (où c'est interdit) et sauf si l'inverse est indiqué, vous aurez le droit de tourner à droite à un feu rouge, comme s'il s'agissait d'un simple cédez-le-passage. C'est bien pratique, mais attention tout de même aux piétons et aux autres véhicules ! Sachez aussi qu'il en sera de même dans toute l'Amérique du Nord, sauf à New York.

Enfin, en ce qui concerne les autoroutes, notez bien qu'elles sont limitées à 100 km/h. Elles sont gratuites (excepté pour certains ponts par exemple) mais ne sont pas toujours en excellent état (la faute à l'hiver et au problème de gel/dégel surtout). Pour les autres limitations de vitesses, c'est relativement identique à la France, avec 50 km/h en agglomération sauf pour certaines zones à 30 km/h (devant les écoles par exemple) et 90 km/h hors agglomération, sauf indication contraire.

ACHETER UNE VOITURE

Qu'elle soit neuve ou d'occasion, il viendra peut-être le moment d'acheter une voiture. Pour une voiture neuve, compacte de type Ford, Chevrolet, Hyundai ou autre, vous devrez compter environ 12000 $ à 15000 $ au minimum. Les prix grimperont vite si vous souhaitez quelque chose de plus grand, plus puissant ou avec plus d'options. Pour les voitures d'occasion par contre, cela peut être plus abordable. En général, les voitures au Québec ont un boîtier de vitesse automatique par défaut, et elles ont un moteur à essence. Le diesel n'est pas rentré dans les habitudes comme Europe, il est encore rare.

Quand viendra le moment de payer, si vous ne souhaitez pas payer comptant, alors vous allez devoir demander de payer en plusieurs mensualités. Cela n'est pas impossible et c'est même très commun. Mais dans votre cas, si vous êtes très récemment arrivé au Québec et que vous n'avez pas encore construit votre historique de crédit, alors cela risque d'être plus compliqué, ce qui ne vous empêche pas d'essayer de négocier avec le concessionnaire.

Avoir une voiture personnelle est quand même un petit privilège car en plus de la mensualité que vous paierez peut-être pour l'achat de l'auto, il vous en coûtera plusieurs centaines de dollars par mois. Pour certains d'entre vous, ce sera presque aussi cher que la location du logement ! En voici la preuve.

- Immatriculation du véhicule :
Comptez une dépense de 200 $ à 300 $ par année.

- Assurance pour dommages matériels :
Ces frais varient en fonction du véhicule, du lieu d'habitation, de l'âge, de l'expérience de conduite, des accidents passés… En tant que nouvel arrivant, il faudra peut-être compter plusieurs centaines à plusieurs milliers de dollars par an selon les cas ! Renseignez-vous avant d'acheter une voiture.

- Essence :
Son coût au litre varie assez rapidement entre 1,20 $ et 1,50 $ selon les périodes. Pour une voiture compacte qui dépenserait en moyenne 8 litres aux 100 km, comptez une dizaine de dollars aux 100 km. Pour une moyenne de 20 000 km à l'année, comptez un budget annuel de plus de 2000$, c'est-à-dire plus de 165 $ par mois. Et ce n'est qu'une approximation.

- Stationnement :
Si vous habitez en ville, ce n'est pas gratuit partout et tout le monde n'a pas la chance d'avoir un garage. Par conséquent, le stationnement pourra être un autre coût non négligeable à prendre en compte. Et cela peut représenter plusieurs centaines de dollars par mois !

- Entretien du véhicule :
Outre le lavage du véhicule (souvent nécessaire en hiver), les coûts d'entretien peuvent être élevés. L'exemple le plus probant étant le changement de pneus car il vous faut obligatoirement des pneus adaptés aux conditions hivernales et ce du 15 décembre au 15 mars.

CHAPITRE XXIV

SE DÉPLACER

Lorsqu'on vit à Montréal ou Québec, il est possible de vivre aisément sans voiture personnelle, et ce chapitre est aussi là pour le démontrer. Pour se déplacer, beaucoup d'autres moyens existent. Que ce soit pour des courts trajets (en ville) ou bien pour partir plus loin, il y a des possibilités souvent plus pratiques, plus économiques et parfois même originales et astucieuses !

LES TRAJETS URBAINS

Transports en commun

Que ce soit STM à Montréal, RTC à Québec, STS à Sherbrooke… les transports en commun offrent globalement un service correct. De plus, Montréal compte quatre lignes de métro qui desservent plutôt bien la ville et sa très proche banlieue. Cependant, vous vous en doutez, ce service n'est pas gratuit, et il coûte tout de même 80 $ par mois environ. À noter aussi qu'à Montréal, un réseau de trains de banlieue (AMT) traverse l'agglomération et s'étend même au-delà de celle-ci. Il vous en coûtera quelques dollars par trajet.

La voiture commune

La voiture en commun est rentrée dans les habitudes de beaucoup de Québécois depuis plusieurs années déjà. L'entreprise québécoise qui a lancé ce fabuleux système s'appelle Communauto et son principe est simple : que ce soit pour une heure ou une journée, vous réservez assez tôt une voiture à côté de chez vous via Internet. Le jour J, à l'heure prévue, la voiture vous attend. Il vous suffira ensuite de la ramener au point de départ et à l'heure prévue bien sûr. Ce système est pour l'instant disponible à Montréal, Québec, Sherbrooke et Gatineau. Pour les petits trajets d'une journée maximum, ce sera moins cher qu'une voiture de location, surtout parce que l'essence et les assurances sont incluses dans le prix.

i Le site de Communauto : www.communauto.com

À Montréal : le vélo et la voiture en libre-service

Vous connaissez le principe : une borne, plusieurs vélos, vous en choisissez un, vous pouvez le garder 45 minutes sans payer de frais supplémentaires et vous le rapportez à n'importe quelle autre borne. Dans la ville de Montréal, les Bixi (c'est leur petit nom) sont disponibles entre avril et novembre et l'abonnement coûte un peu plus de 80 $ pour la saison.

i Le site de Bixi : https://bixi.com

Côté voitures, ce service est encore une fois offert par la compagnie québécoise Communauto. Le principe est simple. Sur Internet ou avec votre téléphone intelligent, on repère une voiture « Auto-mobile » (c'est le nom du service) garée quelque part dans le quartier. Grâce à une carte OPUS (celle utilisée pour les transports en commun montréalais), on débloque la voiture et à partir de cet instant, on peut l'utiliser autant de temps que souhaité.

Quand on n'a plus besoin de l'auto, il suffit simplement la ramener « en zone », c'est-à-dire dans le quartier où on l'a prise (pas d'inquiétude, la voiture avertit lorsque l'on est « en zone »). Il est possible de garer la voiture où l'on veut, du moment où le stationnement est autorisé, gratuit et pas limité dans le temps. En clair, si vous habitez dans une « zone Auto-mobile » à Montréal, vous pourriez très bien laisser la voiture devant la porte de chez vous si le stationnement y est gratuit, puis lorsqu'une autre personne aura besoin de la voiture, il viendra la chercher à son tour.

Sachez qu'en plus, les voitures proposées avec ce service sont hybrides ou bien 100 % électriques ! Il vous en coûtera un peu moins de 15 $ de l'heure ou bien une cinquantaine de dollars la journée, avec l'essence comprise (pour les hybrides), 100 km gratuits inclus et les assurances incluses. Mais attention, le service Auto-mobile n'est disponible que dans quelques quartiers de Montréal même s'il est voué à s'étendre.

Le site du service « Auto-Mobile » : www.communauto.com/auto-mobile

LES GRANDS DÉPLACEMENTS

La location de voiture

Une fin de semaine au ski ? Une journée de magasinage aux États-Unis ? Au vu des distances à parcourir, si vous souhaitez vous aventurer sur les routes du Québec (et d'ailleurs !), la location de voiture peut s'avérer intéressante et économique. Pour les plus petites distances par contre (ou pour quelques heures), il est souvent intéressant de choisir les « voitures communes » dont il était question précédemment : à vous de faire les calculs en fonction de vos besoins, et de votre situation ! Comme dans le reste du monde, les services de location de voiture sont Avis, Discount, Hertz, Budget… En temps normal, vous pourrez louer une voiture compacte (pour 4 personnes) pour un peu plus d'une centaine de dollars par jour (toutes protections comprises et kilométrage illimité). Bien évidemment, il vous faudra compter les frais d'essence en plus, car la voiture devra être ramenée pleine.

Le covoiturage

Pour ceux qui veulent moins dépenser (et potentiellement se faire des amis !), il existe le covoiturage. Bien pratique pour rejoindre plusieurs villes québécoises, de Montréal à Chicoutimi en passant par Rimouski et Québec. Grâce au service AmigoExpress, par exemple, vous pourrez rechercher le covoiturage qui fera votre bonheur ! Il vous en coûtera moins de 10 $ d'abonnement par an, puis environ 5 $ pour faire la réservation d'une place. Ensuite, vous devrez payer le montant que demande le conducteur (pas de surprise, il est affiché sur le site lors de la réservation). Par exemple, comptez près de 15-20 $ pour un Québec-Montréal ou 35-40 $ pour un Montréal-Toronto. C'est souvent une très bonne affaire.

Amigo Express
www.amigoexpress.com

Bus & Train

Pour aller d'une ville québécoise à une autre, ou bien pour sortir de la province, le bus et le train sont aussi des alternatives qui peuvent être intéressantes. Par contre, ici, pas de TGV donc le train met presque autant de temps que le bus pour vous amener à destination (et parfois même, plus longtemps !). Quant aux bus, ils sont plutôt confortables et vous proposent généralement le Wi-Fi gratuit. Pour un exemple de tarif, un Montréal-Québec aller-retour vous coûtera un peu moins de 100 $ que ce soit en train ou en bus. Mais attention, comparez toujours les deux moyens de transport parce que selon les destinations, le bus pourrait être vraiment moins cher que le train !

Pour le train : VIA Rail
www.viarail.ca/fr

Pour le bus, quelques solutions :
Orléans Express, pour le Québec : www.orleansexpress.com/fr
Greyhound, pour le Canada et les USA : www.greyhound.ca

CHAPITRE XXV

RELATIONS FRANCO-QUÉBÉCOISES

Les relations franco-québécoises ne sont pas toujours faciles. Il ne faut pas croire que parce que vous parlez français, ce sera un jeu d'enfants de socialiser avec les Québécois. Il faudra que vous passiez outre tous ces stéréotypes que vous avez (consciemment ou non) sur les Québécois et surtout, il faudra oser aller vers les autres, puis s'adapter à leurs habitudes et leurs façons de vivre (et de socialiser). Car finalement, l'étranger qui doit s'intégrer, c'est vous. Alors il n'est pas rare d'entendre au détour d'une conversation avec un Français installé au Québec depuis quelque temps, qu'il est difficile de se faire de véritables amis québécois. Avec un peu de volonté, avec l'envie de découvrir l'autre, et simplement en apprenant les codes de ce qu'est une relation sociale au Québec, vous pourrez construire des amitiés fortes et durables avec des Québécois… Et peut-être même plus, qui sait ?

AMITIÉ ET AMOUR

Disons-le sans détour, les Québécois ne vous attendent pas pour avoir une vie sociale. Lorsque vous arrivez, ils ont déjà leur famille, leurs amis, leurs collègues de travail… et ne recommencent pas de zéro comme c'est votre cas. Ainsi, les nouveaux arrivants ont l'impression qu'il est plus simple de développer des relations amicales avec d'autres immigrants. Pourquoi ? Simplement parce que nous vivons la même aventure (l'installation dans un pays étranger) et que cela nous rapproche naturellement. Et ceci est d'autant plus vrai lorsqu'il s'agit de rester avec des personnes de sa communauté d'origine, avec qui nous partageons la culture et dont nous connaissons déjà les codes ! Mais si vous partez du principe que c'est à vous de faire l'effort pour aller vers l'autre et pour comprendre la culture de l'autre, alors tout se fera plus naturellement. Non pas plus rapidement, mais plus simplement, et ce sera une expérience enrichissante qui fait partie de votre intégration.

D'abord, il vous faut comprendre que les codes sont différents. Les Québécois sont très chaleureux dès le premier contact. Ils vous tutoieront et vous complimenteront facilement, ils seront avenants et très souriants. Même lors d'une première rencontre, ils pourront vous parler de sujets que vous n'auriez abordés qu'avec des amis de longue date. Et pourtant, soyons clairs, ce ne seront pas vos amis, ce seront de simples connaissances. C'est là l'erreur que font beaucoup d'immigrants européens : avoir l'impression de s'être fait de très bons amis en quelques heures, alors que pour un Québécois, c'est uniquement une façon d'être poli, courtois et chaleureux. Surtout, ne prenez pas ça pour de l'hypocrisie, c'est simplement une approche différente des relations humaines. Par contre cela ne veut pas dire que vous ne construirez pas d'amitiés profondes avec des Québécois. Ça veut simplement dire que cela prendra du temps et qu'il y aura une approche initiale différente.

Bien évidemment, au-delà de l'approche relationnelle, il existe des différences encore plus grandes au niveau de la culture, du passé historique, de l'humour ou même du sport par exemple ! Pourtant, si vous vivez le Québec de l'intérieur, que vous côtoyez des Québécois, que vous êtes curieux (sans juger) et que vous souhaitez véritablement vous intégrer à ce peuple et cette culture, alors ces différences ne seront plus vraiment significatives. Donc au final, il n'y a pas de secret : c'est à vous de jouer et de faire les premiers pas !

Parlant de premiers pas, la drague n'est pas non plus ce qu'il y a de plus simple lorsqu'on est un nouvel arrivant au Québec. Sachez simplement qu'ici, il n'est pas rare que les femmes fassent le premier pas. Que ce soit par respect ou par attentisme, le Québécois n'ira pas souvent faire des avances à une femme, attendant plutôt que celle-ci vienne à lui. Cependant, cela ne veut pas dire que les femmes ne veulent pas être abordées !

Alors Mesdames, si vous souhaitez approcher un Québécois, n'hésitez pas à prendre l'initiative. Ce ne sera pas mal vu et ça vous évitera d'attendre indéfiniment. Et messieurs, si vous souhaitez approcher une Québécoise, faites-le toujours avec respect : venir avec vos gros sabots de dragueur se traduira généralement par un aller-retour rapide et sans appel, et ce, même dans un bar.

Concernant la drague entre hommes ou entre femmes, vous remarquerez rapidement que dans les grandes villes comme Québec ou Montréal, tout est beaucoup plus simple par rapport au premier contact. Se faire aborder n'est pas rare, surtout si vous vous montrez intéressé. Mais lorsqu'il s'agit ensuite de relation amoureuse, ce sont finalement les mêmes difficultés pour tout le monde.

Rencontre avec une Québécoise de France

Ces sujets de l'amitié et de l'amour sont importants pour votre expérience d'immigration et d'intégration. Mais traiter cette question avec uniquement un point de vue français serait incomplet et biaisé.
Pour ces raisons, voici l'avis éclairé de Jade Saint-Laurent, une Québécoise qui a vécu l'expérience inverse de la vôtre en immigrant en France.
Après un stage à Paris, Jade a décidé d'y revenir pour y vivre et travailler. Et forte de son expérience d'immigration, elle conseille aujourd'hui les Québécois qui souhaiteraient tenter l'aventure en France grâce au blog qu'elle a fondé : cheznoscousins.com.

Quel est ton point de vue sur l'amitié franco-québécoise ?
Tous les Français l'affirment: les Québécois sont très accueillants ! Vous pouvez vous promener dans la rue, et si vous avez l'air perdu, un Québécois vous proposera de vous aider à retrouver votre chemin. En soirée, vous aurez sans aucun doute d'intéressantes conversations avec eux. Par contre, au moment de quitter, ils vous salueront en disant « à la prochaine ! ». Mais sans vous proposer d'échanger vos numéros de portables !
Pour avoir moi-même grandi à Ottawa, la capitale canadienne, et être retournée à Montréal pour travailler à la fin de mes études, j'ai trouvé que nouer des liens d'amitié avec les Québécois était un défi ! Pourquoi ? Simplement parce qu'ils ont déjà leur réseau d'amis depuis plusieurs années et ne ressentent pas le besoin de l'élargir.

Qu'est-ce que vous pouvez faire pour développer votre réseau d'amis québécois? Évitez au maximum de ne rester qu'avec des Français ou autres étrangers. Allez dans des soirées où il y a des Québécois, et si ça clique, proposez-leur d'échanger vos numéros. Proposez-leur régulièrement des activités, d'aller boire verre, etc. Ne vous découragez pas s'ils ne sont pas disponibles la première ou deuxième fois. Si toutefois ils ne sont jamais libres, mieux vaut tenter sa chance sur d'autres.

L'amour franco-québécois : ça se passe comment?

Les deux plus grandes différences selon moi avec les couples franco-québécois, résident dans les étapes qui mènent à la création de ce soi-disant couple. Au Québec, chaque étape est importante. Il faut d'abord fréquenter l'autre, ensuite avoir une discussion pour préciser que la fréquentation est désormais exclusive, et enfin, avoir un dernier échange pour se dire les vraies affaires : vous êtes officiellement en couple ! Ces étapes peuvent s'enchaîner rapidement, comme elles peuvent prendre plusieurs semaines ou mois.

En France, vous le savez, c'est simple : si vous vous embrassez (sans avoir un taux d'alcoolémie qui saute au plafond), vous êtes en couple... Au Québec, si votre « soi-disant » partenaire est Québécois(e), faites très attention à ne pas le/la présenter comme votre copain/copine si vous n'avez pas clarifié le statut de votre relation de vive voix au préalable.

La deuxième différence consiste au rôle de l'homme et de la femme. Au Québec, c'est souvent la femme qui prend les devants lors du flirt. En France, c'est plutôt le contraire : les hommes sont séducteurs et vont davantage faire les premiers pas. Les Québécoises seront agréablement surprises si vous (Français) tentez de les séduire. Si au contraire, vous êtes une Française et voulez sortir avec un Québécois, n'hésitez pas à démontrer votre intérêt de manière plus flagrante, sinon vous risquez de passer à côté d'une belle histoire d'amour.

i http://cheznoscousins.com

LE SEXE DANS LES CONVERSATIONS

Il y a une autre petite chose qui risque de vous surprendre dans vos conversations avec des Québécois : le sujet du sexe ! Que ce soit avec des personnes que l'on vient de rencontrer lors d'une soirée chez un ami, que ce soit avec des collègues de boulot ou même en famille, le sexe n'est pas un sujet tabou chez les Québécois. En tout cas, pas jusqu'à un certain point. Ainsi, pour la plupart d'entre vous, la surprise risque d'être grande lorsque votre collègue de travail que vous connaissez à peine va vous parler de son expérience de la veille.

Vous remarquerez en vous baladant dans les rues de Montréal par exemple, que ce sujet est finalement (presque) comme les autres. Les bars de danseuses nues (et de danseurs nus) s'affichent sans complexe dans les rues passantes, arborant des panneaux lumineux souvent très explicites. Puis les sex-shops présentent leurs dernières collections d'objets dans leurs vitrines à la vue de tous, arborant un style coloré et invitant, comme si un magasin de vêtement avait fusionné avec une boutique de bonbons ! Et contrairement à l'image négative que l'on peut en avoir en France, aller dans un sex-shop ou un bar de danseuses de temps en temps ne vous fera pas passer pour un pervers ou un détraqué mental. Beaucoup vont même dans ces bars entre ami(e)s pour fêter un anniversaire, faire un enterrement de vie de garçon ou simplement boire un verre.

Alors ne soyez pas trop surpris si certains sujets tournant autour du sexe sont abordés lors d'une soirée avec des gens que vous ne connaissiez pas une heure auparavant ou bien même, lors des repas avec votre belle-famille (si vous tombez en amour avec une Québécoise ou un Québécois). Et si vous êtes gêné, n'en faites pas un drame : la plupart des Québécois savent et comprennent nos différences culturelles. Mais il n'est pas impossible que vous vous fassiez gentiment taquiner par rapport à votre gêne !

CHAPITRE XXVI

VIVRE EN COUPLE

On arrive dans un nouveau pays, on commence une nouvelle vie, on fait de nouvelles connaissances, on se sent plus détendu, plus ouvert, plus souriant… En clair, il n'est pas impossible que l'amour vous tombe dessus, comme ça, sans prévenir. C'est arrivé à d'autres, alors pourquoi pas à vous ? Et tout peut s'enchaîner, plus ou moins rapidement, à commencer par la vie à deux et continuer avec le mariage, comme le font plus de 20 000 couples par an au Québec. Et si vous arrivez au Québec en couple, que vous soyez résidents ou non, alors rien ne vous empêche de vous marier au Québec.
Dans ce chapitre, nous allons aborder les différentes possibilités pour un couple au Québec, de l'union libre au mariage en passant par l'union civile. Il sera aussi question du divorce et de ses particularités, d'autant qu'au Québec, les statistiques disent que près d'un couple marié sur deux finit par divorcer.

UNION DE FAIT

On le sait, le mariage n'est plus très populaire. Et au Québec aussi, beaucoup de couples décident de faire vie commune sans jamais se marier ou s'unir civilement. Cette façon de vivre s'appelle ici l'union de fait. Et à ce moment-là les conjoints, de sexe différent ou de même sexe, seront reconnus comme étant des « conjoints de fait ». Le statut légal des conjoints de fait n'est pas le même que celui des couples unis civilement ou mariés. Cependant, certaines lois et organismes vont considérer les conjoints de fait comme un couple « légal ». C'est le cas par exemple de l'assurance emploi ou bien de l'impôt sur le revenu, qu'il est possible de déclarer en couple si on est conjoints de fait.

Par conséquent, les conjoints de faits ne bénéficient pas de certains avantages légaux qu'offrent le mariage ou l'union civile. Cela se ressentira particulièrement au niveau de la séparation, qui sera beaucoup moins encadrée (pas de partage des biens, pas de pension alimentaire...) et surtout, lors du décès de l'un des conjoints. En effet, dans le cas d'un décès, le conjoint n'est pas reconnu comme un héritier légal si aucun testament n'a été rédigé devant le notaire (contrairement aux couples mariés ou unis civilement).

Cependant, une solution est possible pour mettre sur papier les accords dont vous pouvez convenir dans votre couple : il s'agit d'un contrat de vie commune. Grâce à un tel contrat, qu'il sera mieux de signer devant un notaire, le couple peut préciser certaines conditions que chacun des deux conjoints s'engage à respecter durant l'union, et pourquoi pas, après l'union (séparation, décès...).
Entre autres choses, il pourra être clarifié :
- le partage des biens (à qui appartient quoi, comment se fera le partage s'il y a séparation...),
- le partage des responsabilités (qui est responsable de quelle dépense...),
- la procuration (pour quelles décisions et dans quelles circonstances un conjoint peut-il intervenir au nom de l'autre)
- les donations entre vifs (par exemple, un conjoint s'engage à donner un montant d'argent à l'autre à la retraite...)

Par contre, il est important de savoir que si le couple en union de fait a des enfants, ces enfants auront exactement les mêmes droits que les enfants d'un couple marié ou uni civilement. De la même manière, les parents auront les mêmes obligations envers leurs enfants, pendant l'union comme après.
Puis lors d'une éventuelle rupture, les conjoints de faits ont la possibilité d'établir une entente de rupture, généralement devant un notaire ou un avocat, afin de prévoir éventuellement le partage des biens du couple, mais surtout, les modalités concernant la garde des enfants et la pension alimentaire.

En savoir plus sur le côté légal de l'union de fait :
Portail Justice Québec
www.justice.gouv.qc.ca/francais/publications/generale/union.htm

MARIAGE ET UNION CIVILE

Au Québec, une cérémonie de mariage, que ce dernier soit religieux ou civil, ressemble à peu près à ce que vous connaissez en France ou en Belgique par exemple. Il n'y a pas vraiment de spécialité culturelle qui mérite d'être soulignée. Par contre au niveau légal, il existe des particularités sur lesquelles il est important de s'attarder.

À partir de l'âge de 18 ans, un couple peut décider de s'unir ou de se marier (le mariage est possible dès 16 ans avec autorisation des parents ou tuteurs légaux). Mais sur le fond, il existe très peu de différences entre le mariage et l'union civile bien que sur la forme, le mariage puisse être civil ou religieux, alors que l'union civile, comme son nom l'indique, ne sera officié qu'au civil. En effet, dans le cas d'un mariage religieux la déclaration de mariage sera remise aux époux par le célébrant « religieux » (un prêtre par exemple). Ils devront ensuite transmettre cette déclaration au Directeur de l'état civil. Pour un mariage civil ou une union civile, c'est un greffier ou un notaire qui va remettre aux époux cette déclaration, ensuite transmise au Directeur de l'état civil. Quel que soit le cas, l'acte de mariage sera inscrit au registre de l'état civil, et les époux ou conjoints pourront obtenir une copie de cet acte ou bien un certificat de mariage.

Une fois unis ou mariés au Québec, les deux conjoints :
- Doivent faire vie commune
- Doivent s'assurer le respect, la fidélité, le secours et l'assistance.
- Sont conjointement responsables des dettes contractées pendant le mariage, pour les besoins de la famille
- Font ensemble le choix de la résidence familiale
- Assurent ensemble la direction de la famille et l'exercice de l'autorité parentale
- Contribuent ensemble aux dépenses du ménage

De plus, sachez qu'ici, chacun des conjoints va conserver son nom de famille après le mariage ou l'union, et ils continueront à exercer leurs droits civils avec leur nom de naissance. Par exemple au niveau légal, une femme mariée conservera son nom de naissance et l'utilisera, que ce soit pour souscrire à une carte de crédit, pour son permis de conduire ou pour tout autre document officiel ou démarche légale.

Au Québec, le couple pourra aussi choisir son régime matrimonial avant de se marier ou de s'unir, et même le modifier par la suite d'un commun accord. Si aucun choix n'est fait, le régime matrimonial sera automatiquement celui de la « société d'acquêts » (comme dans la plupart des cas). Dans ce régime-là, chaque époux possède ses bien propres qu'il avait avant le mariage ou l'union, puis tout ce qui est acquis par la suite sera considéré comme des biens d'acquêts (des bien acquis ensemble). Les conjoints peuvent sinon faire le choix du régime de la « séparation de biens » (chacun conserve la propriété de ses biens) ou encore de la « communauté de biens » (régime plus complexe mais de moins en moins choisi). Ou bien, ils pourront même décider de créer leur régime matrimonial sur mesure !

En savoir plus sur le côté légal du mariage et de l'union civile :
Portail Justice Québec
www.justice.gouv.qc.ca/francais/publications/generale/maria.htm

SÉPARATION ET DIVORCE

De la même manière qu'il existe une union de fait, il existe au Québec une « séparation de fait ». C'est-à-dire qu'un couple marié ou uni civilement, peut, d'un commun accord, se séparer après avoir convenu à l'amiable les conditions de cette séparation (garde des enfants, partage des biens...). Par contre aux yeux de la loi, un couple séparé de la sorte sera toujours uni ou marié, donc il doit continuer à s'acquitter de ses obligations (régler les dettes communes par exemple...).

Pour les couples unis civilement qui voudraient se séparer définitivement, il existe la dissolution de l'union civile, qui se fera par un jugement du tribunal ou par un acte notarié à l'initiative des deux conjoints, à condition qu'ils arrivent par eux-mêmes à régler les conséquences de leur séparation.

Ensuite, pour les couples mariés, il existe une autre possibilité de séparation : la « séparation de corps ». La demande, qui peut être faite par un seul époux ou par les deux, doit être présentée devant la justice, afin de clarifier les conséquences de cette séparation. Dans ce cas, les époux ne font plus vie commune mais le lien du mariage n'est pas rompu, donc ils se doivent encore de respecter leurs obligations conjugales.

Si l'échec du mariage est reconnu, alors le divorce est possible. Par « échec du mariage », on entend qu'il y a eu cruauté physique ou mentale, ou bien que l'adultère a été commis, ou encore que les époux vivent séparément depuis plus d'une année. Dans ce dernier cas uniquement, un divorce conjoint est possible (les époux s'entendent sur toutes les conséquences). Dans les autres cas, le divorce peut rapidement s'avérer plus complexe (procès...).

Il est important de savoir que lors de la séparation, les enfants restent toujours une responsabilité commune, quelle que fut la nature de l'union. De plus, chacun des parents aura toujours une obligation alimentaire envers ses enfants et donc, assurera possiblement le versement d'une pension alimentaire.

Enfin, vient la séparation des biens, dont la première étape concerne le « patrimoine familial ». Le patrimoine familial comprend entre autres la résidence familiale, les objets qui en font partie (mobilier, électroménager...), les véhicules familiaux et l'argent accumulé dans un régime de retraite (REER...). Après un calcul parfois complexe, la valeur de ce patrimoine sera partagée moitié-moitié entre époux.

La seconde étape de la séparation des biens concerne le régime matrimonial. Si les époux se trouvaient sous le régime de la société d'acquêts (comme la majorité des couples), alors chacun conserve la valeur de ses biens propres, puis ce qui a été acquis pendant le mariage ou l'union (acquêts) va ensuite être calculé puis séparé équitablement. Par contre, sous un régime de la séparation de biens, chacun des époux repart avec ses biens, et ceux achetés en commun sont simplement partagés moitié-moitié.

En savoir plus sur les détails légaux des séparations et du divorce :
Portail Justice Québec
www.justice.gouv.qc.ca/francais/publications/generale/sep-div.htm

CHAPITRE XXVII

COMMUNAUTÉ LGBT

Que vous fassiez ou non partie de la communauté LGBT, sachez qu'en vivant au Québec, vous la côtoierez au jour le jour, et ce d'autant plus si vous résidez dans une grande ville comme Montréal ou Québec. Ici, la communauté LGBT n'est pas plus présente qu'ailleurs : elle est simplement plus visible car mieux intégrée et mieux acceptée par les Québécois, qui font encore une fois, preuve de respect et d'ouverture. Mais en parlant de cette communauté, on ne parle pas uniquement d'une simple orientation sexuelle, on parle d'une culture tout entière. En effet, la culture LGBT au Québec est très forte, et elle est réputée à l'international, grâce à des festivals et des événements de plus en plus reconnus, qui attirent un tourisme important, mis en avant par la province autant que par les villes.

INTÉGRATION ET OUVERTURE

Cette ouverture par rapport à la communauté LGBT est palpable au jour le jour, aussi bien dans les médias que dans la vie quotidienne, lorsqu'on se balade en ville par exemple. Certes, l'homophobie n'est pas totalement absente, et c'est encore un combat de tous les jours pour certaines associations LGBT du Québec, tels que Gai Écoute par exemple. Ainsi, rares sont les lieux, surtout à Montréal, où un couple LGBT ne pourrait pas se tenir la main ou s'embrasser : c'est une vraie différence par rapport aux grandes villes françaises, par exemple.

Des questions, des problèmes, besoin de soutien...
Gai Écoute
www.gaiecoute.org

Au Québec, la communauté LGBT est représentée à beaucoup de niveaux. De nombreuses entreprises vont afficher leurs couleurs gay-friendly et favoriser la diversité au sein de leurs équipes (Banque TD, Rogers, TELUS...). D'autres organismes vont favoriser le réseautage professionnel au sein de la communauté mais aussi à l'extérieur, comme la Chambre de commerce gaie du Québec par exemple.

Chambre de commerce gaie du Québec
www.ccgq.ca

Au niveau politique, les plus hauts responsables québécois n'hésitent pas à soutenir haut et fort la communauté LGBT. Par exemple, lors de l'ouverture des Jeux Olympique d'hiver de 2014, le maire de Montréal a décidé de faire flotter le drapeau arc-en-ciel sur l'hôtel de ville, pour protester contre la loi homophobe en Russie, pays hôte de ces Jeux. De nombreux maires québécois lui ont ensuite emboîté le pas dans les jours qui ont suivi.

Cette ouverture et cette intégration, vous pourrez aussi la retrouver au niveau législatif. En effet, le mariage homosexuel a été ouvert à l'ensemble du Canada en 2005, avec la Loi sur le mariage civil, votée sous un gouvernement libéral (Parti libéral du Canada). Mais le Québec avait fait voter cette loi en 2004, et avait même mis en place la Loi de l'Union Civile en 2002, qui autorisait déjà l'union LGBT dans la province !

Enfin, à Montréal, vous pourrez vous balader dans « Le Village ». Dans ce quartier de la métropole québécoise, que vous soyez homo ou hétéro, que vous veniez entre amis ou avec vos parents, que vous soyez blanc, noir, grand, petit, juif, catholique… Vous serez toujours le bienvenu et jamais regardé de travers, ni jugé ! Ce quartier gay, connu au Canada et à l'international pour être l'un des plus étendus au monde, est très animé, avec de nombreuses boutiques, des bars et des restaurants ouverts à tous mais ouvertement « LGBT-friendly». Un conseil, allez-y vous balader un soir d'été, lorsque la rue Sainte-Catherine devient piétonne et que les terrasses envahissent les trottoirs : vous y vivrez une ambiance comme nulle part ailleurs.

CULTURE, TOURISME ET NUIT LGBT

Aujourd'hui, Montréal et plus largement, le Québec, sont considérés comme étant une destination touristique LGBT-friendly par excellence. Ce n'est pas seulement parce que les LGBT vont être très bien accueillis (car finalement, tous les touristes sont bien accueillis) mais c'est surtout par rapport à toute cette culture qui, depuis les années 1970, ne cesse de grandir autour de la communauté LGBT et de prendre une place de plus en plus importante au Québec. Mais ne vous y méprenez pas : tout ce qui tourne autour de la culture LGBT (art vivant, expositions, festivals...) est aussi ouvert à ceux et celle qui ne font pas partie de cette communauté. Encore une fois, l'ouverture et la diversité sont toujours les maîtres mots.

Évidemment, comme dans de nombreuses grandes villes du monde entier, vous pourrez participer à la Gay Pride, mais attention, il ne s'agit pas là d'un simple défilé. Certes, un défilé aura lieu, mais il sera en général le point d'orgue d'un événement qui va durer plusieurs jours. À Québec, vous pourrez participer à la « Fête Arc-en-ciel » qui dure environ cinq jours (fin août). Et à Montréal, vous irez à la « Fierté » (mi-août) qui s'étend sur une semaine. Ces quelques jours de fêtes regroupent des expositions, des projections de films, des spectacles de drag-queens, des soirées dans des clubs ou en plein air avec des DJ reconnus, etc.

Puis au-delà de ces immenses « fêtes de la fierté » dont on n'a pas vraiment l'habitude en Europe, vont prendre place d'autres festivals qui mettront en vedette la diversité de la culture LGBT. Par exemple, vous pourrez assister fin novembre au festival IMAGE + NATION, qui est le festival international du film LGBT de Montréal. Ou bien fin juillet, vous pourrez profiter, à Montréal, du festival Divers/Cité qui propose (en plein air) des concerts, des DJ internationaux, ainsi que la soirée « Mascara », l'un des plus gros shows de drag-queens en Amérique du Nord.

Enfin, en plus de tous ces excellents festivals, vous pourrez, surtout à Montréal, profiter du monde de la nuit LGBT. Pourquoi surtout à Montréal ? Parce que c'est ici qu'il y a le plus d'effervescence (même si la ville de Québec tire aussi son épingle du jeu).

Pour beaucoup de personnes, quelles que soient leurs orientations sexuelles, les meilleurs clubs de la métropole sont les clubs LGBT, car on y trouve les meilleurs DJ, les meilleures ambiances, et tout le monde y est généralement très respectueux. Cependant, choisissez bien le club où vous souhaitez aller, surtout si vous n'êtes pas de la communauté LGBT, car certains clubs sont plus mixtes et plus « convenables » que d'autres. Par exemple, les plus populaires sont le « Unity » (pour les moins de 30 ans) et le « Sky » : deux très grands complexes où tout le monde est le bienvenu, avec de magnifiques terrasses sur les toits (ouvertes en été).

Si vous n'êtes pas très club, alors vous pourrez toujours aller faire un karaoké ou boire une bière avec vos amis. Mais il est une chose qui est un passage obligé à Montréal, ce sont les shows de drag-queens. Surtout si vous n'avez encore jamais vu ça, allez-y au moins une fois, car c'est une expérience qui fait entièrement partie de la culture montréalaise, si ce n'est québécoise. Le bar le plus réputé au Québec pour ses spectacles, s'appelle le « Cabaret Mado » (quelques dollars l'entrée seulement). En buvant une bière ou un cocktail, vous y verrez les performances de drag-queens parmi les plus talentueuses du pays. C'est drôle, souvent impressionnant à voir et surtout, c'est ouvert à tout le monde : il n'est pas rare d'y voir des gens qui viennent en famille (pas d'enfants bien sûr !), entre collègues, pour des anniversaires, des enterrements de vie de garçon ou de jeune fille…

Pour finir, il est nécessaire de parler de deux types de lieux de la nuit gay québécoise car même si vous n'y mettez peut-être jamais les pieds, vous ne pourrez passer à côté (surtout à cause de leurs vitrines très explicites). D'abord, il existe plusieurs bars de danseurs nus. Dans ces bars réservés aux hommes, il est possible d'assister à des strip-teases intégraux sur scène (et très explicites) ou même de se payer des danses privées. Vous remarquerez les entrées de ces bars, surtout en été, lorsque certains danseurs torse nu essaient d'attirer les passants. Comme cela a été souligné précédemment, ces bars ne sont pas spécialement mal vus par les Québécois ni mal fréquentés, contrairement à ce que nous, Européens, pouvons nous en faire comme image. Mais ce n'est pas pour autant tout public…

Enfin, vous passerez peut-être devant des établissements, encore une fois 100 % masculins, qui sont appelés des « saunas ». Ne faites pas l'erreur de croire que nous parlons ici de spas et de massages. Il s'agit en fait de lieux de rencontres gays libertins. D'ailleurs, Montréal est réputée pour ces établissements et en compte plus d'une dizaine répartie dans la ville.

CHAPITRE XXVIII

RELIGIONS

Au Québec, alors que de plus en plus de gens se disent sans religion (plus de 10 %), une large majorité affirme encore être chrétienne (plus de 80 %). Pour être plus précis, environ 7 personnes sur 10 se présentent comme étant catholiques et les autres religions ne représentent qu'une petite partie de la population, avec l'islam (3 %) et le judaïsme (1 %). Pour autant, si beaucoup s'apparentent encore à telle ou telle religion, la pratique est très faible. Par exemple, rares sont les catholiques qui vont régulièrement à l'église. De plus, même si le passé historique de la province fait que le christianisme est majoritaire, et même si l'immigration massive ouvre la porte à de nouvelles religions, il faut savoir que le Québec est très attaché à sa laïcité, surtout depuis les années 1960 et la Révolution tranquille. La neutralité religieuse de l'État québécois est donc encore un sujet sensible, et le peuple québécois a pu le remarquer, en 2013, lorsque le projet de la « loi 60 » est arrivé sur la table des négociations. Ce projet de « Charte des valeurs québécoises » a violemment enflammé les débats en voulant réaffirmer les valeurs de la laïcité au sein de l'État et limiter le port de signes religieux ostentatoires.

CATHOLICISME : LES RACINES DU QUÉBEC

Au Québec, la présence de la religion chrétienne catholique est liée à l'histoire de la province, et tire ses origines de la colonisation. Aux débuts de la colonisation, les nombreux catholiques français sont arrivés au Canada avec pour but d'évangéliser la population autochtone. Le catholicisme s'est développé fortement et a pris racine au sein de la population de la Nouvelle France. Avec la conquête britannique, le protestantisme et l'anglicanisme sont apparus au Canada mais la forte résistance des Canadien-français a toujours permis à la religion catholique de conserver sa prépondérance, essentiellement dans le Bas-Canada. Aux XVIIIe et XIXe siècles, le catholicisme a ainsi servi de fondement à la culture, à l'éducation, à la santé (construction d'écoles et d'hôpitaux par des congrégations religieuses) mais aussi à la politique, divisant rapidement les bleus (catholiques) qui ont formé la base du Parti conservateur, et les rouges (anticléricaux et protestants) qui ont construit la base du Parti libéral (ou réformiste).

La religion est restée très liée à la politique et aux lois du Canada jusqu'aux années 1960. Et c'est au Québec, jusqu'alors une des régions les plus catholiques du pays et du monde, que les plus gros changements vont prendre place grâce à la Révolution tranquille. Avec la séparation de l'Église et de l'État, la place de la religion va diminuer fortement, et même si, aujourd'hui encore, une grande majorité des Québécois se disent de confession catholique, très peu pratiquent véritablement la religion.

Pour autant, les racines catholiques restent bien ancrées au Québec, beaucoup plus qu'en Europe, très visibles au niveau du patrimoine québécois et de ses centaines d'églises. Ce n'est pas pour rien que Montréal est appelée la « ville aux cent clochers ». L'agglomération compte plus de 500 églises ! Et le désir des Québécois de conserver ce patrimoine culturel est tel que les églises qui sont obligées de fermer leurs portes pour cause de fréquentation trop basse, vont souvent être « recyclées » plutôt que détruites ou abandonnées. Par exemple, sur le campus de l'Université du Québec à Montréal, ou plusieurs autres églises transformées en appartements ou même salles de sport...

Inventaire des lieux de culte du Québec : www.lieuxdeculte.qc.ca

LES AUTRES RELIGIONS

Au Québec, la loi sur la liberté des cultes est claire, en voici le premier article : « La jouissance et le libre exercice du culte de toute profession religieuse, sans distinction ni préférence, mais de manière à ne pas servir d'excuse à la licence, ni à autoriser des pratiques incompatibles avec la paix et la sûreté au Québec, sont permis par la constitution et les lois du Québec à toutes les personnes qui y vivent. »

Même si le christianisme prend une place importante, beaucoup d'autres religions tendent à se développer et avec l'arrivée constante de nouveaux immigrés, on voit la part de ces religions évoluer d'années en années. En règle générale, comme pour les autres sujets, l'ensemble des Québécois est très ouvert et respectueux quant aux religions non chrétiennes et leurs pratiques.

Après le christianisme, l'islam est la deuxième religion la plus représentée dans la province. Au début des années 2010, plus de 3 % de la population se déclarait musulmane. C'est le double par rapport au début des années 2000 et cela s'explique naturellement par la forte immigration venant d'Afrique du Nord et du Moyen-Orient. Même si quelques mosquées neuves ont vu le jour au Québec (surtout dans Montréal et sa région), on retrouve souvent les lieux de cultes musulmans dans des endroits qui initialement ne sont pas prévus à des fins religieuses (locaux commerciaux par exemple).

Le portail des musulman(e)s du Grand Montréal
musulmansgrandmontreal.net

Historiquement présente au Québec, la religion juive stagne autour de 1 % de la population québécoise. À Montréal, une partie du quartier d'Outremont est considéré comme le quartier non-officiel juif hassidique. C'est aussi dans ce quartier d'Outremont que l'on trouve l'une des plus vieilles synagogues du Québec (datant de 1907). Pour remédier à l'augmentation de la présence juive, plusieurs autres synagogues ont été construites au Québec au XXe siècle mais aujourd'hui, certaines d'entre elles ne servent plus au culte religieux.

Fédération CJA
www.federationcja.org

Enfin, moindrement représentées dans la province, les autres religions concernent moins de 2 % de la population : le bouddhisme, l'hindouisme et le sikhisme sont les trois principales. Même si la proportion stagne, le nombre d'adepte augmente au fil des ans, grâce à l'immigration bien sûr, mais aussi du fait que certains Québécois n'ont pas trouvé ce qu'ils cherchaient dans le christianisme. De nombreux centres, associations, temples... sont présents à travers le Québec et surtout à Montréal (une simple recherche sur Internet vous permettra de trouver ce que vous cherchez pour pratiquer votre culte).

Voici un bon portail explicatif sur les religions au Québec
www.religion.qc.ca

CHAPITRE XXIX

SORTIR

Hiver comme été, les Québécois sont très partants pour des sorties au restaurant ou dans les bars. Si une seule preuve devait être apportée, sachez qu'il y a à Montréal, plus de restaurants par habitant que dans la ville de New York ! Pour donner une idée, si vous habitez dans l'agglomération montréalaise, vous pourriez aller dans un nouveau restaurant chaque jour pendant quinze ans, sans jamais fréquenter deux fois le même. Il existe plus de 6000 restaurants (rapides ou non) et pas loin d'un millier de bars et brasseries. Il est certain que si vous décidez de vous installer dans un petit village de région, il sera plus compliqué de trouver un nouveau restaurant ou un nouveau bar à tester chaque fin de semaine. Mais dans une ville comme Québec ou Montréal, si vous souhaitez sortir, ça n'est pas ce qui manque. Si vous préférez les soirées chez les amis, sachez que les Québécois adorent aussi cela, et encore plus aux beaux jours quand il est possible d'allumer le barbecue !

LES RESTAURANTS

Au Québec, vous trouverez qu'il est beaucoup plus facile de se laisser tenter pour aller manger à l'extérieur de chez vous plutôt que de rester cuisiner à la maison. Par exemple, pour une bouffe rapide, à emporter et pas chère, vous verrez que la notion de fast-food prend un tout autre sens qu'en Europe, car elle n'est pas uniquement associée à la notion de malbouffe et de hamburger/frites. Contrairement à la France, McDonald's est loin d'être en situation de monopole et pour une dizaine de dollars, vous aurez une multitude de choix possibles, qui reflètent la multiculturalité du Québec.

Quelques exemples ?
Pour un hamburger/frites : A&W, Burger King, Wendy's...
Pour un sandwich (un « sous-marin » comme on dit ici) : Subway, Quiznos...
Pour manger asiatique : Tiki Ming, Thaï Express, Teriyaki, Bento...
Pour manger méditerranéen : Amir, Basha, Kojax...
Pour manger santé : Cultures, Jugo Juice...

En plus d'en trouver certains avec pignon sur rue, vous les retrouverez au sein de la plupart des centres commerciaux, dans ce qu'on appelle des foires alimentaires (ou « *Food Court* »), c'est-à-dire des regroupements de plusieurs comptoirs de restaurants rapides, autour d'une grande salle à manger commune. C'est pratique, rapide et vous avez le choix de faire une croix sur la malbouffe.

En ce qui concerne les restaurants plus « traditionnels » (où vous êtes servis à table), vous aurez évidemment l'embarras du choix, selon vos goûts, votre humeur et votre budget. En comptant les taxes et le pourboire (obligatoire), il vous faudra compter environ 20 $ par personne au minimum pour un restaurant de "tous les jours" (par exemple un restaurant de petits-déjeuners, un restaurant asiatique moyen, une bonne pizzeria...). Pour un bon restaurant, lors d'une soirée entre amis, romantique ou professionnelle, comptez plutôt 40-50 $ par personne au minimum (avec un apéritif ou un verre de vin). Et pour les restaurants plus luxueux ou réputés, vous pourrez dépenser encore plus, bien évidemment !

Ce qu'il faut savoir, c'est que lorsqu'il est disponible sur la carte d'un restaurant, le vin va coûter très cher (il coûte déjà cher en magasin, alors imaginez !). Par contre, certains restaurants au Québec mettront en avant la mention « Apportez votre vin ». Dans ce cas, le restaurant ne vend pas de vin (il n'en a pas l'autorisation), mais vous avez le droit d'amener une bouteille que vous aurez acheté avant. On pense à tort que ces restaurants sont moins bons que les autres, mais en vérité cela n'a absolument rien à voir, et vous pouvez trouver de très bons restaurants « Apportez votre vin », où finalement, vous boirez sans vous ruiner, tout en mangeant un bon repas !

Enfin, si vous préférez ne pas bouger de votre confortable canapé, alors il existe la solution de la livraison. Si vous n'avez pas sous la main le numéro de téléphone de la pizzeria d'à côté, vous n'avez qu'à aller sur le Web, chercher les restaurants qui vont pouvoir vous livrer, qu'il s'agisse de pizzas (Domino's, Pizza Hut, Double Pizza...) ou d'autres styles de bouffe (St Hubert, Scores, Mikes...). Mieux encore, il existe aujourd'hui des sites dédiés à la livraison à domicile dans les grandes villes comme Montréal (Just-Eat, À la carte Express...) et Québec (Menu Express...). Ces sites regroupent un très large choix de restaurants qui vous livreront en moins d'une heure (sushis, indien, hamburgers, libanais...). Comptez alors 10 \$ à 30 \$ par personne selon le restaurant et selon votre faim. Le plus pratique avec ce système, c'est que vous pouvez tout payer par carte de crédit, même le pourboire du livreur, donc plus besoin d'argent liquide !

Au sujet des repas :
Sachez que le petit-déjeuner se dit déjeuner et qu'ensuite on parle de dîner (le midi) et de souper (le soir). Le souper peut se prendre relativement tôt (entre 17 heures et 18 heures), surtout lors des soirées d'hiver où le soleil se couche tôt. Ainsi, si vous allez au restaurant, vous pourrez très bien réserver une table pour 17h30, il n'y aura aucun problème.
Il n'est pas rare qu'après 22 heures, certains restaurants soient moins enclins à vous servir ou qu'ils soient carrément fermés ou en train de fermer, surtout pendant la semaine et en hiver.
Enfin, de nombreux restaurants québécois vous proposeront, si vous ne finissez pas votre assiette, d'emporter les restes chez vous. C'est le fameux « *doggy bag* » et ce n'est absolument pas honteux, surtout lorsque vous verrez la quantité de nourriture servie dans certains restaurants !

BOIRE UN VERRE

En ville, que ce soit des bars de quartier plus traditionnels, des brasseries artisanales, des bars à vin, des bars à cocktails ou autres, vous aurez beaucoup de choix lorsqu'il s'agira de sortir boire un verre ! Soit dit en passant, il faut que vous sachiez que le Québec compte de très bonnes brasseries domestiques et microbrasseries. La marque Unibroue par exemple, propose de bonnes bières (Blonde de Chambly, Blanche de Chambly, La Maudite…) qui valent bien mieux que les bières très « commerciales » canadiennes ou européennes.

Côté prix : un verre de bière (ou une pinte, ou bien une petite bouteille selon l'endroit et le moment) vous coûtera au minimum 4 $ à 5 $. Comptez 8 $ à 12 $ en moyenne pour un cocktail et 2 $ à 5 $ pour un shooter en fonction de l'alcool. Et bien sûr, il faut ajouter le pourboire ! Un conseil : surveillez les « *Happy Hour* » qui peuvent être intéressantes selon les bars (alcool deux fois moins cher ou deux fois plus d'alcool pour le même prix).

Maintenant, si vous souhaitez danser, il va vous falloir aller « dans un club » (ici, on ne dit pas « aller en boîte »). L'admission est dans la plupart des cas d'une dizaine de dollars maximum, sauf événements spéciaux. Souvent, elle sera même gratuite avant 23 heures ou avant minuit… ou carrément toute la soirée ! Les prix des consommations sont dans le même ordre d'idée que dans les bars.

Sachez qu'ici, bars et clubs ferment leurs portes à 3 heures du matin. Par conséquent, les soirées commencent plus tôt qu'en Europe. En clair, n'attendez pas 2 heures du matin pour vous décider à sortir, c'est le moment où tout commence à se vider ! Après 3 heures du matin, il existe certains « After Hour » qui pourront vous accueillir jusqu'au petit matin, cependant, aucun alcool n'y sera vendu. Effectivement, vous saviez déjà que la vente d'alcool était interdite après 23 heures dans les supermarchés et dépanneurs, notez aussi que la vente d'alcool n'est plus permise nulle part au Québec à partir de 3 heures du matin.

À noter que l'heure de fermeture des bars et clubs (3 heures du matin) est toujours un sujet de débat politique, ainsi, il n'est pas impossible que cette loi évolue, bien qu'elle soit bien ancrée depuis de nombreuses années.

Enfin, ne soyez pas surpris si pour une soirée entre gars ou entre filles, on vous propose d'aller aux danseuses ou aux danseurs. Certes, il y a des bars de danseuses et danseurs qui sont plus « fréquentables » que d'autres, mais ici, ils sont véritablement rentrés dans les mœurs. Bien sûr, il existe beaucoup plus de bars à danseuses mais sachez que la plupart sont ouverts aux hommes comme aux femmes. Pour les bars à danseurs, ils sont moins nombreux et rarement mixtes : quelques-uns sont dédiés aux femmes mais la plupart sont uniquement ouverts aux hommes. C'est à tester au moins une fois pour voir de quoi il s'agit, mais il n'est vraiment pas sûr que vous allez apprécier l'expérience...

LE POURBOIRE

Sur les tables de restaurants français, laissez un billet de 5 euros pour le serveur à la fin d'un repas et vous serez vu comme un grand prince. Mais ici au Québec, comme dans le reste du Canada et aux États-Unis, le pourboire est une règle qu'il est nécessaire de connaître et d'appliquer !

Le pourboire est dit obligatoire et représente environ 15 % de la facture avant taxes. Si vous l'oubliez, on vous rappellera avec plus ou moins de délicatesse qu'il n'est pas compris dans l'addition. Et si vous êtes une tablée de huit personnes, on vous le rajoutera parfois automatiquement sur la facture. Cependant, aucune loi ne vous oblige à laisser un pourboire et il n'est pas impossible de laisser moins 15 % (ou même rien) si le service était véritablement exécrable. Mais vous remarquerez vite qu'ici, le service offert par les serveurs sera, presque toujours, très attentionné ! Donc vous n'aurez aucune excuse pour ne pas payer le pourboire, et de toute manière, il ne vaut mieux pas chercher d'excuse si vous ne voulez pas être vu comme un « maudit Français » (à moins, évidemment, que la serveuse ne crache dans votre assiette sans même s'en cacher, mais c'est rare).

L'obligation de donner un pourboire vient du fait que les « travailleurs aux pourboires » (les serveurs par exemple) touchent un salaire minimum bien plus bas que le taux général (pour comparaison, en 2013, c'était 8,75 $/h contre 10,15 $/h). Ainsi, les pourboires font partie intégrante de leurs revenus et ils les déclarent mêmes aux impôts !

Par conséquent, pour les serveurs qui vous offrent un service à la table (bars, restaurants...), vous devrez laisser un pourboire qui correspond à 15 % de la facture environ. Il va de soi que si le service était excellent, si vous avez sympathisé avec la serveuse ou simplement si vous êtes dans votre bon jour, rien ne vous empêche de laisser plus de 15 %.

Pour les serveurs derrière les comptoirs (dans les fast-foods, Starbucks, Tim Horton's...), le pourboire est à votre discrétion. Ces employés ne sont pas payés au pourboire donc ils ne s'attendent pas à recevoir les 15 % traditionnels. Cependant, il est bien vu de laisser quelques pièces de monnaie dans la boîte qui sera souvent prévue à cet effet (si votre commande coûte 4,75 $, arrondissez à 5 $ par exemple). Enfin, aux livreurs, déménageurs, coiffeurs, chauffeurs de taxi, masseurs... il est normal de donner un pourboire mais il n'y a pas vraiment de règle donc ce sera à vous de voir en fonction du service reçu (par exemple, donnez 2-3 $ pour un livreur de pizza ; laissez un billet de 20 $ pour une course de taxi qui coûte 18 $; donnez une dizaine de dollars à votre coiffeur pour une coupe qui coûterait 70 $...).

Maintenant, imaginez-vous dans la situation la plus courante, face à un serveur dans un bar ou un restaurant. Vous devez lui donner son pourboire mais premièrement, vous n'êtes pas un adepte du calcul mental et deuxièmement, vous n'avez pas envie de passer pour un radin (mais vous ne voulez pas vous ruiner non plus).

Cas n° 1 : vous pouvez prendre votre temps avant de payer.
Dans ce cas, osez prendre votre smartphone (téléphone intelligent, au Québec) et calculez 10 % à 20 % du total en fonction du service reçu. C'est bien pratique lorsqu'on n'est pas habitué, et personne ne vous en voudra d'avoir « triché » en prenant la calculatrice.

Cas n° 2 : le serveur attend devant vous.
C'est un peu plus stressant car vous sentez que vous n'avez pas le temps de faire des calculs savants. Donc si vous le pouvez, utilisez votre carte de crédit. La machine vous proposera, avant de faire votre code, d'ajouter le pourcentage désiré ! C'est facile, rapide et discret.
Puis si vous ne voulez ou ne pouvez pas payer par carte, alors le réflexe le plus commun est de prendre l'addition et de faire rapidement la somme des taxes (TPS + TVQ). Les taxes représentent environ 15 % de l'addition, ce qui correspond au pourboire de base. À vous d'arrondir par la suite.

Cas n° 3 : le serveur vous annonce le prix du verre que vous venez de commander, il n'y a pas de facture et il veut être payé tout de suite (situation très commune dans les bars).
Alors pas le choix, il va falloir développer vos réflexes ! Vous avez pris une bière à environ 5 $? Laissez 1 $ de pourboire. Vous avez pris un cocktail à environ 10 $? Laissez 2 $. Plus vous sortirez (et plus vous boirez), plus vous saurez quel montant laisser à un serveur.

Un dernier conseil utile. Pour payer votre pourboire avec de l'argent liquide dans un bar, vous pouvez le faire de trois manières. Prenons l'exemple où vous devez 13 $ pour un cocktail :

- Première façon de faire :
Vous donnez un billet de 20 $. Quand le serveur vous rend la monnaie, vous lui donnez 2 $ de pourboire ou dans certains cas, vous le laissez sur la table.

- Deuxième façon de faire :
Vous donnez 15 $, et là, vous dites « c'est complet ». Le serveur ne vous rendra pas de monnaie et gardera l'excédant (dans cet exemple, 2 $) comme pourboire.

- Troisième façon de faire :
Vous donnez un billet de 20 $ et vous dites « Rends-moi 5 $ » ou « Rends-moi sur 15 $ ». Le serveur vous rendra donc 5 $ et gardera l'excédant comme pourboire.

SORTIR CHEZ DES AMIS

Se faire inviter chez des amis ou des collègues de travail pour une soirée dînatoire ou un repas est quelque chose de plutôt commun au Québec. Surtout lorsqu'il commence à faire plus chaud et qu'il est possible de se retrouver sur les balcons ou dans les jardins, autour d'une bière ou d'un barbecue. Ou même, lors d'un pique-nique organisé dans un parc par exemple !

Quelle que soit l'occasion, si vous êtes invités par des amis québécois, alors il est très commun que l'on vous demande d'apporter votre alcool. Si vous avez été invité par courriel ou par Facebook, vous pourrez peut-être remarquer l'expression « BYOB » (à prononcer à l'anglaise) utilisée pour « *Bring your own bottle* » ou « *Bring your own booze* » (apportez votre bouteille/alcool).

Et là, il y une grosse différence avec l'Europe : l'alcool que vous apportez, que ce soit un pack de bières ou une bouteille de vodka, est « à vous ». En effet, il est rare que quelqu'un vienne prendre de « votre » alcool sans vous avoir demandé l'autorisation. Et vous verrez que généralement, les Québécois repartent en fin de soirée avec le reste de leur pack de bières ou de leur bouteille s'ils ne l'ont pas terminé. Ne prenez pas ça pour de l'impolitesse, c'est simplement une habitude qui est ancrée dans la culture. Peut-être dû au prix de l'alcool ? Quoi qu'il en soit, on s'attend de vous, même si vous êtes européen, à ce que vous fassiez la même chose. Mais il ne sera pas mal vu que vous partagiez votre alcool ou que vous ne repartiez pas avec le reste, évidemment.

Si vous êtes un Français (ou un Belge par exemple), dans le cas où c'est vous qui recevez des amis, alors n'hésitez pas à prévenir les Québécois invités que vous souhaitez faire ça « à l'européenne » (comprenez : tout le monde apporte une bouteille ou un pack, le met sur la table et le partage). Ça peut les étonner de prime abord, mais s'ils sont prévenus, ils se prêteront à ce principe sans problème. Par contre ne décidez pas de la jouer ainsi dans une soirée québécoise car si, sans le demander, vous prenez une bière que vous n'avez pas amenée, vous risquez de vous le faire reprocher et ce sera certainement mal vu.

Au niveau nourriture, il est probable lors de certaines soirées, que vous soyez invité à amener un plat (salade, gâteau…). Dans ce cas, tous les plats seront en « libre-service » pour tous les convives et c'est ce que l'on appelle, en anglais, un « *potluck* ». Et si vous venez étudier ici, vous serez rapidement familier avec les potlucks car c'est une tradition nord-américaine très répandue chez les étudiants : c'est pratique et surtout, ce n'est pas cher !

CHAPITRE XXX

SPORTS ET LOISIRS

Au Québec, l'équilibre entre vie professionnelle et vie privée est important et la plupart des employeurs y font très attention. Il n'est rare de pouvoir profiter de son temps libre, seul, entre amis ou en famille. Et ce temps libre, où que vous soyez dans la province, vous pourrez l'occuper de bien des façons. Évidemment, les grandes villes vous proposeront un plus large choix d'activités, mais même en région, en hiver comme en été, on ne s'ennuie pas. Alors qu'il s'agisse de sport (comme pratiquant ou comme simple spectateur), de loisirs quotidiens ou d'activités de plein air différentes à chaque saison, vous en profiterez largement. C'est un atout majeur du Québec.

PRATIQUER UN SPORT

La rumeur dit que les Nord-Américains sont tous des « *couch potatoes* » : ils préféreraient engraisser sur leur sofa plutôt que de faire de l'activité physique. Pourtant, pour les Québécois, il est très important de faire du sport, entretenir son corps et être en pleine santé. Une bonne condition physique (et les activités nécessaires qui en découlent) est devenue incontournable ces dernières années.

Par conséquent, les villes sont pleines de salles de sport où vous pourrez faire de la musculation, du tapis de course ou toute autre machine sophistiquée, et où l'on donne aussi des cours de tout ce qui se fait de plus à la mode : Zumba, BodyPump, Bootcamp... L'abonnement dans ces salles de sport coûte environ 40 dollars par mois l'abonnement de base (accès à la salle et à quelques cours par exemple). Mais cela peut monter rapidement en fonction des options, des entraînements personnalisés, etc. Au Québec, les salles les plus connues sont les Énergie Cardio, Nautilus Plus, YMCA... mais cela ne veut pas dire que la petite salle de sport à côté de chez vous n'est pas aussi bonne !

Le yoga (et ses dérivés) est très à la mode, pour les femmes comme pour les hommes, il est très facile de trouver un cours, un maître, dans les différents courants de pratique. En général, il faut compter un minimum d'une dizaine de dollars par cours.

Pour les adeptes de la course à pied, vous pourrez rejoindre les dizaines de coureurs qui dévorent quotidiennement des kilomètres en arpentant les rues et les parcs ! Et ne croyez pas que l'hiver et les températures glaciales arrêtent les plus téméraires, ils sont simplement mieux habillés. D'ailleurs, le Marathon de Montréal est un événement à la popularité grandissante et certaines « courses à thème » réunissent chaque année un nombre grandissant de participants.

Liste non exhaustive de clubs de sports et courses à pied :

Énergie Cardio : www.energiecardio.com

Nautilus Plus : www.nautilusplus.com

YMCA du Québec : www.ymcaquebec.org

Sports Montréal : www.sportsmontreal.com/fr/activites-adultes.aspx

Marathon de Montréal
ca.competitor.com/montreal

Color Run Montréal
ca.thecolorrun.com/montreal

Color Me Rad
www.colormerad.com/race/montreal

La pratique d'un sport est aussi mise en avant par de nombreux clubs amateurs et associations sportives locales, pour des sports comme le hockey sur glace, le baseball, le soccer (football), le tennis, les arts martiaux, le ski de fond, le golf... Si vous entendez parler de « club sportif », il s'agit de la pratique récréative du sport en question, sans compétitions. Mais si vous entendez parler de « ligue » (en amateur bien sûr), il y aura des compétitions amicales, des rencontres sportives régulièrement organisées : ligues de hockey, de soccer, de basket, de volley...

Dans une grande agglomération comme Montréal, chaque quartier propose des clubs, des ligues et même des centres et complexes sportifs où suivre des cours ou simplement de pratiquer son sport favori. Il en existe une multitude, et une recherche rapide sur Internet vous permettra de trouver ceux qui se trouvent autour de chez vous. Les universités par exemple, ouvrent les portes de leurs grands centres sportifs, aussi bien aux étudiants qu'au grand public.

CEPSUM (Université de Montréal)
www.cepsum.umontreal.ca

PEPS (Université Laval, à Québec)
www.peps.ulaval.ca

Au Québec, comme dans le reste de l'Amérique du Nord, le premier pas dans le sport professionnel se fait au sein des universités. Il existe d'ailleurs le Réseau du sport étudiant du Québec (RSEQ), une fédération qui développe le sport au sein des institutions scolaires québécoises et organise des compétitions sportives dans de nombreux sports, depuis le primaire jusqu'à l'université. Plus largement, le RSEQ fait partie de l'association SIC (Sport interuniversitaire canadien) qui gère les sports universitaires à l'échelle nationale et organise aussi des compétitions. L'engouement des spectateurs autour de ces compétitions universitaires est assez impressionnant. D'autant que les universités possèdent souvent des stades de football (football américain) et de soccer, des salles de basket et des arénas de hockey sur glace, qui peuvent accueillir plusieurs milliers de spectateurs. Pour ne citer qu'un exemple frappant, le stade Percival-Molson de Montréal (utilisé pour le football et le soccer) appartient à l'université McGill et compte plus de 25 000 places. Ce sont dans les universités que vous trouverez les meilleurs équipements sportifs.

Que ce soit pour vous (si vous êtes étudiant), pour vos enfants, ou comme spectateur seulement, vous pouvez consulter le site Internet très complet du RSEQ :

Réseau du sport étudiant du Québec : rseq.ca

LE SPORT COMME SPECTATEUR

Hockey sur glace

Une aréna (patinoire couverte entourée de gradins), deux équipes de six joueurs (dont un gardien) et un palet, appelé « rondelle », à mettre dans les filets adverses... Impossible de passer à côté du hockey sur glace au Québec !

En saison, on en parle partout, que ce soit autour de la machine à café, à la télévision ou dans les journaux. Et que vous aimiez ou non ce sport, il faudra vous rendre à l'évidence : il fait partie intégrante de la culture québécoise. Alors la chose à faire au moins une fois, même si ce n'est pas votre truc, c'est d'aller dans un bar un soir match, ainsi vous pourrez prendre le pouls, et constater l'ambiance et l'engouement national autour de ce sport national.

Créé à Montréal à la fin du XIXe siècle, le hockey sur glace est ancré dans la culture populaire québécoise. Le club de hockey canadien, plus communément appelé « Les Canadiens de Montréal », est le plus vieux club professionnel de la Ligue Nationale de Hockey (LNH) qui regroupe des équipes canadiennes et américaines. Vous entendrez souvent parler des Habs, du tricolore, du bleu-blanc-rouge ou du CH : ce sont les surnoms de ce club, auquel la population est très attachée. Chaque année, plusieurs équipes américaines et canadiennes s'affrontent pour remporter la coupe Stanley, qui sera remise à l'équipe gagnante des séries éliminatoire de la LNH.

Pour ceux qui voudraient voir ce qu'un match de hockey sur glace donne en vrai, dans une aréna, vous pourrez vous procurer une paire de billets pour l'un des matchs du tricolore au Centre Bell à Montréal. S'y prendre à l'avance car les places partent vite.

i **Tout savoir sur l'équipe des Canadiens de Montréal et pour acheter des billets :**
canadiens.nhl.com

Football et soccer (en été)

Le football est un autre sport dont les Québécois sont de fervents amateurs. Attention, on ne parle pas ici du « ballon rond », on parle bien de football américain. Après le hockey, le football est le sport que les Québécois regardent le plus à la télévision.

Dans la Ligue canadienne de football (LCF), le Québec est brillamment représenté par l'équipe des Alouettes de Montréal. De juin à novembre, les équipes canadiennes s'affrontent pour remporter la Coupe Grey, et l'équipe québécoise a déjà remporté le trophée à plusieurs reprises, ce qui explique aussi l'engouement populaire autour de ce sport et de cette équipe. Avis aux curieux et aux amateurs, les rencontres à domicile des Alouettes se déroulent au stade Percival-Molson.

Même si c'est plus récent, les Québécois se passionnent aussi pour le soccer, le foot à 11 que vous connaissez ! Bien moins populaire que le hockey ou le football, le soccer tend à se faire connaître, surtout grâce à l'Impact de Montréal, l'équipe la plus importante du Québec. L'Impact évolue depuis 2012 dans la MLS (Major League Soccer) qui est la principale ligue de soccer en Amérique du Nord, et qui regroupe des équipes américaines et canadiennes. L'équipe a remporté plusieurs fois le Championnat canadien, ce qui l'a amenée à défendre les couleurs du Canada à la Ligue des champions de la CONCACAF (Confédération de football d'Amérique du Nord, d'Amérique centrale et des Caraïbes). À domicile, l'Impact de Montréal joue ses matchs au Stade Saputo.

Pour tout savoir sur l'équipe des Alouettes et pour acheter des billets :
fr.montrealalouettes.com

Pour tout savoir sur l'équipe de l'Impact et pour acheter des billets :
www.impactmontreal.com

LOISIRS AU QUOTIDIEN

Au quotidien, si vous habitez en ville, et que vous êtes du genre à ne pas passer un seul moment tranquille à la maison, alors vous allez être servi.

Cinéma

Pour vous faire un film, il vous en coûtera aux alentours de 10 dollars selon la salle de cinéma, et bien plus cher si c'est de la 3D ou de l'IMAX. Dans certains cinémas (surtout de la chaîne Cineplex), vous pourrez aller voir un film le mardi et ne payer que moitié prix ou quasiment. Et si vous ne voulez pas faire la queue pendant de longues minutes sans être certain d'avoir une place, alors achetez-la à l'avance par Internet, c'est aussi simple que ça. Plusieurs salles de cinémas surtout à Montréal et sa banlieue (et même des grandes enseignes) proposent les films uniquement dans leur version originale. Si le film est en anglais, il ne sera pas sous-titré.

Musées

Si vous êtes plutôt du genre à hanter les couloirs des musées, alors vous trouverez votre bonheur au Québec, riche en la matière. La ville de Montréal reçoit de grandes expositions mondiales, que ce soit au Musée des Beaux-Arts ou au Centre des Sciences. De nombreux musées vont aussi exposer des pans de l'histoire du Québec (musée de la Civilisation de Québec, musée Pointe-à-Callière à Montréal…).
Trois grands musées incontournables :

- Musée des Beaux-Arts de Mosntréal : www.mbam.qc.ca
- Musée canadien de l'histoire (Gatineau) : www.museedelhistoire.ca
- Musée de la civilisation (Québec) : www.mcq.org

Bowling

La pratique de ce loisir est assez populaire au Québec, il existe cependant deux particularités québécoises. D'abord, ici on ne va pas au bowling mais au salon de quilles, ou plus simplement : on va jouer aux quilles. Ensuite, tous les salons de quilles ne proposent pas les traditionnelles boules de bowling que vous connaissez. En effet, beaucoup de salons de quilles proposeront des boules plus petites (et donc plus légères), qui tiennent dans la paume de la main. Les pistes sont les mêmes mais les quilles sont elles aussi un peu plus petites. Au final, le principe est identique et il n'y a pas grande différence, si ce n'est que vous avez moins mal au bras et que les boules sont plus maniables.

Impro

S'il est une autre spécialité du Québec, ce sont bien les matchs d'improvisation théâtrale ! Les matchs d'impro, créés au Québec dans les années 1970, sont un élément fort de la culture québécoise. Il est impensable que vous n'alliez pas assister à l'un d'eux ! En plus, il n'y a pas de meilleur moyen pour apprendre le québécois et ses expressions. La plupart des matchs d'impro vont se dérouler dans des bars ou des petites salles de cabaret-spectacle, où des ligues d'impro compétitionnent amicalement. À chaque fois, deux équipes s'affrontent en plusieurs manches, qui demandent d'improviser selon des thèmes et des situations, dans des temps impartis et selon un nombre de joueurs donné. Au milieu, un arbitre est là pour observer le jeu et donner des avertissements si quelqu'un ne respecte pas certaines règles d'impro (interdiction de « sortir » de l'impro, interdiction de « tuer » un personnage pour s'en débarrasser...). À la fin de chaque manche, c'est le public qui, grâce à des cartons de couleur, est invité à voter pour l'équipe qu'il veut voir remporter la manche. En général, une saison d'impro commence en septembre et finit vers le mois de mai/juin (il n'y en a pas en été).

Si vous êtes à Montréal, ou que vous pouvez vous y rendre facilement, allez voir un match de la LNI (Ligue nationale d'improvisation) au Club Soda. Cette ligue regroupe certains des meilleurs comédiens et humoristes du Québec. Au niveau humoristique et théâtral, on prend une grande claque et ça fait du bien !

i Site internet de la LNI : www.lni.ca

ACTIVITÉS DE PLEIN AIR

Louer un chalet

Cela vous paraît peut-être un peu cliché, et pourtant, louer un chalet pour une fin de semaine ou même pour une semaine de vacances, est assez prisé. D'ailleurs, nul besoin de partir à des heures de route de la grande ville, car la nature reprend ses droits et c'est vite dépaysant. Au bord d'un lac ou d'une rivière, les activités estivales sont reines, qu'il s'agisse de simples balades à pied et à vélo, d'activités nautiques (canoë, pédalo…) ou même de pêche. En hiver, ce sera patin à glace ou balades en ski de fond et en raquettes.

i Pour louer un chalet, voici un site très pratique : www.chaletsauquebec.com

Pêcher

Sur un bord de rivière, dans une barque sur un lac ou bien en forant des trous sur un lac gelé, la pêche est un loisir pratiqué par de nombreux Québécois (et par de nombreux touristes aussi), été comme hiver. Même si la pêche est généralement autorisée partout au Québec, il est nécessaire de respecter certaines règles, notamment les quotas de pêche et obtenir un permis de pêche. Ce permis ne coûtera pas très cher (quelques dollars par jour) et il ne sera pas nécessaire pour les enfants accompagnés d'un parent, si le parent possède un permis.

i **Pour tous les renseignements officiels sur la pêche**
Pêche sportive au Québec :
www.mddep.gouv.qc.ca/faune/reglementation/peche/index.htm

i **Pour trouver un point de vente de permis**
Où acheter un permis ? : www.mddefp.gouv.qc.ca/faune/permis/region.asp

En hiver, la pratique de la pêche sur glace est une belle activité à faire en famille ou même entre amis. Les pourvoiries (lieux de pêche) proposent de faire de la pêche blanche, il en existe pas très loin des grandes villes, à moins d'une heure de Montréal par exemple. Il s'agit de forer des trous dans le plan d'eau gelée et d'y installer des « brimbales », sortes de petites cannes à pêche à levier. On surveille les brimbales depuis un petit cabanon en bois, en se réchauffant autour d'une chaudière à bois… tout en mangeant de la charcuterie québécoise et en buvant un bon vin par exemple. Pour une famille ou un petit groupe d'amis, cela coûtera en moyenne une centaine de dollars pour la journée, tout compris (permis, cabanon, matériel, trous… boisson non fournie !). Pour trouver un lieu de pêche en été comme en hiver, une rapide recherche sur Internet suffira.

Un site Web est particulièrement bien fait à ce sujet
Les pourvoiries du Québec : www.pourvoiries.com

Skier

Voilà un bel avantage du climat québécois : en hiver, dès qu'il y a une petite montagne ou un mont, il y a des pistes de ski. Sans rire, même à Montréal, il est possible de faire du ski de fond sur le Mont-Royal ! Certes, les véritables stations de ski sont dans les campagnes, mais pas si loin des villes. Les domaines skiables ne sont pas aussi grands que dans les Alpes, mais la plupart des stations sont dans des sites aux paysages à couper le souffle et qui valent véritablement le détour. Si vous n'êtes pas un skieur expérimenté, ce sera un cadre parfait pour apprendre.

Une journée de ski, remontée et location d'équipement compris, coûte une centaine de dollars par personne. La pratique du ski ne se fait pas de la même façon qu'en Europe : il n'est pas utile de prendre une semaine de vacances dans une station pour faire une semaine de ski. Ici, même en habitant en ville, on peut se rendre dans une station en moins de deux heures de voiture. Rien n'empêche de partir tôt le matin, skier de 9 à 16 heures et de rentrer tranquillement le soir. Si vous avez envie de faire ça chaque fin de semaine pendant tout l'hiver, c'est possible !

Pour planifier votre virée au ski
Association des stations de ski du Québec : www.maneige.com

Autres activités hivernales : patin à glace, raquettes, traîneaux, motoneige

Le Québec ne manque pas d'activités extérieures en hiver, même en ville. Vous aurez par exemple la possibilité de faire du patin à glace dans certains parcs. Prévoir quelques dollars pour la location des patins, et ça peut être gratuit si vous avez vos propres patins. Si vous souhaitez investir dans une paire, il faut compter entre 100 et 200 dollars dans un magasin de sport (pour des patins de loisir).

Si vous êtes plutôt passionné par les longues balades nature, sachez que les randonnées en raquettes sont très répandues à travers la province. Vous pourrez trouver des dizaines de sentiers dédiés à la randonnée en raquettes au Québec. Une paire de raquettes pour la neige se loue quelques dollars de l'heure dans certaines pourvoiries et magasins de sport, mais vous pouvez aussi investir dans l'achat de raquettes, pour une centaine de dollars environ.

Tous les sentiers de raquettes du Québec
Balise Qc : baliseqc.ca

Les randonnées en traîneaux à chiens, que l'on trouve un peu partout au Québec, sont une autre expérience mythique de la province. Les prix grimpent assez vite, partant d'une centaine de dollars pour une simple initiation (une à deux heures), à plusieurs centaines de dollars par personnes pour des expéditions de 24 à 48 heures.

Pour ceux qui préféreraient les balades motorisées, il y a les randonnées en motoneige. Des centaines de kilomètres de pistes dédiées aux motoneiges sillonnent le Québec. D'ailleurs, beaucoup de Québécois qui habitent dans le nord ont leur propre motoneige (comme nous, Européens, pouvons avoir un scooter par exemple). Pour faire une simple randonnée, il vous faudra compter entre 200 et 300 dollars par jour et par motoneige. À noter qu'il faut être âgé de 18 ans pour conduire une motoneige (16 ans si on a passé une formation spécifique).

Pour tout savoir sur les motoneiges, et surtout savoir où en louer
Magazine Motoneige.ca : www.motoneiges.ca

Autres activités estivales

Randonnées pédestres, vélo, camping... En été, vous aurez l'embarras du choix si vous aimez les activités extérieures. Que vous partiez avec votre sac à dos et votre tente, ou bien que vous choisissiez l'option du camping-car (appelé VR ou « véhicule récréatif »), tout est possible ! Pour un emplacement normal dans un camping (tente), il vous en coûtera quelques dollars ou dizaines de dollars tout au plus. Par contre, le choix du véhicule récréatif est beaucoup plus cher, de 1 000 à 2000 dollars au minimum pour une semaine de location.

Fédération québécoise de la marche : www.fqmarche.qc.ca

Conseil de développement des campings du Québec
Guide Camping : www.guidecamping.ca

Liberté en VR : gorving.ca/fr

Le Québec est réputé pour la multitude de lacs et de cours d'eau qui le traverse. Baignades dans les lacs ou balades tranquilles en canot ou en kayak, descente des cours d'eau tumultueux en rafting ou bien en canyoning, pour tout cela, nul besoin d'aller très loin en sortant des villes ! Pour du rafting, quelques dizaines de dollars par personne pour une descente (demi-journée) suffisent. Des forfaits existent aussi (100 à 200 $ par personne) qui comprennent plusieurs descentes, des nuits de camping ainsi qu'une ou plusieurs soirées barbecue par exemple.

Pour les amateurs de balades motorisées, alors il y a la possibilité de faire de sympathiques randonnées en quad, que l'on appelle aussi VTT comme « véhicule tout-terrain » (à ne pas confondre avec le vélo). Comme pour les motoneiges, le Québec est sillonné de chemins dédiés au quad (à la belle saison évidemment) et de nombreux Québécois qui habitent à la campagne, possèdent ce genre d'engin. Si vous souhaitez en louer pour la journée, comptez un peu plus de 100 dollars selon le modèle. À noter, comme pour la motoneige, qu'il faut être âgé de 18 ans pour conduire un quad (16 ans si on a passé une formation spécifique).

Pour trouver toutes ces activités au Québec, hiver comme été, ainsi que toutes les autres activités possibles, cet annuaire en ligne est exhaustif.
Aventure Écotourisme Québec : www.aventurequebec.ca

CHAPITRE XXXI

ANIMAUX DE COMPAGNIE

Il n'y a pas de grosses différences entre le Québec et l'Europe quant à la vie avec les animaux de compagnie : chiens et chats restent les champions toutes catégories. Les chats occupent près d'un tiers des foyers québécois et les chiens, environ un quart des foyers. Ces chiffres sont un peu plus faibles dans la ville de Montréal. Si vous décidez de venir vous installer au Québec avec votre animal de compagnie, alors il y a quelques démarches à faire et quelques petites choses à connaître avant d'arriver. De même, si vous désirez adopter un petit compagnon à poil lorsque vous serez installé. Voici la marche à suivre.

IMMIGRER AVEC SON ANIMAL

En général, il s'agira de chiens ou de chats, pour lesquels les démarches administratives restent relativement simples. Il n'y a pas de permis d'importation nécessaire ni de quarantaine. Le seul document très important à avoir avec vous est le certificat de vaccination contre la rage. La plupart des pays d'Europe n'étant pas reconnus par le Canada comme exempts de rage, ce certificat est nécessaire dans la plupart des cas.

Ce qu'il est important de savoir :
- Le Canada n'exige pas que le chat ou le chien soit tatoué ou identifié par une puce électronique.
- L'importation d'aliments pour animaux est interdite (à quelques exceptions près, si on vient des États-Unis).
- La province d'Ontario interdit les pit-bulls (bon à savoir si vous n'arrivez pas directement par Montréal).
- Si votre animal est inspecté par l'ACIA (agence canadienne d'inspection des aliments) à la douane, alors il vous faudra en assumer les frais (quelques dizaines de dollars).

Concernant le voyage en lui-même, comparez les différentes compagnies aériennes pour savoir quels sont les choix offerts pour le transport des animaux de compagnie (en cabine, en soute…). Choisissez ainsi la compagnie aérienne en fonction de la politique envers les animaux qui vous satisfait le mieux. Il faut aussi savoir que le transporteur aérien peut demander des documents supplémentaires pour votre animal (en plus de ce qui est demandé par la Canada).

Afin d'éviter les mauvaises surprises à l'arrivée au Québec, consultez le portail officiel du gouvernement canadien qui donne les réglementations exactes et mises à jour :

Agence canadienne d'inspection des aliments
Importer ou voyager avec des animaux de compagnie
http://www.inspection.gc.ca/animaux/animaux-terrestres/importation/politiques/animaux-vivants/animaux-de-compagnie/fra/1326600389775/1326600500578

ADOPTER UN ANIMAL

Rien de spécifique au Québec mais rappelons qu'adopter un chien ou un chat est quelque chose à laquelle vous devez avoir mûrement réfléchi, surtout si vous habitez en ville. Si vous habitez en appartement, il est possible que votre propriétaire ne vous autorise pas à avoir d'animal (ce sera spécifié dans le bail). C'est une condition à vérifier au préalable. Outre le budget mensuel qu'il représentera, déterminez aussi quel type d'animal correspond le mieux à votre mode de vie, à votre tempérament et à votre famille.

Il y a la solution des refuges. Les animaux y sont généralement adultes mais avec la certitude qu'ils sont vaccinés et parfois même stérilisés. De plus, leur tempérament est connu du personnel du refuge (puisqu'il aura été évalué) qui pourra vous en parler. Un certificat de santé signé par un vétérinaire vous sera remis. En général, il vous en coûtera entre 200 et 400 dollars environ.

SPCA – Montréal (société pour la prévention de la cruauté envers les animaux)
www.spca.com

SPA de Québec (société protectrice des animaux)
www.spadequebec.ca

Si vous décidez d'acheter un animal en animalerie, évitez les achats impulsifs et renseignez-vous sur l'origine de l'animal. S'assurer de la provenance d'un chiot, par exemple, c'est s'assurer qu'il ne sort pas d'une usine à chiots (conditions déplorables d'élevage et de reproduction pour les chiens). Et ce, d'autant plus si vous achetez un animal de race. Il faut aussi obtenir le certificat de santé de l'animal signé par un vétérinaire. Si vous choisissez d'acheter un animal directement à un éleveur, le même type de précautions est à prendre, et encore plus si c'est directement auprès d'un particulier. Les annonces sur les sites tels que Kijiji peuvent être une solution, mais alors redoublez de prudence.

Kijiji (section Animaux) : www.kijiji.ca

LA VIE DE L'ANIMAL

Licence, permis

Avoir un chien ou un chat, dans la plupart des villes du Québec, nécessite l'obtention d'un permis. Chaque ville (et même chaque arrondissement à Montréal) a sa politique en la matière. Renseignez-vous en fonction de votre lieu d'habitation. Le plus simple est de consulter le site internet de la ville, ou bien de contacter directement la mairie.

En général, le permis devra être renouvelé chaque année, et un médaillon sera fourni pour l'animal, qui doit toujours le porter. Les frais pour la licence sont de quelques dollars par an, c'est souvent plus cher pour un animal non stérilisé et moins cher pour un chat (voire gratuit à certains endroits).

Dernière chose très importante : selon les villes (et les arrondissements à Montréal), le nombre de chats et chiens par foyer est limité. Par exemple, l'arrondissement de Saint-Laurent à Montréal n'autorisera pas plus de deux chiens par foyers, et de quatre animaux au total.

Nourriture, matériel, soins

En matière de nourriture, et matériel pour animaux, rien ne manque. Il existe beaucoup de petites animaleries de quartier à côté d'animaleries plus grandes, plutôt dans les zones commerciales, qui sont de véritables supermarchés pour animaux.

i Une des plus grandes animaleries à travers la province, Mondou : www.mondou.com

Les cliniques vétérinaires disposent souvent de plusieurs services : simple consultation, radiologie, dentisterie, laboratoire d'analyse, pharmacie, boutique de nourriture et même toilettage parfois... Que ce soit pour des visites de routine ou pour de plus gros problèmes, le mieux est de trouver une clinique proche de chez vous et de vous renseigner sur les services qu'elle propose ainsi que les tarifs.

Un bon annuaire de vétérinaires au Québec, c'est Vétérinaire411 :
www.veterinaire411.ca

Pour vos animaux de compagnie, comme pour vous, il existe des assurances santé privées qui, selon les forfaits, couvriront plusieurs dépenses de santé : après un accident, pour une maladie, pour des soins dentaires, pour des soins de prévention... Ces forfaits pour chiens et chats vous coûteront au minimum entre 15 $ et 25 $ par mois, mais cela peut grimper selon les options choisies.

Quelques forfaits clairs et complets :
Desjardins Assurances
www.desjardinsassurancesgenerales.com/d-qc/fr/produits-assurances/assurance-animaux/pages/produits-assurance-animaux.aspx
Petsecure
www.petsecure.com/fr-CA

Sortir son chien

En règle générale, en ville, il sera obligatoire de tenir votre chien en laisse dès que vous le sortirez dans la rue. Il existe de nombreux « parcs à chiens », surtout dans une ville comme Montréal où il y en a parfois plusieurs par quartier. Dans ces parcs canins ouverts à tous, vous pourrez lâcher votre chien pour le laisser gambader.

Où que ce soit, sachez que vous devrez obligatoirement ramasser et jeter les excréments de votre chien sous peine d'avoir une amende. Mais au-delà de la loi, il s'agit simplement d'une question de respect des autres, et les Québécois sont extrêmement respectueux par rapport à ça.

Concernant les grands froids, sachez qu'un chien peut aussi en souffrir, surtout s'il est souvent dehors. Mieux vaut surveiller qu'il n'ait pas de lésions à cause du froid. Vous verrez souvent les chiens de petite taille couverts d'un manteau, ceci explique cela ! Enfin, n'hésitez pas à donner à votre animal, un peu plus à manger durant ces périodes de grand froid.

Pour trouver les parcs à chien et bien d'autres informations :
Partout avec mon chien : www.partoutavecmonchien.com

Dresser et faire dresser son chien

Si vous adoptez un chiot, vous pouvez très bien décider de le dresser vous-même, mais sachez qu'au Québec, faire dresser son chien par des professionnels est relativement répandu. Il existe plusieurs écoles de dressage à travers la province. Certains dresseurs proposent même des cours de dressage à domicile et du coaching en comportement canin. Une session de dressage d'une heure coûte entre 40 et 100 dollars selon l'âge du chien et les options choisies (plus cher à domicile par exemple). Pour trouver des dresseurs ou des écoles de dressage, une recherche internet suffira ou le bouche-à-oreille, demandez conseil autour de vous, ou bien à la SPCA ou SPA de votre ville.

CHAPITRE XXXII

GASTRONOMIE

Si vous en aviez, oubliez vos préjugés et vos a priori, et ouvrez-vous à la cuisine québécoise. Certaines spécialités sont issues de traditions québécoises très anciennes, telles que la tourtière du lac Saint-Jean, le pâté chinois ou le ragoût de boulettes… Des noms qui peuvent donner l'image d'une gastronomie québécoise lourde et sans finesse, alors qu'elle est bien plus que ça : sirop d'érable, canneberge, homard, fromage, cidre de glace… sont autant de produits typiques. Vous ne pourrez pas passer à côté des traditions, en particulier de celles de la poutine et de la cabane à sucre, qui font partie intégrante de la vie québécoise. Si vous souhaitez manger des plats plus fins, de grande qualité et qui mettent aussi en avant les produits québécois, vous aurez l'embarras du choix, en allant dans l'un des très nombreux restaurants de Montréal ou d'ailleurs, ou simplement en vous mettant derrière les fourneaux !

LA POUTINE

« Patates, sauce brune et fromage,
Sont un heureux mariage,
Oui, je l'avoue, c'est un peu gras,
Mais ça re-patch l'estomac »
Hommage en grains, Mes Aïeux

Ces quelques paroles extraites d'une des chansons du groupe Mes Aïeux (que je vous invite d'ailleurs à écouter en intégralité) donnent un rapide aperçu de ce qu'est la poutine, ce plat traditionnel québécois que l'on trouve partout au Québec. La poutine de base est constituée de frites agrémentées de fromage en grain (une spécialité québécoise) et le tout recouvert de sauce brune (gravy en anglais). Le fromage en grain est un fromage de type cheddar, aussi appelé « fromage qui fait couic-couic » à cause du bruit caractéristique qu'il fait lorsqu'on le croque. Toutes les variantes existent : on change la sauce, on peut y ajouter du bacon, de la saucisse, de la viande hachée, des oignons grillés, etc. Les poutines les plus « chics » se cuisinent avec du canard, du homard, et parfois même du foie gras ! Quelle que soit la recette, ne vous attendez jamais à manger quelque chose de léger et de diététique...

Pour votre première poutine, le mieux est de tester la recette de base. La première impression est toujours spéciale. Mais si vous aimez ça, alors osez essayer d'autres recettes les fois suivantes. Mon conseil : n'allez jamais acheter une poutine dans les Burger King et autres McDonald's ! Au minimum, privilégiez les fast-foods de la chaîne La Belle Province ou encore mieux, certains petits restaurants qui vous feront une poutine avec des frites fraîches, du bon fromage en grain frais et de la sauce brune maison. L'expérience sera bien meilleure.

Sachez aussi que traditionnellement, après être sorti tard dans la nuit et après avoir « pris une brosse » (s'être saoulé), il n'est pas rare d'aller manger une poutine dans un restaurant ouvert 24 heures sur 24. Comme le dit la chanson, il paraît que ça remet l'estomac en place... À vous de tester !

LA CABANE À SUCRE

Traditionnellement, une cabane à sucre est l'endroit où est produit le sirop d'érable (et plusieurs produits dérivés). Il existe un grand nombre de cabanes à sucres au Québec, chacune au milieu de son érablière. Au début du printemps (ou à la fin de l'hiver), quand les températures commencent à redevenir positives en journée mais négatives pendant la nuit, l'eau d'érable (la sève brute, en fait) va être récoltée. C'est à partir de cette eau que le sirop d'érable est obtenu : il faut près de 40 litres d'eau d'érable pour faire un litre de sirop !

Durant cette période, appelée le « temps des sucres », beaucoup de cabanes à sucres, plus ou moins touristiques, vont proposer des repas traditionnels dans une ambiance chaleureuse et souvent, très familiale (les Québécois y vont régulièrement en famille). Les repas coûtent entre 20 et 40 dollars par tête, et sont généralement « à volonté ». Voici un menu type, à déguster avec une bouteille de sirop d'érable sur la table, bien sûr :

Marinades maison (betteraves, cornichons…)
Soupe aux pois
Creton (une sorte de pâté)
Salade de chou
Saucisses à l'érable
Omelette
Jambon à l'érable et pommes de terre
Fèves au lard
Oreilles de crisse (lard frit et croustillant)
Crêpes
Pouding chômeur (gâteau qui trempe dans du sirop d'érable)
Tarte au sucre (au sirop d'érable évidemment)
Tire sur la neige (un dérivé du sirop d'érable, plus épais, que l'on met chaud sur de la neige et que l'on enroule ensuite autour d'un bâtonnet de bois avant de le manger un peu comme une sucette)

Après ce léger repas, une bonne marche digestive au milieu de l'érablière devrait vous faire un bien fou. C'est une expérience à vivre et une bonne façon de célébrer l'arrivée du printemps, en famille ou entre amis.

Un bon répertoire de cabanes à sucres dans la province :
Le répertoire des restaurateurs de cabanes à sucre du Québec
http://laroutedessucres.com

Rencontre avec le chef cuisinier Giovanni Apollo

Quittant jeune son Italie natale, Giovanni Apollo a été élève du grand chef Paul Bocuse avant de faire le tour du monde et de travailler pour les plus grands, du président François Mitterrand à l'Élysée au Roi Rama IX de Thaïlande en passant par de nombreuses personnalités artistiques.
Aujourd'hui installé à Montréal, il est à la tête de plusieurs restaurants (Apollo Restaurant, Bistro Apollo Concept, Les Éclusiers par Apollo...), Giovanni Apollo est devenu l'un des chefs les plus réputés et populaires du Québec, multipliant aussi les livres de cuisine et les émissions culinaires à la télévision (Apollo dans l'frigo).

La plupart des Européens qui viennent au Québec, pensent qu'ici et en Amérique du Nord c'est le règne de la malbouffe. Qu'est-ce que vous avez envie de répondre à ces personnes-là?

En fait, c'est vrai et faux, parce que l'Amérique du Nord, c'est quand même beaucoup de malbouffe. Par exemple, j'ai un ranch à Houston et je peux vous dire que la bouffe au Texas, c'est un remède à l'amour... En fait, on bouffe parfois correctement à Houston mais surtout, on bouffe bien à Las Vegas, à New York aussi, et c'est à peu près tout. Au Canada, dans une ville comme Toronto, on trouve quelques bons restaurants mais à l'inverse, Montréal et Québec sont des villes extraordinairement privilégiées au niveau de la bouffe. Ici, il y a une vraie culture de la gastronomie et ce n'est pas un hasard, parce qu'il y a eu une grosse immigration européenne dans les années 1960-1970 qui a amené beaucoup de nourriture.

Il faut savoir qu'il y a plus de 6000 restaurants à Montréal pour un bassin de population de 4 millions d'habitants avec la banlieue. En clair, au pro rata, il y a plus de restos à Montréal qu'à New York, donc ça fait une masse de compétition énorme qui impose aux chefs de se renouveler et d'offrir un rapport qualité/prix inégalé, surtout par rapport à l'Europe. Au final, à Montréal, on mange beaucoup mieux et pour moins cher qu'ailleurs compte tenu de la qualité de ce qui est servi.

Si un nouvel arrivant rentre dans l'un de vos restaurants et vous demande de lui faire goûter le Québec, vous lui préparez quoi ?

Je vais vraiment lui offrir l'identité du Québec car la souveraineté alimentaire québécoise existe vraiment. L'argousier, le chervis (légume racine), la mactre de Stimpson (de la famille des palourdes), le homard bleu, le thé du Labrador, le riz sauvage d'Abitibi… Il y a des produits qui sont extraordinairement identitaires mais malheureusement, au Québec, nous y avons peu accès car ils sont tellement prisés à travers le monde qu'ils partent d'abord à l'étranger avant d'être distribués au Québec ! Les Américains et les Japonais offrent beaucoup plus d'argent que les Québécois pour ces produits-là, donc on passe après !

Par exemple pour la mactre de Stimpson, on peut facilement l'acheter fraîche à New York ou à Rungis en France, mais on ne peut la trouver qu'en can (boîte de conserve) au Québec, c'est dommage. Autre exemple, il est plus facile pour moi de trouver un kilo de coke à Montréal qu'un kilo de crevettes nordiques fraîches ! Donc en pratique, je vais les faire venir de New York ou d'ailleurs…

À ceux qui disent qu'il n'y a rien de meilleur que le fromage et la charcuterie français, vous répondez quoi ?

Je leur réponds qu'ils se trompent totalement. J'ai été chef représentant du Québec à l'étranger, et à l'époque, je me suis beaucoup intéressé aux fromageries de la province. On s'est battu contre ceux qui avaient décidé qu'un vin de plus de cinq ans était dangereux et qu'un fromage au lait cru pouvait tuer quelqu'un. Et on a gagné. Maintenant, il y a de plus en plus de fromages exceptionnels, et je trouve que la qualité de ces fromages québécois est égale sinon meilleure que celle des fromages artisanaux français, surtout parce qu'ici, les cheptels pour le fromage au lait cru sont tellement petits qu'ils ne sont pas noyés dans une masse industrielle. Ce sont des fromages comme on les faisait avant en France. Et là-dessus le Québec est plus fort que la France !

Pour la charcuterie, c'est un peu pareil mais c'est un phénomène plus récent. Il y a une grosse tendance en ce moment et plein de nouveaux charcutiers se lancent, alors qu'on ne maîtrise pas encore tout ça complètement. En fait le gros problème de la charcuterie au Québec, c'est que l'industrie porcine est gérée par l'UPA (Union des producteurs agricoles), donc tous les porcs sont élevés de la même façon et il n'y a pas d'identité de terroir sur le porc, il est égal pour tout le monde. Mais par chance il y a quelques petits producteurs de charcuterie, comme aux îles de la Madeleine, qui font un petit élevage de porc uniquement pour la charcuterie. Tout cela est embryonnaire mais ça commence à arriver, le meilleur est devant !

Et franchement, au milieu de tous ces bons produits, vous pensez quoi de la poutine ?

Personnellement, la poutine, je trouve ça franchement dégueulasse mais ce n'est que mon avis. En fait, je trouve qu'une poutine est bonne environ 20 secondes, c'est-à-dire quand la frite reste encore croustillante et à condition que la sauce soit faite correctement et qu'il y ait un bon cheddar. Mais après 20 secondes, on est d'accord que ça ressemble quand même à une gerbe du matin en sortant de boîte ! Cette texture un peu graisseuse et molasse, ça me dérange donc je ne suis pas un fan.
Comme tout le monde me parle de la poutine, j'en ai déjà fait une version avec de la Yukon Gold (variété de pommes de terre) confite au gras de canard, montée avec du canard confit et un cheddar de l'Île-aux-Grues, et par-dessus, il y avait une demi-glace réduite 100 % merlot et échalotes confites. Pour moi, ça avait à peu près de la gueule.

Depuis quelque temps au Québec, il y a un engouement autour de la « bonne cuisine ». On le voit avec les émissions de télé, les livres, les festivals... Comment vous expliquez cette envie de bien manger mais aussi de retourner derrière les fourneaux ?

Il y a beaucoup de facteurs pour expliquer ça, mais la première chose, c'est que plus d'un tiers de la valeur d'un condo (appartement), c'est la cuisine, et plus d'un tiers du budget d'une famille, c'est l'épicerie (les courses alimentaires). Donc quand on a mis beaucoup d'argent dans la cuisine et qu'on fait beaucoup d'épicerie, le seul plaisir encore accessible, il est autour de ta bouteille de vin et du petit repas qu'on fait en famille ou entre amis. Parce qu'aller au restaurant, ça devient compliqué et cher, entre le prix du resto, des taxes, du pourboire, du stationnement, du flic qui va t'arrêter parce que tu as trop picolé...

Ensuite, je pense que le deuxième facteur, c'est que les gens commencent à conscientiser que bien manger, c'est peut-être aussi de contrôler ce que l'on mange. Par exemple, il existe aujourd'hui la mode du 0-200 qui consiste à consommer ce qui se fait dans un rayon de 200 kilomètres autour de chez soi. On veut connaître le producteur et avoir la traçabilité, donc il faut savoir où on achète et comment on cuisine le produit.

Finalement, ce qu'on appelle le « *Food Porn* » (émissions de télé culinaires, téléréalité autour de la cuisine...), c'est le côté voyeur des gens qui n'ont pas fait de cours d'économie familiale (cours de cuisine, de couture... donnés aux élèves québécois de secondaire dans les années 1980-1990). Grâce aux émissions de télévision, on regarde comment on fait la cuisine et on va s'en servir ensuite pour stimuler une rencontre et favoriser les liens autour d'un repas. C'est quelque chose d'accessible ! Mais parfois, tout cela est quand même un peu exagéré. Par exemple, j'ai un show qui s'appelle « Apollo dans l'frigo », où je rentre dans les cuisines des gens pour les aider à préparer un repas. Ce n'est pas une critique, mais c'est quand même incroyable qu'il y ait autant de maisons dans lesquelles la cuisine était somptueuse, mais les chambres ou la salle de bains étaient étonnamment médiocres. Sérieusement, moi je baise dans ma chambre puis je suis à poil dans ma salle de bains, donc c'est quand même important que ces pièces-là aussi soient bien aménagées, non? Puis là, je vois l'argent que les gens mettent sur le dernier four Viking (marque très haut de gamme) ou sur des thermo-circulateurs : tout ça, moi j'en ai aussi, mais je tiens un restaurant, moi !

En plus d'être chef cuisinier, vous êtes aussi traiteur et propriétaire de plusieurs restaurants. Pas mal de Français s'installent au Québec dans l'espoir de pouvoir un jour, monter leur propre restaurant. Quels conseils et avertissements pouvez-vous leur donner ?

La première chose que je peux leur dire, c'est de ne pas se précipiter. Ce n'est pas une bonne idée, parce que la restauration, c'est l'antithèse de la cuisine. La cuisine, c'est faire plaisir aux autres en faisant abstraction de soi, alors que la restauration, c'est du business. De plus, ici, la concurrence est si féroce, que les prix ne sont pas très hauts, donc la marge est tellement courte qu'il faut vraiment que le restaurant fonctionne. Bien sûr, si c'est vraiment ce que la personne veut faire de sa vie, il n'y a rien que je pourrais dire qui va lui faire changer d'idée. On pense toujours que pour soi, ça va marcher, qu'on va faire des sous, que ça va être le fun puis que les gens vont être super contents de nous voir. Mais tout cela est souvent faux : ce n'est pas toujours le fun, on ne va pas souvent faire de l'argent, puis les gens qu'on voit, souvent ils nous font chier... C'est aussi ça la restauration, donc je leur dirais de ne pas se précipiter.

Ce que je constate souvent avec les Français, comme je le vois avec les PVTistes que j'ai dans mes restaurants, c'est qu'ils pensent que « le Québec c'est facile », que

« rien n'est compliqué », que c'est beaucoup plus dur en France et que « au Québec, tout va bien aller »... Mais ce n'est pas vrai et en fait, c'est le gros piège du Québec. Le plus grand conseil que je pourrais donner à un Français qui arrive ici, c'est de se méfier car c'est l'Amérique du Nord et ce n'est pas parce que ça parle français que c'est français.

Et si un jeune immigré arrive au Québec avec l'envie de se lancer professionnellement dans la cuisine, vous lui conseillez quoi ?
Je lui dis de foncer ! C'est le meilleur endroit au monde pour apprendre ce métier-là, grâce au multiculturalisme et à la diversité que chaque chef est obligé d'avoir pour pouvoir se démarquer des autres. Cette compétition t'oblige à ne pas stagner dans le même style et la diversité culturelle donne un horizon culinaire gigantesque.
Je pense que si j'avais la chance de recommencer ma carrière, je commencerais ici avant même d'aller en Europe. L'Europe, je ne crache pas dessus, ça a été toute ma vie professionnelle au départ et ça a forgé mon caractère et ma ligne directrice dans la cuisine. En fait, ça m'a vraiment donné des barèmes et des paramètres très clairs, mais en m'enlevant le côté ludique ! Ici, on retrouve ce côté ludique alors qu'en Europe, c'est une profession d'honneur, d'intégrité, de loyauté et donc... de rigidité. C'est cool aussi, pour avoir un cadre, mais quand tu es jeune, tu veux commencer par le fun, et ici au Québec, tu commences justement par le fun. Sérieusement, c'est tellement trippant d'apprendre ici, parce que tu peux changer de resto plusieurs fois dans l'année et tu vas voir des trucs hallucinants. Tu peux faire des essais-erreurs (tests) que jamais un Européen pourrait se permettre car en Europe, tu ne bouges pas les règles, ce sont des règles ancestrales, sacrées presque. En fait, la cuisine, c'est une question d'ego, de culture, et de traditions, qui sont vraiment trois trucs compliqués à faire bouger. Mais au Québec, l'ego est beaucoup moins fort, la culture est très hétéroclite et la tradition, elle n'est pas pesante, donc c'est ce qui permet l'essai-erreur, et c'est parfait car ça te fait grandir.

i Le site Apollo Globe : www.apolloglobe.com

CHAPITRE XXXIII

CULTURE QUÉBÉCOISE

Celui qui ose vous affirmer que la culture québécoise est très pauvre est un ignorant. La meilleure attitude consiste à être à l'écoute de ce qui se passe dans la province au niveau culturel, c'est-à-dire aller voir des films, écouter de la musique, lire des livres, participer à des festivals, etc. Il ne faut simplement pas s'arrêter à ce qui a réussi à traverser l'Atlantique ces cinquante dernières années. Creusez, fouillez, découvrez et vous constaterez combien la culture québécoise est riche. En toute logique, il serait prétentieux d'affirmer pouvoir en faire le tour en un seul chapitre de ce livre. Ainsi, dans les pages qui suivent, vous trouverez seulement quelques grands classiques de la culture québécoise d'hier et d'aujourd'hui, quelques pistes. À vous de tracer la suite !

PANORAMA DE LA CULTURE QUÉBÉCOISE

Cinéma : quelques réalisateurs

- Claude Jutra (1930-1986)
Mon oncle Antoine a été jugé comme le plus grand film canadien de tous les temps par le Festival International du Film de Toronto en 1984, 1993 et 2004. Claude Jutra a donné son nom aux prix Jutra, qui récompensent chaque année l'excellence du cinéma québécois (tels les Oscars aux États-Unis ou les Césars en France).

- Denys Arcand (1941)
Ses oeuvres les plus réputées sont *Jésus de Montréal* et le fameux triptyque constitué par *Le Déclin de l'empire américain*, *Les Invasions barbares* (Oscar du meilleur film en langue étrangère en 2003) et *L'Âge des ténèbres*.

- Jean-Marc Vallée (1963)
Son fabuleux *C.R.A.Z.Y.* dépeint la vie d'une famille québécoise de la classe moyenne dans les années 1970. En 2014, avec *The Dallas Buyers Club*, Jean-Marc Vallée fut propulsé aux Oscars avec 6 nominations, dont une dans la catégorie Meilleur film.

- Denis Villeneuve (1967)
Son film « *Incendies* » lui ouvre les portes du cinéma américain. Ainsi, avec « *Prisonners* » en 2013, il fait plus de 20 millions de dollars de recettes aux États-Unis et au Canada pour la première fin de semaine d'exploitation !

- Denis Côté (1973)
Dès ses débuts dans les années 2000, Denis Côté se fait une place parmi les meilleurs réalisateurs au Québec et dans le monde, avec des longs-métrages comme « *Les états nordiques* , *Curling* ou *Vic + Flo ont vu un ours*.

- Louise Archambault
Avec juste deux longs-métrages en tant que réalisatrice, *Familia* et *Gabrielle*, Louise Archambault a su conquérir le public, autant que les critiques à travers le monde !

- Xavier Dolan (1989)
Dès son premier long-métrage (*J'ai tué ma mère*), alors qu'il n'a que 20 ans, Xavier Dolan se distingue à la Quinzaine des réalisateurs de Cannes où il se voit décerner plusieurs prix. Chacun de ses longs-métrages (*Les amours imaginaires*, *Laurence Anyways*...) a connu un succès critique indéniable.

Musique : aperçu musical

- Années 1960-1970
À cette époque, en plein dans cette période appelée la Révolution tranquille, des grands noms de la chanson québécoise se distinguent, comme Felix Leclerc, Ginette Reno, Robert Charlebois, le groupe Beau Dommage ou encore Gilles Vigneault, dont la chanson *Gens du Pays* est même considérée comme l'hymne québécois non-officiel. Il n'est donc pas rare d'entendre chanter au détour d'un repas de famille « Gens du pays, c'est votre tour, de vous laisser parler d'amour... ».

- Années 1980-1990
Bien que la musique québécoise ne s'arrête pas à Céline Dion, elle est tout de même l'une des grandes fiertés de la province depuis le début des années 1980 et la plus grande vendeuse d'album aussi. Mais d'autres artistes révélés durant ces deux décennies sont à découvrir, tels que Paul Piché, Michel Rivard, Daniel Bélanger, Jean Leloup, Isabelle Boulay et bien d'autres.

- Années 2000-2010
N'hésitez pas à découvrir l'un de ces excellents groupes révélés dans les années 2000 : les Cowboys fringants, les Loco Locass, Mes Aïeux ou encore Malajube. Pour les artistes solo, outre Marie-Mai, l'une des plus grandes vendeuses de disques du moment, vous pourrez écouter Ariane Moffatt, Pascale Picard, Pierre Lapointe, Vincent Vallières...

Littérature : quatre auteurs, quatre styles

- Émile Nelligan (1879-1941), considéré comme l'un des plus grands poètes québécois. Son poème *Soir d'hiver*, certainement le plus populaire, a été mis en musique en 1965 par Claude Léveillée. À lire et écouter.
- Michel Tremblay (1942), reconnu entre autres pour ses romans et ses pièces de théâtre, comme *Les Belles-Sœurs*, encore et toujours jouée au Québec et à travers le monde, près de 50 ans après son écriture.

- Patrick Sénécal (1967), maître du roman d'horreur québécois, dont la popularité atteint des sommets, surtout depuis le début des années 2000 avec *Aliss*.

- Nelly Arcan (1973-2009), écrivaine torturée, dont les thèmes de prédilection sont le culte de la beauté, la féminité et la sexualité. Après son premier roman *Putain* en 2001, elle en publiera trois autres avant de s'enlever la vie en 2009.

Scène : de nombreux humoristes à succès

L'humour au Québec est presque une religion. Vous ne pourrez passer à côté tant les humoristes sont omniprésents, que ce soit sur scène, à la télévision, au cinéma et même parfois sur la scène musicale. Difficile de donner un aperçu de tous les humoristes que le Québec peut vous offrir, mais en voici une sélection qui représente l'humour d'hier à aujourd'hui.

- Yvon Deschamps
Un des premiers et surtout un des plus grands humoristes québécois.
Un sketch culte : *J'hais les bébés*.
http://youtu.be/rK7rny9CBUs

- Rock et Belles Oreilles (RBO)
Groupe humoristique Québécois qui a connu ses heures de gloire à la fin des années 1980. Vous entendrez peut-être chanter : *Bonjour la Police*.
http://youtu.be/pEx5ovtkivo

- Jean-Marc Parent
Surnommé JMP, il est l'un des humoristes les plus populaires depuis les années 1990.
Un sketch culte : *La Facture*.
http://youtu.be/OqQP9nw3qFU

- Michel Courtemanche
Avec un humour très visuel, il connaît un gros succès dans les années 1990, autant au Québec qu'en France.
Un sketch culte : *Le Samuraï*.
http://youtu.be/z90szR0q1YU

- François Pérusse
Populaire depuis 1990, entre autres grâce à sa série *Les 2 minutes du peuple*.

Un sketch culte : *Appel au salon funéraire.*
http://youtu.be/gmm_uW59VHw

- Lise Dion
C'est l'une des humoristes les plus aimées des Québécois depuis la fin des années 1990.
Un sketch culte : *Les Ordinateurs.*
http://youtu.be/W1aOmR18PgQ

- Stéphane Rousseau
Comme humoriste ou comme acteur, il est aussi connu en France qu'au Québec depuis les années 1990.
Un sketch culte : *Rico.*
http://youtu.be/wTdloWJJALY

- Laurent Paquin
Depuis le début des années 2000, il connaît le succès pour ses sketchs autant que pour ses chansons humoristiques.
Une chanson culte : *La vie expliquée aux enfants.*
http://youtu.be/_DqCKtawReQ

- Les Denis Drolet
Un duo complètement déjanté des années 2000.
Un extrait de la présentation d'un gala animé en 2013.
http://youtu.be/xpp-NdlyYAs

- Martin Matte
Il présente son premier one-man-show en 2000 et depuis, est l'un des humoristes les plus populaires.
Un sketch culte : *La vasectomie.*
http://youtu.be/up8Hdx4krNw

- Jean-François Mercier
Très présent depuis le début des années 2000, il est connu pour son franc parlé.
Un sketch culte : *Les B.S.*.
http://youtu.be/tKi3LU9f1H4

- Louis-José Houde
Il remplit les salles québécoises et cumule les récompenses depuis le début des

années 2000.
Un sketch culte : *Le Lapin*.
http://youtu.be/arzJHoZeIwA

- Mike Ward
Il est très connu pour aimer choquer et pour son humour plus cru que celui des autres.
Un sketch culte : *Le Motorisé/Cédrika*.
http://youtu.be/KMmNlnAvqws

- Sugar Samy
Il connaît un très grand succès au Québec, surtout depuis le début des années 2010, grâce à un humour multiculturel aussi bien en français qu'en anglais.
Un moment d'improvisation à Brossard en 2013
http://youtu.be/AMtJvL9efYs

- Jeremy Demay
D'origine française, il démarre sa carrière au Québec avec le one-man-show *Ça arrête pu d'bien aller* et remplit les salles.
Un extrait lors d'un Gala Juste pour rire avec Mike Ward.
http://youtu.be/-8V3-Sde7dg

Télé : séries pour rire en québécois

- *La petite vie* (1993-1998)
La petite vie est une satire mettant en scène une famille québécoise de la classe moyenne. Elle est certainement la série la plus culte au Québec et la seule a avoir réuni autant de monde devant son poste de télévision.

- *Un gars, une fille* (1997-2003)
Cette série est à l'origine de dizaines d'adaptations à travers le monde, et met en image un couple québécois dans leur fin trentaine/début quarantaine. Semblable sur la forme à la version française (créée en 1999), la série se distingue sur le fond, car elle est évidemment adaptée au contexte et à la culture québécoise.

- *Le cœur a ses raisons* (2005-2007)
Véritable bijou d'humour québécois, *Le cœur a ses raisons* est une parodie des soap operas américains portée essentiellement par le duo Marc Labrèche et Anne Dorval.

Festivals incontournables

- Festival International de Jazz de Montréal (fin juin)
Les amateurs de jazz du monde entier (plus de 2 millions chaque année) se retrouvent autour de la Place des Arts de Montréal pour assister aux concerts des plus grands artistes de jazz de ce monde. Plusieurs de ces concerts sont gratuits !

- Festival d'été de Québec (juillet)
C'est l'un des festivals de musique les plus populaires du Canada : les plus grandes stars internationales y sont passées, d'Elton John à KISS en passant par Ben Harper, Metallica, Aerosmith, Tiësto et bien d'autres…

- Festival Juste pour rire (juillet)
Plus gros festival d'humour au monde, le festival Juste pour rire réuni chaque année les humoristes francophones et anglophones les plus populaires du moment. Petits conseils pour ceux qui veulent profiter à fond du festival : procurez-vous le Passe-port Juste pour rire, pour environ 100 $, et vous pourrez assister à beaucoup de spectacles normalement payants.

- L'international des montgolfières de St-Jean-sur-Richelieu (août)
Au-delà du spectacle qu'offrent les montgolfières, la programmation musicale y est exceptionnelle et éclectique, allant de Rihanna à Charles Aznavour ! Et c'est à moins d'une heure de route de Montréal.

- Carnaval de Québec (début février)
C'est le plus grand carnaval d'hiver au monde. Bonhomme Carnaval en est l'effigie et vous ne pouvez pas le rater. Ce sont deux semaines de fête, de sculptures sur glace, de bonne bouffe, de spectacles et de célébration de l'hiver. À faire au moins une fois dans sa vie !

- Montréal en Lumière (fin février)
Rendez-vous montréalais de plus en plus populaire, Montréal en Lumière est une célébration de l'hiver à travers l'art et la gastronomie. La Nuit blanche en est le point d'orgue.

Cirques contemporains

- Le Cirque du Soleil

Fondé au Québec dans les années 1980, le Cirque du Soleil s'est construit une réputation internationale grâce à des spectacles acrobatiques et poétiques, que ce soit en tournée sous chapiteaux ou avec des spectacles fixes comme ceux de Las Vegas par exemple (*Mystère*, *Ô*, *Zumanity*, *LOVE*...).

- Le Cirque Éloize

Troupe de cirque contemporain créée au début des années 1990 et basée à Montréal, le Cirque Éloize compte aujourd'hui des milliers de représentations à travers le monde entier !

Rencontre avec Jeremy Demay, humoriste français 100 % québécois

Jeremy Demay a posé ses valises à Montréal en 2005, à la fin de ses études de commerce, pour un stage chez « Juste pour rire ».
Aujourd'hui, il est l'un des humoristes les plus populaires de la province et il sillonne les routes québécoises en remplissant les salles avec son premier one-man-show « *Ça arrête pu d'bien aller* ».

Comment es-tu arrivé au Québec ?

En fait, j'ai fait une école de commerce à Marseille qui s'appelle le CESEM (aujourd'hui CeseMed). Pendant mes études, j'avais découvert que je voulais devenir humoriste : ça a été une révélation lorsqu'une fois, j'ai fait un show dans un bar à Marseille. À L'époque j'avais entendu que Montréal était une ville absolument fabuleuse et que l'humour y était très florissant, avec le festival « Juste pour rire » entre autres. Donc quand j'ai dû faire mon stage de fin d'études à l'étranger, je suis venu ici pour faire un stage… à Juste pour rire ! Et c'est marrant parce que lors de ce stage, un ami m'avait dit que tous les Français qui viennent ici six mois, restent en moyenne sept ans, et à ce moment-là je ne le croyais pas. Finalement, j'ai tellement aimé le pays que ça fait huit ans que je suis au Québec et je pense que je ne repartirai jamais.

Au niveau humour, ça a commencé comment ?

En arrivant, je savais déjà que je voulais devenir humoriste, puis j'ai baigné quotidiennement dans l'humour ici puisque j'étais en stage chez « Juste pour rire ». J'avais vraiment cette envie-là et je ne pouvais pas ne pas réussir parce que je n'avais aucun plan B. Alors j'ai fait mon chemin, j'ai rencontré des humoristes et j'ai commencé par des petits shows. Au Québec, il y a beaucoup de bars, de Comedy Clubs, donc je faisais cinq minutes, dix minutes par-ci par-là...

En parallèle, j'ai pris des cours de chant, des cours de guitare, des cours de tout ce qui m'inspirait. Je travaillais avec cette vision, cette envie profonde que ça allait marcher, et la vie a fait que ça a marché ! On parle souvent de ce principe de visualisation et personnellement, j'y crois foncièrement. Quand on veut vraiment quelque chose, qu'on le visualise, qu'on ressent ce qu'on va ressentir une fois qu'on l'aura et qu'on fait des actions conséquentes pour cela, alors ça marche : j'en suis la preuve vivante.

Aujourd'hui tu remplis les salles québécoises et en 2014 tu étais même à la tête du Gala Juste pour rire dans 13 villes du reste du Canada pour les Rendez-vous de la Francophonie... C'est un peu le rêve américain pour toi, non ?
Je ne sais pas si c'est le rêve américain... En fait, c'est surtout MON rêve ! Mon envie était de devenir humoriste donc ça aurait pu être n'importe où, mais je suis tombé amoureux de ce pays et je suis tombé amoureux de cette vie-là. Je suis arrivé ici sans argent, sans ami, sans rien, et aujourd'hui j'ai tout. En tout cas, j'ai tout ce que je voulais avoir à l'époque où je suis arrivé au Québec. Puis je me dis que si j'ai réussi, n'importe qui peut réussir parce que si c'est vraiment ce qu'on veut et qu'on garde tout le temps cette foi-là, alors on peut réussir n'importe quoi dans la vie.

Et par rapport à l'humour, ce n'était pas trop dur au départ, avec les différences au niveau de la culture, du passé historique... comment tu as géré ça ?
J'ai simplement appris. En fait, l'humour c'est l'observation de la vie de tous les jours donc j'ai appris la langue et j'ai appris ce qui faisait rire les gens. Puis au fur et à mesure, à force de vivre avec des Québécois, je suis devenu Québécois. Puis quand on se mélange, on devient un caméléon, on devient ces gens-là : ce qui les fait rire nous fait rire, et inversement, ce qui nous fait rire les fait rire aussi !

Justement, comment se sont passées les relations avec les Québécois ?
Ça a été facile pour moi parce que je suis quelqu'un de très humain et ici c'est un endroit humain et chaleureux. C'est une des raisons pour lesquelles je suis resté, car il y a au Québec une chaleur humaine qu'il n'y a pas ailleurs. Alors ça a tout de suite connecté facilement avec les gens, puis le peuple québécois est un peuple très ouvert, très simple à vivre et très chaleureux, alors c'est facile. Mais bien sûr, c'est facile quand on a la volonté de s'intégrer !

Quand on te voit évoluer sur la scène des galas Juste pour rire au milieu d'artistes québécois populaires, on te sent justement intégré, accepté. Est-ce que toi, tu te sens intégré au Québec ?
Totalement. Je me sens même 100 % Québécois. Je suis un peu comme Mowgli qui est dans la jungle, qui a grandi là et qui trouve ça normal. Moi j'ai grandi ici au Québec, j'y ai appris mon métier, donc c'est tout à fait normal aussi. Et c'est marrant parce que je suis allé en France il n'y a pas longtemps et j'avais peur d'aller dans mon propre pays. Normalement on a peur d'aller à l'étranger mais là, j'avais peur de rentrer chez moi parce que ce n'était plus vraiment chez moi. Surtout au niveau de l'humour, c'est le Québec chez moi, parce que je suis né au Québec en tant qu'humoriste.

Pour finir, que conseillerais-tu à un nouvel arrivant pour qu'il vive une bonne expérience d'intégration ?
Je lui conseillerais de s'ouvrir et surtout de savoir s'écouter parce qu'on est dans un monde où on a du mal à s'écouter véritablement. On se dit qu'on est peut-être trop vieux, qu'on n'a pas assez d'argent, ou encore, on se demande ce que les autres vont penser de nous. Ce sont autant d'excuses pour ne pas faire ce qu'on veut vraiment faire, alors que notre instinct sait ce qui est bon pour nous, mais souvent on ne l'écoute pas, par peur que ça ne marche pas. Alors si j'ai un conseil à donner, c'est de s'écouter et de ne pas trop réfléchir avant de faire le saut.

Et le Québec ça aide à ça ?
Oui, j'ai l'impression que le Québec, ça aide vraiment à ça. Parce qu'il est beaucoup plus facile de vivre ici. Puis il y a plus de place extérieurement, donc du coup il y a plus de place « à l'intérieur ». En tout cas c'est un peu l'image que je m'en fais. En fait, j'ai l'impression qu'au Québec, tout est plus léger donc naturellement tout est plus simple : plus simple de penser et plus simple d'être.

Et si au contraire il y avait une chose à ne pas faire en arrivant au Québec ?
La chose à ne pas faire, ce serait de rester uniquement avec des gens de sa communauté. Il faut vivre québécois, sortir avec des Québécois, manger québécois, parler québécois et s'adapter plutôt que de rester dans un cocon et de dire que c'était mieux chez soi. Je connais beaucoup de Français qui sont venus ici puis qui sont restés entre Français, et du coup, ils sont souvent repartis. Si on ne reste qu'avec des Français on ne va rien changer, mais franchement, cela servira à quoi d'être dans un pays étranger et de « rester » en France ? Dans ce cas, on n'a même pas la chance de goûter véritablement au Québec, c'est dommage.

i Le site Web de Jeremy Demay : www.jeremydemay.com

CHAPITRE XXXIV

VACANCES

D'accord, vous venez peut-être au Québec pour travailler... Mais quand viendra le temps de partir en vacances, en famille, entre amis, en couple, seul, vous aurez l'embarras du choix. Qu'il s'agisse de visiter le Québec, de découvrir une autre province canadienne, de vivre la folie des grandeurs aux États-Unis voisins ou même de se détendre dans un pays du sud, alors vous apprécierez sans aucun doute toutes les possibilités qui s'ouvrent à vous, et qui sont d'ailleurs souvent abordables. Dans ce chapitre, vous trouverez quelques idées de départ, des indices qui vous permettront de commencer à organiser des vacances.

AU QUÉBEC

Une fois que vous serez pris dans les aléas du travail et de la vie quotidienne, il ne sera pas toujours facile d'aller visiter cette belle province qu'est le Québec. Si vous avez le temps de prendre deux semaines pour faire un petit tour du Québec, vous pouvez faire un parcours autour du fleuve Saint-Laurent. C'est un parcours plutôt touristique mais qui vous permettra de voir du pays! Voici le parcours que vous pouvez faire si vous n'avez encore jamais visité le Québec (à adapter en fonction de votre ville de départ, de vos envies, du temps que vous avez, de votre budget...):

Montréal
Québec: la vieille ville, les chutes de Montmorency, l'île d'Orléans...
Rivière-du-Loup
Sainte-Anne-des-Monts: parc national de la Gaspésie...
Gaspé/Percé: le Rocher Percé...
Matane - Baie-Comeau: pour prendre le traversier qui vous emmène sur l'autre rive...
Tadoussac: pour voir les baleines, c'est un incontournable...
Saguenay et le lac Saint-Jean: si c'est votre truc, passez aussi par le zoo de Saint-Félicien... Redescendez par la réserve faunique des **Laurentides** et le **Parc National de la Mauricie** en vous arrêtant à **Québec** (si vous ne l'avez pas déjà fait à l'aller).

Le trajet Montréal-Gaspé, sans arrêt, vous demandera une dizaine d'heures de voiture (car oui, la voiture est quand même le meilleur choix pour visiter le Québec). À vous de découper le voyage comme vous le souhaitez. Gardez toujours en tête que les distances sont longues et qu'il vous sera difficile de faire le parcours ci-dessus en moins de deux semaines, à moins que vous appréciez faire 4 heures de voiture par jour (ce qui n'est pas conseillé si vous voulez véritablement profiter de la province et de ses habitants).

Si jamais vous n'avez pas deux semaines entières à consacrer à une escapade québécoise, alors essayez de découper cela en plusieurs fins de semaines. Par exemple, en étant à Montréal, commencez par une fin de semaine à Québec (3 heures de route) ou bien dans le parc de la Mauricie ou dans la réserve faunique des Laurentides. Si vous n'avez pas peur de beaucoup conduire, vous pourrez même faire une fin de semaine à Tadoussac (5 à 6 heures de route depuis Montréal).

Pour vous aider à planifier votre voyage, le site Québec Original :
www.bonjourquebec.com

LES AUTRES PROVINCES CANADIENNES

Pour voir autre chose que le Québec, partez dans les autres provinces canadiennes, en particulier dans le sud de l'Ontario voisin. Par exemple, facilement accessible en voiture : Ottawa et son Parlement canadien, Toronto et ses quartiers dynamiques, les chutes du Niagara (très proche de Toronto), l'archipel des Mille-îles, le parc provincial Algonquin.

Si vous souhaitez traverser le Canada d'est en ouest, pour rejoindre Vancouver en Colombie britannique par exemple, vous pourrez le faire en avion (autour de 700 dollars à partir de Montréal), ou en train pour ceux qui ont plus de temps (depuis Montréal, prévoir plus de trois jours et plus de 1 000 dollars).

Pour les plus aventureux, achetez une voiture d'occasion au Québec et traversez le Canada de part en part. Des PVTistes le font souvent et c'est une expérience à vivre (paraît-il) pour laquelle il vous faut certainement plus de temps et d'argent.

Pour vous aider à planifier votre voyage, le portail Explorez sans fin :
www.canada.travel

LES ÉTATS-UNIS

Si vous êtes basé dans le sud du Québec, il est facile d'aller passer une fin de semaine aux États-Unis, dans le Vermont (pour le paysage, le ski, le magasinage...) ou bien à Boston et New York pour ceux qui préfèrent les grandes villes ! La voiture et le bus (la compagnie américaine Greyhound en particulier) seront les moyens de transport les plus économiques et les plus pratiques.

Le plus stressant dans ce voyage est peut-être le passage de la frontière terrestre, même s'il n'y a pas de véritable raison de s'inquiéter : remplissage d'un formulaire, prise des empreintes digitales et d'une photo, paiement de six dollars américains en espèce, et tout en américain bien sûr ! Le meilleur conseil est de ne pas prendre ces formalités à la rigolade, répondre aux questions qu'on vous pose et tout ira bien.

Si vous souhaitez vous rendre ailleurs aux États-Unis pour plusieurs jours, l'avion sera la meilleure option. De plus, les prix moyens ne sont pas excessifs pour la plupart des destinations depuis Montréal : à titre indicatif, Las Vegas 600 $, Miami 500 $, Los Angeles 1 000 $, San Francisco 900 $... Alors profitez-en !

Pour vous aider à planifier votre voyage :
Le site de l'office de tourisme des USA
http://www.office-tourisme-usa.com

Pour des billets de bus pas trop chers :
Compagnie Greyhound
http://www.greyhound.ca

Pour des voyages organisés pas trop chers (week-ends, semaines...) :
Frenzy Tours
http://www.frenzytours.com

Vacances Beltour
http://www.beltour.ca

LE SUD

Beaucoup de Québécois, surtout au courant du mois de mars, partent « dans le sud ». Pourquoi surtout au mois de mars ? Pour fuir un peu la longueur de l'hiver, et parce qu'il y a la semaine de relâche pour les étudiants : le fameux *spring break* en anglais.

Dire que l'on part « dans le sud » veut généralement dire partir pendant une semaine, dans un hôtel « tout inclus » du Mexique, de la République Dominicaine ou de Cuba. Ces trois destinations très touristiques ne sont pas excessivement chères et les Québécois y profitent surtout du soleil, de la plage, des avantages que proposent les grands centres hôteliers et (un peu) des attraits touristiques du pays aussi. Ainsi, ne soyez pas surpris de voir beaucoup de publicités sur les voyages « dans le sud » à la télévision ou dans les journaux, surtout au cours de l'hiver !

Une idée des prix, vols inclus et hôtels tout compris :
Mexique (Cancùn, Riviera Maya…) = environ 1 300-1 500 $ par personne
République Dominicaine (Punta Cana, Puerto Plata…) = environ 1 200-1 300 $ par personne
Cuba (Varadero, La Havane…) = environ 900-1 000 $ par personne

i **Pour trouver de bonnes affaires et partir vous faire dorer dans le sud**
Voyages à Rabais : voyagesarabais.com
Nolitours : www.nolitours.com
Vos Vacances : www.vosvacances.ca

CHAPITRE XXXV

MAUDIT FRANÇAIS ?

En venant vous installer au Québec, vous n'êtes pas à l'abri d'entendre que vous êtes un « maudit Français ». Selon le contexte, cela peut être affectueux et être dit seulement pour vous taquiner avec humour (Lynda Lemay en a d'ailleurs fait une chanson Les Maudits Français*). Mais vous faire traiter de maudit Français pourra également parfois être véritablement péjoratif, montrant un certain mépris. Malheureusement, certains Français arrivent au Québec comme s'ils étaient en terrain conquis, avec leurs stéréotypes et un ton hautain. Pour s'adapter au pays d'accueil, à son peuple et à ses traditions, ce chapitre liste une dizaine de choses qu'il sera mieux que vous fassiez ou que vous ne fassiez pas, afin de ne pas rester un maudit Français et vous intégrer.*

DIX CONSEILS POUR NE PAS RESTER UN MAUDIT FRANÇAIS...

Ne pas dire : « C'est mieux chez moi... »
Même s'il est normal de comparer au début (nous le faisons tous), essayez de garder ces réflexions pour vous. Ce sera très mal vu car si vous avez choisi de venir vivre au Québec, vous devez accepter la province comme elle est et vous y adapter. Si vous employez trop souvent ce type de comparaisons, ne vous étonnez pas de vous faire dire que vous pouvez retourner vivre en France...

Éviter de prendre les autres de haut
Une fois que l'on vit à l'étranger, on remarque que l'un des défauts français est parfois de prendre les autres de haut. Quelle que soit votre histoire, votre parcours, votre métier... rappelez-vous toujours que vous ne valez pas plus qu'un autre ou sinon les Québécois seront là pour vous le rappeler.

S'ouvrir à la différence
Le peuple québécois est un peuple ouvert et vous le remarquerez encore plus dans une grande ville cosmopolite comme Montréal, où se mêlent toutes les origines, les religions, les orientations sexuelles, les styles vestimentaires, etc.. Alors oubliez vos idées reçues, arrêtez de juger et ouvrez-vous aux autres !

Ne pas râler à outrance
« Le métro ne passe pas assez souvent ». « C'est horrible toute cette neige ». « Mais c'est débile de manger à 17 heures ». Épuisant n'est-ce pas ? Alors arrêtez de râler, ou en tout cas, évitez de le faire en permanence. La plupart du temps ça ne fait pas avancer les choses et ça irrite tout le monde autour de vous.

Éviter de trop parler sans savoir
C'est certainement un des défauts qui indispose le plus souvent les Québécois : parler de ce que nous ne connaissons pas vraiment. Et c'est une chose, avouons-le, que nous Français, nous adorons faire. Par conséquent, si vous ne maîtrisez pas un minimum un sujet, évitez d'insister. Surtout, par rapport aux sujets sensibles

comme la politique intérieure, la souveraineté du Québec, le sujet des autochtones, etc. Mais cela ne doit pas vous empêcher de poser des questions et d'être curieux !

Suivre l'actualité québécoise (et canadienne)
Ça va de pair avec le point précédent : plus vous en saurez sur l'actualité québécoise, plus vous pourrez vous permettre d'en discuter et d'en avoir un point de vue. Puis surtout, pour mieux s'intégrer, il est important de savoir ce qui se passe ici, car vous y habitez, même si ce n'est que pour quelques mois.

Ne pas se moquer de l'accent québécois
Ici ce n'est pas le Québécois qui a un accent, c'est vous. Même si cela peut vous faire sourire au début, il va falloir vous y faire, de la même manière que les Québécois devront se faire à votre accent.

Apprendre le québécois
Même si les Québécois parlent français, il va falloir que vous appreniez les termes et les expressions propres à la langue québécoise. C'est une nécessité et en plus, c'est vraiment enrichissant ! N'hésitez jamais à poser des questions si vous ne comprenez pas une expression ou un terme et puis surtout, faites un effort de compréhension plutôt que dire : « Je n'y comprends rien de toute façon ».

Respecter les autres
Le respect est une notion primordiale pour les Québécois et vous le remarquerez vite. Par exemple, pour attendre le bus, on fait la file : premier arrivé, premier en file, premier entré dans le bus. D'ailleurs, quel que soit l'endroit où vous ferez la file, il sera très mal vu de passer devant quelqu'un et dans ce cas, on vous demandera plus ou moins gentiment de retourner à l'arrière. Ce n'est pas une question de discipline, c'est une question de respect de l'autre. Idem, pour prendre le métro : vous vous mettrez de côté et attendrez que les passagers sortent avant de rentrer dans le wagon. Pour les escaliers mécaniques, si vous ne voulez pas les grimper, vous vous mettrez sur la droite et laisserez un passage à votre gauche pour ceux qui souhaitent passer. Toutes ces petites choses et bien d'autres, font que la vie en société est bien plus agréable.

Fréquenter moins de Français
Il est peut-être un peu dur de le dire de cette manière, parce que beaucoup de Français bien intégrés sont très agréables à côtoyer. Ce que ce conseil veut dire, c'est

que plus vous allez côtoyer de Québécois, plus vous allez vous ouvrir à leur culture, plus vous pourrez la comprendre et l'apprécier. Si vous ne faites que sortir avec des Français, vivre à la française, écouter les actualités françaises, manger français... alors vous ne vous intégrerez pas. Et au final, vous ne comprendrez jamais ce que c'est que de vivre le Québec. Bien sûr, ce conseil est valable pour n'importe quelle communauté, que ce soit pour les Belges, les Suisses ou d'autres...

CHAPITRE XXXVI

LE PARLER QUÉBÉCOIS

Même si ce chapitre est le dernier, il aurait très bien pu être le premier ! Car vous pensiez peut-être arriver au Québec tout en étant certain qu'il serait facile de vous faire comprendre et de comprendre les autres... Après tout, nous partageons tous la langue française, n'est-ce pas ? Et pourtant, dès nos premiers instants sur le sol québécois, on se rend compte que le québécois est une langue très riche de termes et expressions. Tout cela vous fera souvent sourire (et c'est bien normal), mais après avoir bien ri, si vous voulez comprendre les Québécois et vous intégrer à leur culture, il vous faudra comprendre leurs expressions. Avec ce chapitre, vous ne deviendrez pas « bilingue français-québécois » mais cela pourra vous aider à prendre vos repères. Ensuite, pour apprendre, il n'y a rien de mieux que de discuter avec des Québécois, regarder des films québécois, écouter la radio et la télévision québécoises... Cela ne veut pas dire que vous utiliserez toutes ces expressions au quotidien, même si parfois, elles peuvent aider à se faire comprendre !

PETIT COURS DE SACRE

S'il est un vocabulaire qui vous intriguera à n'en pas douter, ce sont les sacres (les jurons, insultes ou gros mots. Attention, vous avez le droit de trouver ça drôle car ils sont souvent dérivés d'un vocabulaire religieux (et non sexuels comme peuvent être les jurons français), mais les sacres québécois sont véritablement vulgaires et si vous les employez à tort et à travers, vous risquez de choquer le monde autour de vous... Au même titre que si un inconnu se mettait à crier à la caisse d'un supermarché parisien : « M*rde, ce fils de p*te vient de me passer devant, quel c*nnard ! »

Maintenant que le ton est donné, voici les sacres les plus communs par ordre d'intensité, du plus faible au plus fort :

Ostie (parfois prononcé « *asti* », « *esti* » ou carrément « *sti* »)
Si un Québécois dit « *Ostie qui fait frette* », alors il fait vraiment, vraiment très froid. Une variante moins intense est de dire « *En titi* » au lieu de « *En ostie* » (« *Fait frette en titi !* »).

Câlisse (ou *câliss*, à prononcer comme « *coliss* »)
Si un Québécois dit « *J'm'en câliss* », alors il s'en fout, et pas qu'un peu.
« *Câline* », « *Calique* » ou « *Câliboire* » sont des variantes moins intenses.

Criss (qui vient du mot « *Christ* »)
Si un Québécois vous dit « *T'es un criss de cave* », c'est que qu'il vous considère comme un gros imbécile.
« *Cristi* » ou « *Crime* » sont des variantes moins intenses.

Tabarnak (et non « tabernacle » comme les Français aiment dire)
Si un Québécois vous dit « *J'suis en tabarnak* », c'est qu'il est carrément en colère.
« *Tabarnouche* », « *Tabaslak* » ou « *Tabarouette* » sont des variantes moins intenses.

Ensuite, vous devez savoir que les sacres peuvent être combinés les uns aux autres. Il n'est pas rare d'entendre des « *Ostie de câliss de tabarnak* » ou des « *Câliss de criss* » au détour d'une conversation enflammée. L'effet est décuplé et autant vous dire que ça n'est pas pour exprimer sa joie et sa bonne humeur !

Parlons maintenant grammaire et conjugaison. Car le sacre peut être utilisé de manière assez versatile. Il peut être aussi bien un nom, un verbe, un adjectif ou même un adverbe. Et comme vous êtes évidemment friands d'exemples pour pouvoir mieux comprendre, en voici quelques-uns :

Noms :
« *Le p'tit criss, il m'a bien eu* ! »
« *Depuis qu'il a appris la nouvelle, il est en tabarnak* ! »

Verbe :
« *J'vais t'en crisser une* » = je vais t'en mettre une
« *Décalisse !* » = fous le camp, dégage
« *Il a crissé son char là* » = il a foutu sa voiture ici

Adjectif :
« *T'es un ostie de mangeux d'marde* » = t'es un gros con, un connard… (ou autre !)
« *C'est une criss de belle fille* » = c'est une putain de belle fille

Adverbe :
« *Il est crissement dans la marde* » = il est vraiment dans la merde
« *C'est crissement bon !* » = c'est vraiment délicieux

Pour finir, il est possible de combiner le tout si nécessaire… Et grâce aux explications précédentes, vous comprendrez facilement le sens de ces exemples :

« *Tabarnak ! J'vais t'en crisser une si tu décâlisses pas, mon ostie !* »
« *Crisse moi la paix estie !* »
« *Sti de tévé à marde ! J'vais la crisser par la fenêtre la tabarnak* » (tévé = télévision)

Et pour terminer en douceur : « *J't'aime en tabarnak mon p'tit criss !* »

PETIT LEXIQUE D'EXPRESSIONS

Il est à noter que beaucoup des expressions suivantes sont orales et seront rarement utilisées à l'écrit, en particulier pour certains anglicismes qui ne seraient tout simplement pas acceptables à l'écrit.

Attache ta tuque (avec ta broche) = prépare-toi, prends tes précautions
Blonde = petite copine
Être au boutte = Ne plus en pouvoir (J'suis au boutte !)
Prendre une brosse = prendre une cuite
Caler = boire cul sec (caler un verre) ou perdre ses cheveux (il commence à caler)
Cruiser, Chanter la pomme = draguer (à prononcer « crouser »)
Canceller = annuler
Chiâler = râler
Chum = petit copain (mon chum) ou un bon ami (mes chums, mon chum de gars…)
Domper = jeter à la poubelle
Domper/Flusher = plaquer son petit ami ou sa petite amie
C'est écœurant = c'est excellent (le plus souvent)
Mon écœurant ! = mon salop !
Sa fête = son anniversaire
Ça fesse dans le dash = ça fait une grosse impression, ça flashe, ça « pète »
Être fourré = être mélangé, ne plus bien comprendre
Se faire fourrer = se faire arnaquer (peut aussi avoir une signification sexuelle)
Un frais-chié/faire son frais = une personne hautaine/se la péter
Fait frette = il fait très froid (mais vraiment très froid, du style -30 °C avec du vent)
C'est l'fun = c'est cool, c'est génial
Gosser = énerver, titiller, chercher la petite bête
Hot = sexy (Elle est hot !) ou super (C'est tellement hot !) ou difficile (Cet exercice était hot)
Innocent = idiot, abruti
Magané = abîmé (aussi pour une personne blessée, ou bien qui a mal vieilli ou encore qui a pris une méchante cuite la veille…)
Un party = une fête

Pèse sul piton ! = accélère !
Pièces/sous = dollars/centimes (« Ça m'a coûté 5 piasses et 60 sous »)
Un pitou = un chien (mot plutôt enfantin)
Une pitoune = une femme habillée sexy, une femme facile
C'est pas si pire = ce n'est pas si mal
C'est platte = c'est ennuyant, c'est nul, c'est dommage
Pogner = prendre
Se faire pogner = se faire prendre (par la police par exemple !)
Quétaine = ringard
De la scrap = de la merde
Scrapper quelque chose = casser, gâcher quelque chose
Sloche = neige fondante (aussi utilisé pour nommer le granité, ce sorbet sous forme de glace pilée)
Une sucette = un suçon
Un suçon = une sucette (attention aux contresens !)
Switcher = échanger
Être tanné = en avoir marre
Un ti-cul = un enfant
C'est tiguidou ! = tout est correct !

BIBLIOGRAPHIE

Les beautés du Québec en textes et en photos *(liste subjective et non exhaustive)*

Un recueil de photographies du Québec à travers ses paysages et sa nature dont une grande partie est encore sauvage. Pour faire rêver : *Splendeurs sauvages du Québec*, Jean-Pierre Sylvestre, Éditions de l'homme, 2006.

Du Québec urbain aux grands espaces à travers des photographies fabuleuses : Collectif, *Québec, je me souviens*, Ulysse, 2011.

Pour découvrir le Québec du nord au sud à travers les yeux d'un cinéaste et de son objectif : *Voir le Québec. Panoramas et circuits*, Maurice André, Pages du Monde, 2012.

Un témoignage de la joie de vivre québécoise à travers sa culture, son art mais aussi son tempérament si particulier et ses enjeux de société abordés par des personnalités françaises et québécoises : *Québec, Une dynamique créative*, Solange de Loisy, François Poche, Éditions La Martinière, 2011.

Pour admirer la diversité de la nature québécoise à travers des lieux incontournables, photos et conseils à l'appui : *Le Québec, 50 sites incontournables*, Henri Dorion, Yves Laframboise, Pierre Lahoud, Éditions de l'homme, 2008.

À travers l'objectif du photographe, le Québec montre ses diverses couleurs et personnalités : *Québec, terre de contrastes*, Yves Marcoux, Chantal Ethier, Martine Provost, Éditions de l'homme, 2004.

Les régions de la Belle Province du début du XXe siècle, dépeintes à travers plusieurs centaines de cartes postales : *Le Québec d'antan*, Collectif, Éditions HC.

Pour s'émerveiller de la beauté du peuple inuit, de sa culture, son art et les paysages de sa région : *Québec inconnu*, Mario Faubert, Nunavik, Éditions du Passage, 2010.

En mettant en valeur ces bâtisses exceptionnelles que sont les phares, l'auteur nous fait voyager le long du Saint-Laurent : *Les sentinelles du Saint-Laurent. Sur la route des phares du Québec*, Patrick Halley, Éditions de l'homme, 2008.

Un photographe qui habite la ville de Québec depuis plusieurs décennies nous fait découvrir ses beautés au fil des saisons et des années : *L'âme de Québec*, Claude Huot, Michel Lessard, Pierre Caron, Éditions de l'homme, 2008.

Le charme de la métropole montréalaise et ses différents visages : *Ambiances de Montréal*, Christine Bourgier, Sébastien Barangé, Éditions de l'homme, 2009.

Il est important de comprendre les autres et de vous faire comprendre, même si nous parlons tous français. Apprendre le québécois, ses expressions et ses tournures de phrases à l'oral vous permettra clairement de mieux vous intégrer : *Le parler québécois pour les nuls*, J.C. Boulanger, Pour les nuls, 2013.

Pour connaître le Québec d'aujourd'hui grâce à son actualité et sa télévision

Même si vous êtes encore en Europe, rien ne vous empêche de commencer à vous tenir au courant de l'actualité québécoise. Juste pour avoir une idée de ce qui se passe dans cette belle province qui va vous accueillir.

Huffington Post Québec : quebec.huffingtonpost.ca

Pour les amateurs de télévision, il faut savoir que le Québec possède d'excellentes émissions de divertissement mais surtout, de très bonnes séries dramatiques et comiques. C'est aussi un bon moyen pour se familiariser avec l'humour, le parler québécois et la culture.

Tou.tv : www.tou.tv

V Télé : vtele.ca

JULIEN VALAT

« La première fois que j'ai posé le pied au Québec, c'était en 2007. J'avais seulement 22 ans et j'étais un étudiant propret, sans problème et sans histoires. Partir étudier six mois dans un pays inconnu était alors, à mes yeux, une aventure exceptionnelle mais rapidement, j'ai compris que ce que je vivais là était bien plus qu'une aventure. Les liens que je tissais plus ou moins consciemment avec cette belle province, sa culture et ses habitants, étaient en train de devenir plus forts que les liens qui me rattachaient à mon pays d'origine.

Ce n'est cependant que deux ans plus tard que l'évidence m'a frappé. Je travaillais alors d'arrache-pied en banlieue parisienne pour me construire ma première expérience professionnelle. Puis un matin d'été, en arrivant au bureau, tout est devenu limpide : ma vie n'était pas ici.

Durant une année entière, j'ai donc préparé mon départ, à commencer par ma demande de Résidence Permanente. C'était ça ou rien. Je voulais retourner au Québec mais ne plus avoir l'étiquette « temporaire » collée sur le front. Je voulais la longue durée, la permanence, celle qui ne vous oblige pas à prendre un billet d'avion aller-retour.

C'est finalement en novembre 2010, avec une valise dans chaque main, que j'ai passé la douane canadienne en tant que résident permanent. Et en regardant par la fenêtre de la voiture qui m'emmenait vers le centre-ville de Montréal, j'avais cette sensation étrange de retourner enfin chez moi.

Avec le recul, je n'ai jamais compris d'où venait cette attraction pour le Québec que je ressentais déjà étant enfant. Peut-être venait-elle de tout cet imaginaire construit par le cinéma, la musique et les médias français autour de la province canadienne francophone ? Je ne sais pas. Mais ce qui est certain, c'est qu'à l'évocation même du Québec ou au son de l'accent chantant des Québécois, s'allumait cette petite flamme qui venait brûler ma curiosité. Si vous avez ce livre entre les mains, vous comprenez certainement de quelle sensation je veux parler… Alors si je devais conclure sur un unique conseil, ce serait de profiter de cette expérience et de vivre le Québec au maximum. Car quel que soit votre âge, votre parcours ou votre situation familiale, il y a de grandes chances que cela change radicalement votre vie, en bien. »

Julien Valat

Mon blog de conseils aux immigrants francophones
Attache ta Tuque!
www.attache-ta-tuque.com

UN GUIDE À VOTRE ÉCOUTE

Vivre le Québec est un guide qui reste à votre écoute tout au long de l'année. Nous avons rassemblé avec le plus grand soin une somme très importante d'informations pour écrire ce guide. Nous avons voulu y ajouter nos conseils, nos sentiments de résidents francophones de longue date dans le pays. Mais nous ne sommes pas à l'abri d'une erreur. Vous en avez remarqué une ? Ou vous voulez nous faire part d'une suggestion pour la prochaine édition ? N'hésitez pas à nous écrire : editions@hikarigroupe.com.

NOTES

NOTES

NOTES

DANS LA MÊME COLLECTION

Vivre la Corée
Vivre le Chili
Vivre le Japon
Vivre la Russie
Vivre les USA

À paraître :

Vivre l'Angleterre
Vivre l'Australie
Vivre le Brésil
Vivre la Chine

Achevé d'imprimer en France en mai 2014.
Dépôt légal : mai 2014.